KING
OCK.
AT 42

The Sun

FREDDIE IS DEAD

STAR DIES IN CRASH

AMERICAN rock ... Fling out ...

30 dead red so far

Rock drummer Powell dies in car crash

THE HEAVY METAL STAR WHO SAT ... TIMELINE DRUM

med t on t

WILD GIRL

Maybe I won't last lo
ou can destroy now
orrying about tomorr

Mirror

SPECIAL ISSUE

JOHN LENNON
shot dead
in New York
Dec 8 1980
DEATH OF A HERO

P FOR POMPIDOU

Los Angeles Times

ing of Pop is dead at 50
chael Jackson is stricken on the eve of a comeback tour

major
lent, a
zarre
ersona

M

ROCK GROUP'S FEARS AFTER TRAIL OF TRAGEDY

'Black magic vengeance
killed Zeppelin star'

Mythen & Tragödien
ROCK 'N' ROLL

IMPRESSUM

HEEL Verlag GmbH
Gut Pottscheidt
53639 Königswinter
Tel.: 02223 9230-0
Fax: 02223 9230-13
E-Mail: info@heel-verlag.de
www.heel-verlag.de

© der deutschen Ausgabe
2014 HEEL Verlag GmbH
3. Auflage 2024

World copyright © De Agostini Libri, S.p.A.
Originaltitel: Tragedies and mysteries of ROCK 'N' ROLL
Original-ISBN 978-88-544-0677-3

Text: Michele Primi
Projektleitung: Valeria Manferto de Fabianis
Layout: Marinella Debernardi
Redaktion: Giada Francia, Giorgia Raineri, Francesca Piscitello
Beratung: Marco De Fabianes Manferto

Deutsche Ausgabe:
Übersetzung: Marianne Harms-Nicolai/Birgit Adam
Koordination: Medien- und Literaturagentur Drews
Redaktion: Holger Baumann
Satz: F5 Mediengestaltung, Bonn
Coverbilder: © John Frost Newspapers

Printed in Latvia

ISBN 978-3-86852-983-8

AUTOR

MICHELE PRIMI ist Journalist,
Hörfunk- und TV-Autor, arbeitet für
den „Rolling Stone" und schreibt für
„Emergency", „GQ Italia", „Wired Italia"
und „Riders".

Seit 2007 konzipiert er Musiksendungen
für Virgin Radio und Virgin TV; von 2000
bis 2006 schrieb er für MTV Italia, La7,
Sky und The Family; ab 2007 war er als
Korrespondent in Spanien und seit 2011
arbeitet er für die Tageszeitung „l'Unità",
den „Rolling Stone" und Peacereporter.
net in New York.
Primi veröffentlichte außerdem drei
Musikmonographien über Queen im
Giunti Editore Verlag und lektorierte die
Texte des Bildbandes „Uno sguardo sul
Burlesque" (Ein Blick auf die Burlesque)
für RCS Libri.

TEXT

MICHELE PRIMI

Projektleitung
VALERIA MANFERTO DE FABIANIS

Layout
MARINELLA DEBERNARDI

Redaktion
GIADA FRANCIA - GIORGIA RAINERI - FRANCESCA PISCITELLO

Beratung
MARCO DE FABIANIS MANFERTO

Inhalt

Geschichten vom

FLUCH DER
ROCKMUSIK

„WIR LEBEN ODER WIR STERBEN. DAMIT MÜSSEN WIR KLARKOMMEN, SO ODER SO. OB WIR TOT ODER LEBENDIG SIND." SO FASSTE JOHN LENNON DAS VERHÄLTNIS VON ROCKMUSIKERN ZUM LEBEN ZUSAMMEN. ES WAREN DIE WORTE EINES GENIES; LENNON BEWIES UNS – MEHR ALS JEDER ANDERE KÜNSTLER –, DASS MUSIK, WIE JEDE ANDERE FORM DER KUNST, AUCH ÜBER DEN TOD DES KÜNSTLERS HINAUS WEITERLEBT.

UND DAS TUT SIE SOGAR NACH VIER SCHÜSSEN, ABGEFEUERT VON EINEM GEISTIG VERWIRRTEN MANN, DER DURCH DEN MORD AN EINEM DER GRÖSSTEN ROCKSTARS ALLER ZEITEN SELBST BERÜHMT UND UNSTERBLICH ZU WERDEN HOFFTE: DOCH ER LUD LEDIGLICH SCHULD AUF SICH, INDEM ER DER WELT KOSTBARE KREATIVE POTENTIALE RAUBTE, UND GERIET DANN IN VERGESSENHEIT.

DIESES BUCH ERZÄHLT 63 GESCHICHTEN VON KUNST, LEBEN UND TOD IN DER WELT DES ROCK 'N' ROLL, VON LEBENSWEGEN, DIE AUF DEM HÖHEPUNKT IHRER KREATIVITÄT EIN PLÖTZLICHES ENDE FANDEN, VON UNBESCHREIBLICHEN BEGEGNUNGEN MIT DEM SCHICKSAL UND VON KÜNSTLERN, DIE – OFT NACH JAHRELANGEM KAMPF MIT IHREN IMMER BELASTENDEREN UND IMMER SCHWERER ZU BÄNDIGENDEN DÄMONEN – STARBEN. ES BERICHTET VON MUSIKLEGENDEN VERSCHIEDENSTER ZEITEN, VON BUDDY HOLLY BIS WHITNEY HOUSTON, DIE VÖLLIG UNTERSCHIEDLICHE LEBENSSTILE UND AUSDRUCKSFORMEN FÜR IHR TALENT GEFUNDEN UND DOCH EINS GEMEINSAM HATTEN: SIE ALLE SIND ROCK-IKONEN UNSER ZEIT.

VIELE VON IHNEN ZÄHLT MAN ZUM SOGENANNTEN „CLUB 27", EINER GRUPPE VON MUSIKERN UND SÄNGERN, DEREN LEBEN IM ALTER VON 27 JAHREN ZU ENDE WAR. DER ERSTE VON IHNEN WAR ROBERT JOHNSON, DER AM 16. AUGUST 1938 STARB, DIE (BISHER) LETZTE IST AMY WHINEHOUSE, DIE AM 23. JULI 2011 DEN TOD FAND. DIESE BESTÜRZENDE STATISTIK IST LEGENDÄR. DER „CLUB" WURDE IN DEN FRÜHEN SIEBZIGERN „INS LEBEN GERUFEN", ALS EINIGE SCHLÜSSELFIGUREN DER DAMALIGEN MUSIKSZENE – BRIAN JONES, JANIS JOPLIN, JIMI HENDRIX UND JIM MORRISON – INNERHALB WENIGER JAHRE IM ALTER VON 27 JAHREN STARBEN.

BALD FOLGTEN ANDERE „MITGLIEDER" DES CLUBS: BERÜHMTHEITEN WIE PETE DE FREITAS VON ECHO & THE BUNNYMEN, DAVE ALEXANDER VON THE STOOGES, IAN CURTIS VON JOY DIVISION, MIA ZAPATA VON THE GITS, KRISTEN PFAFF VON HOLE, JEAN MICHEL BASQUIAT VON GRAY UND FREAKY TAH VON THE LOST BOYZ. AM 1. FEBRUAR 1995 VERSCHWAND RICHEY EDWARDS VON den MANIC STREET PREACHERS IM ALTER VON 27 JAHREN; ER WURDE NIEMALS GEFUNDEN UND IM JAHR 2008 OFFIZIELL FÜR TOT ERKLÄRT. KANN DAS WIRKLICH NUR ZUFALL SEIN?

DIE MASSENMEDIEN MACHTEN SIE ALLE ZU LEGENDEN. BESONDERS BELIEBT WAR DIE SUCHE NACH MYSTERIÖSEN KOMPLOTTEN; HINTER DENEN DAS FBI ODER SKRUPELLOSE MANAGER UND PRODUZENTEN STECKEN SOLLTEN (SO WIE MIKE JEFFREY, DER BEZIEHUNGEN ZUR MAFIA UND ZUM BRITISCHEN SECRET SERVICE GEHABT HABEN SOLL UND BESCHULDIGT WURDE, FÜR DIE AUSZAHLUNG EINER GRÖSSEREN VERSICHERUNGSSUMME DEN TOD VON JIMI HENDRIX MITVERURSACHT ZU HABEN). DAS FASZINIERTE UND FESSELTE DIE ÖFFENTLICHKEIT NATÜRLICH UND MACHTE DIESE MUSIKER ZU NEUEN IDOLEN. SOGAR DIE WISSENSCHAFT BEMÜHTE SICH UM EINE ANALYSE DIESES PHÄNOMENS: DIE JOHN MOORES UNIVERSITY IN LIVERPOOL STUDIERTE ÜBER 1.000 FÄLLE UND WIES NACH, DASS ROCKSTARS DOPPELT SO HÄUFIG JUNG STERBEN WIE DER REST DER WELTBEVÖLKERUNG.

SOLLTE DER ROCK 'N' ROLL UNS EINEN SCHLÜSSEL ZUR INTERPRETATION DER LETZTEN 60 JAHRE LIEFERN, DANN ERZÄHLT ER UNS MIT DIESEN TRAGISCHEN EREIGNISSEN SEHR VIEL DARÜBER, WIE DIE MODERNE WELT SICH VERÄNDERT HAT.

DIE PIONIERE DER ROCKMUSIK DER 1950ER-JAHRE VERLOREN IHR LEBEN UNTER BEDINGUNGEN, DIE HEUTE VERMEIDBAR WÄREN. IN DEN 1960ERN FIELEN SIE DROGEN UND EINEM UNGEZÜGELTEN LEBENSSTIL ZUM OPFER. DIE GENERATION UM DIE JAHRTAUSENDWENDE WURDE VON DER DUNKELHEIT DER VERZWEIFLUNG UND EINSAMKEIT VERSCHLUNGEN.

OTIS REDDINGS NÄCHTLICHER FLUGZEUGABSTURZ ÜBER MADISON, DER ALKOHOL BEI JOHN BONHAM UND BON SCOTT, HILLEL SLOVAKS UND ANDREW WOODS HEROINSPRITZEN UND KURT COBAINS GEWEHR – ALL DAS STEHT FÜR EINEN UNABHÄNGIGEN, REBELLISCHEN LEBENSSTIL, EXZESSIV, IMMER AN DER GRENZE, DER OFT EINEN ALLZU HOHEN PREIS FORDERTE. AUCH SIE SIND TEIL DER GESCHICHTE DES ROCK 'N' ROLL.

WENN MAN DAS LEBEN DIESER MUSIKER BESCHREIBT, ENTDECKT MAN ZUGLEICH DIE PERSÖNLICHKEITEN HINTER DEN BÜHNENROLLEN, MIT ALL IHREN ZWEIFELN, SCHWÄCHEN UND IHRER KREATIVITÄT.

NATÜRLICH WIRD MAN WÜTEND, RATLOS UND TRAURIG, WENN MAN LIEST, WIE JUNGE MENSCHEN VON IHREM UNBÄNDIGEN DRANG NACH SELBSTZERSTÖRUNG ÜBERWÄLTIGT WERDEN, SO WIE SID VICIOUS UND LAYNE STALEY, ODER VON EINEM UNBEGREIFLICHEN SCHICKSAL WIE JENEM, DAS AUF JACO PASTORIUS, CLIFF BURTON UND JEFF BUCKLEY, DEN MANN MIT DER ENGELSSTIMME, WARTETE, DER IM MISSISSIPPI ERTRANK. ER HATTE IN SEINEM LEBEN NUR EIN EINZIGES ALBUM AUFNEHMEN KÖNNEN. WIE WÄREN IHRE LEBENSGESCHICHTEN WOHL WEITER VERLAUFEN?

DER BESTE WEG, MIT SOLCHEN REAKTIONEN UND GEFÜHLEN UMZUGEHEN, IST WOHL, SICH BEWUSST ZU MACHEN, WIE UNBESCHREIBLICH ERFÜLLT VON LEBENDIGKEIT UND KUNST DIESE MENSCHEN VOR DIESEM EINEN – LETZTEN – TRAGISCHEN TAG GEWESEN WAREN; WIE VIELE STUFEN AUF IHREM WEG IN DIE EWIGKEIT SIE ALS KÜNSTLER SCHON GENOMMEN HATTEN.

UND GENAU DARUM BEFASST SICH DIESES BUCH LIEBER MIT DEM LEBEN DER ROCKSTARS ALS NUR MIT IHREM TOD, AUCH WENN IHR ENDE MYSTERIÖS ERSCHIEN ODER ALS KRIMINALFALL SEINEN WEG IN DIE ZEITUNG FAND, WIE ZUM BEISPIEL BEI DEN MORDEN AN DIMEBAG DARRELL, PETER TOSH UND JOHN LENNON. IM ZUSAMMENHANG BETRACHTET, REPRÄSENTIEREN DIESE SCHICKSALE – VON DENEN EINIGE UNGELÖST BLIEBEN, ANDERE EINE ÜBERRASCHENDE AUFLÖSUNG FANDEN UND VIELE SICH BEDAUERLICHERWEISE IM NACHHINEIN ALS VORHERSEHBAR ODER LEICHT VERMEIDBAR ERWIESEN – EINEN UNERKLÄRLICHEN UND FASZINIERENDEN LEBENSSTIL: DEN DES ROCK 'N' ROLL. EINE WELT, „IN DER MAN LIEBER AUSBRENNT, ALS ZU VERBLASSEN", WIE KURT COBAIN IN SEINEM LETZTEN BRIEF NEIL YOUNG ZITIERTE. ODER – WIE THE WHO IN „MY GENERATION" SANGEN – EINE WELT, IN DER MAN, „UM EIN HELD ZU WERDEN, LIEBER STIRBT, BEVOR MAN ALT WIRD".

„ICH SEHE MICH ALS RIESIGEN,
FEURIGEN KOMETEN,
WIE EINE STERNSCHNUPPE.
DIE LEUTE BLEIBEN STEHEN,
ZEIGEN NACH OBEN UND HAUCHEN:
‚OH, SIEH DOCH NUR!'
UND DANN ZISCHE ICH VORBEI –
UND BIN WIEDER WEG ...
UND SIE WERDEN NIEMALS WIEDER
IRGENDETWAS VERGLEICHBARES SEHEN ...
UND SIE WERDEN MICH NIE WIEDER
VERGESSEN KÖNNEN – NIEMALS."

[Jim Morrison]

ROBERT

JOHNSON

Eine Legende besagt, dass der Teufel an einer Straßenkreuzung in Clarksdale/Mississippi, wo Highway 61 und Highway 49 sich kreuzen, Robert Johnson auflauerte und dort einen Pakt mit ihm schloss, der zur Geburtsstunde des Blues führte: Johnsons Leben im Tausch für die Gabe, besser Gitarre spielen zu können als jeder andere. Und es war Johnson selbst, der mit „Me and the Devil Blues" und „The Hellhound on my Trail" den Mythos vom Verkauf seiner Seele an den Teufel verbreitete. Doch dann entwickelte sich tatsächlich sein ganzes Leben zu einer Legende.

Man nimmt an, dass Robert Johnson am 8. Mai 1911 in Hazlehurst/Mississippi als Sohn von Julia Major Dodds und Noah Johnson geboren wurde. Julia war eigentlich mit einem anderen Mann, Charles Dodds, verheiratet, der nach einem Streit mit örtlichen Landbesitzern Hazlehurst verlassen und seinen Namen in Spencer ändern musste.

Das war das erste Geheimnis in Roberts Leben. Bis 1929 behielt er den Nachnamen seines Stiefvaters; dann heiratete er die 16-jährige Virginia Travis und unterzeichnete seine Heiratsurkunde mit seinem richtigen Namen.

Schon in jungen Jahren entdeckte er die Welt der Musik für sich und lernte, Mundharmonika zu spielen. Von diesem Augenblick an war sein Leben eine endlose Reise durch die Straßen eines abgeschiedenen und geheimnisvollen Amerika.

Seine Mentoren – zwei andere Blues-Legenden, Son House und Isaiah „Ike" Zimmerman – traf Robert Johnson in Robinsonville und Hazlehurst, wohin er vermutlich zurückgekehrt war, um nach seinem leiblichen Vater zu suchen. House und Zimmerman unterrichteten den jungen Robert eine Zeit lang, waren sich aber einig, dass der Junge auf der Gitarre eher nicht so gut war.

Zumindest nicht bis zu jenem Zusammentreffen mit dem Teufel, das ganz plötzlich ein musikalisches Wunder bewirkte. Johnson wurde völlig unerwartet zum besten Gitarristen in der Gegend und machte sich auf die Reise in den tiefen Süden.

Von 1932 bis zu seinem Tod ist sein Leben kaum rekonstruierbar. Er trat unter mindestens acht verschiedenen Nachnamen auf, lebte in den Häusern seiner vielen Freundinnen und spielte in allen Bluesbars der Gegend. Er hinterließ 29 Songs, von denen er 16 im November 1936 in einer einzigen, fünf Tage dauernden Session aufnahm. H.C. Speir – Besitzer eines Plattenladens in Jackson/Mississippi und Talentscout – machte ihn mit Ernie Oertle bekannt, der ihm anbot, seine Musik in Texas aufzunehmen.

In Zimmer Nr. 414 des Gunther Hotels in San Antonio wurde ein Aufnahmestudio eingerichtet und Johnson begründete darin die Geschichte des Blues (man sagt, dass er immer mit dem Blick zur Wand spielte). Aus diesen Sessions entstand eine Platte, „Terraplane Blues", die recht erfolgreich wurde. Johnsons Traum, nicht nur ein weiterer Schwarzer zu sein, der auf den Baumwollfeldern arbeitete, hatte sich erfüllt. 1937 fand im Brunswick Records Studio in Dallas eine weitere Aufnahmesession statt, bei der er die restlichen Songs seines Repertoires einspielte.

Er begann zu reisen: von St. Louis nach Memphis, Chicago, Detroit und ins Mississippi-Delta. Bis zu jener Nacht im Mai 1938, als er im „Three Forks" (Drei Gabeln), einem Club südlich von Memphis in Mississippi auftrat. Auch dieser Club lag nahe einer Kreuzung (der Highways 42 und 49) und es wurde Zeit für Johnson, seine Schulden beim Teufel zu begleichen.

Johnson spielte zusammen mit dem Mundharmonikaspieler Sonny Boy Williamson. Ein an-

derer Musiker, Dave Honeyboy Edwards, der ebenfalls dabei sein sollte, war noch nicht aufgetaucht. Der Club war schon recht voll. Viele der Gäste waren Frauen und ganz besonders eine von ihnen starrte Johnson unablässig an.

Er war als Frauenheld bekannt, was ihn früher schon in Schwierigkeiten gebracht hatte. Das Mädchen starrte ihn weiter an und er erwiderte ihren Blick. Einige Leute sagen, dass sie die Frau des Clubbesitzers war – eine heikle Situation. Irgendwann gab jemand den Musikern eine Flasche Whiskey. Sonny Boy warf sie auf den Boden und warnte Johnson, niemals aus einer fremden Flasche zu trinken, die bereits offen war. Doch als noch eine Flasche gebracht wurde, trank Johnson.

Da Honeyboy Edwards nicht kam, fingen die beiden allein an zu spielen. Aber Johnson fühlte sich nicht wohl. Sonny Boy konnte nicht glauben, dass wirklich passiert war, was er immer befürchtet hatte: Der Whiskey in der Flasche war vergiftet gewesen; der eifersüchtige Ehemann hatte sich gerächt. Johnson wurde in ein Krankenhaus im einige Meilen weit entfernten Greenwood gebracht und musste einige Tage im Bett bleiben. Er überlebte die Vergiftung zwar, bekam dann aber eine Lungenentzündung.

Er starb am 16. August 1938, mit 27 Jahren, und wurde in Morgan City in einem anonymen Grab beigesetzt. Niemand weiß, ob es den Teufel wirklich gibt oder ob er Blues unterrichten kann. Was wir aber wissen, ist, dass hier die Robert-Johnson-Legende ihren Anfang nahm:

„Ihr könnt meinen Körper, oooh / unten am Highway begraben / so dass meine böse alte Seele / sich mit einem Greyhoundbus auf- und davonmachen kann." So endet Johnsons Song „Me and the Devil Blues".

11 Eine der drei existierenden Fotografien von Robert Johnson, aufgenommen im Jahr 1935. Hier sieht man den legendären Blues-Musiker (links) zusammen mit Johnny Shines, der ihn jahrelang auf seinen Reisen durch die Vereinigten Staaten begleitete. „Er war ein sehr netter Mensch", beschrieb Shines ihn, „aber irgendwie auch ein seltsamer Kerl."

BUDDY

HOLLY

[7. September 1936 – 3. Februar 1959]

„The day the music died." Die erste große Rock-'n'-Roll-Tragödie ereignete sich am 3. Februar 1959 und hatte für Amerika ein böses Erwachen zur Folge. Gegen 1.00 Uhr morgens stürzte am Clear Lake/Iowa in der Nähe des Mason City Airports ein kleines Flugzeug ab. Es war eine eisige Nacht und das Flugzeug war erst wenige Minuten zuvor gestartet. Zusammen mit dem Piloten Roger Petersen starben bei dem Absturz auch alle Passagiere in der Maschine – der Produzent und frühere DJ J.P. Richardson, bekannt als The Big Bopper, der mexikanisch-kalifornische Sänger Ricardo Valenzuela, besser bekannt als Ritchie Valens, und der größte amerikanische Rock-'n'-Roll-Star, der Texaner Charles Hardin Holley, besser bekannt als Buddy Holly. Eine ganze Generation von Pionieren der Rockmusik wurde in jener unglücksseligen Nacht ausgelöscht.

Buddy Holly wurde am 7. September 1936 in Lubbock/Texas geboren. Ermutigt von seinen älteren Brüdern Larry und Travis, fing er schon sehr früh an, Musik zu machen und zu singen. 1952 gründete er zusammen mit seinem Schulfreund Bob Montgomery das Duo Buddy and Bob. Sie sangen Country-&-Western-Songs in lokalen Talentshows und wurden in der Gegend schnell berühmt. Doch wirklich entdeckt wurde Buddy Holly 1955, als Elvis Presley das erste Mal nach Lubbock kam.

Am 15. Oktober eröffnete Buddy Holly Presleys Show und verliebte sich in den Rock-'n'-Roll-Sound. Sonny Curtis, einer seiner Bandkollegen, beschrieb diesen wichtigen Moment so: „Von diesem Tage an wurden wir Rockabilly. [...] Wir verwandelten uns über Nacht in Elvis-Klone."

Buddy Holly hatte nicht Elvis Presleys Sexappeal oder seine Bühnenpräsenz, aber er wusste

hundertprozentig, wie man gute Songs schrieb. Einer von ihnen war „That'll Be The Day", sein erster Erfolg von 1957. Mit diesem Stück vollzog Buddy Holly seine endgültige Verwandlung: Nach einer anfänglich negativen Erfahrung mit Decca Records in Nashville – die Plattenfirma bestand darauf, dass er ausschließlich Country-Songs aufnahm – arbeitete Buddy Holly zusammen mit seinem Schlagzeuger und Freund Jerry Allison in Norman Pettys Aufnahmestudio in Clovis/New Mexico, wo er seinen einzigartigen Sound schuf: *den* Sound, der die gesamte Geschichte des Rock 'n' Roll beeinflusste.

Am 1. März 1958 gingen Buddy und seine Band The Crickets auf Tournee durch Großbritannien, wo sie die Herzen einer ganzen Generation junger britischer Musiker eroberten. Paul McCartney war hingerissen von ihrer Vorstellung in der live ausgestrahlten Fernsehshow „Sunday Night at the London Palladium" und die Rolling Stones hatten ihren ersten Erfolg mit einer Coverversion des Crickets-Songs „Not Fade Away". Die Erfolgsgeschichte der Crickets, die es mit sieben Singles in die amerikanischen Top 40 schafften, dauerte bis 1958 an. Dann heiratete Buddy Holly Maria Elena Santiago, eine Empfangsdame von Peer Southern Music, löste die Crickets auf und zog nach Greenwich Village in New York City, um konzentriert an neuen Perspektiven für seine Musik zu arbeiten.

Aber er hatte finanzielle Probleme. Um sie zu lösen, nahm er ein Angebot der General Artist Corporation zu einer dreiwöchigen Tournee im Mittleren Westen, der sogenannten Winter Dance Party, an. Buddy Holly stellte eine neue Band zusammen, die aus Gitarrist Tommy Allsup, Schlagzeuger Carl Bunch und Bassist Waylon

Jennings bestand. Sie brachen am 27. Januar 1959 auf. Mit von der Partie waren neben Holly auch Dion and the Belmonts, eine Gesangsgruppe aus New York, der damals noch unbekannte Frankie Sardo, Big Bopper und die neueste Entdeckung der Rockmusik, Ritchie Valens, der mit gerademal 17 Jahren soeben eine Million Exemplare seiner Single „Donna/La Bamba" verkauft hatte.

Die Tournee stand von Anfang an unter keinem guten Stern. Die Temperaturen in Minnesota, Wisconsin und Iowa lagen konstant unter Null und der Bandbus war in schlechtem Zustand und hatte keine Heizung. Die Winter Dance Party wurde ein immer schwierigeres Unterfangen und hatte mit Pannen, Verzögerungen und Grippeerkrankungen der Musiker zu kämpfen. Nach dem Konzert in Clear Lake war Buddy Holly erschöpft und entschied sich, für den Weg zur nächsten Tournee-Station in North Dakota ein kleines Flugzeug zu chartern. Das Flugzeug konnte nur drei Passagiere aufnehmen. Tommy Allsup und Ritchie Valens warfen eine Münze und Allsup verlor.

Waylon Jennings trat seinen Platz an Big Bopper ab, der Fieber hatte. Buddy Holly witzelte noch mit ihm herum: „Du wirst dir im Bus eine Lungenentzündung holen." Waylon antwortete mit einem Scherz, der einem rückblickend das Blut in den Adern gefrieren lässt: „Ich hoffe, euer Flugzeug stürzt ab."

„The Day, the Music died": Als Erster beschrieb Don McLean 1971 in seinem Song „American Pie" diesen furchtbaren Tag, der das Ende einer Epoche in der Geschichte des Rock 'n' Roll bedeutete. Buddy Holly fand seine letzte Ruhe auf dem Friedhof seiner Heimatstadt Lubbock/Texas. Doch seine Musik lebt weiter.

13 Buddy Holly und seine Band, The Crickets, bei ihrem Auftritt in der Ed-Sullivan-Show im Dezember 1957, zwei Jahre vor dem tragischen Flugzeugabsturz, bei dem er, Ritchie Valens und Big Bopper ums Leben kamen. Der Tag, an dem Holly starb, gilt in der Rockgeschichte als „der Tag, an dem die Musik starb", eine Definition, die man der Schlagzeile einer Sonderausgabe des „Daily Mirror" entnommen hatte.

"THE DAY THE MUSIC DIED"

EDDIE

[3. Oktober 1938 – 17. April 1960]

COCHRAN

In den 50er-Jahren war die Rock-'n'-Roll-Musik ein Ruf nach Erneuerung gewesen, ein rebellischer Stil, der eine ganze Generation mit seiner Musik, seinem Look und seinem Lifestyle erobert hatte, aber auch mit Persönlichkeiten, die zu echten Helden geworden waren. Einer der späteren von ihnen war Eddie Cochran, ein Pionier des Rockabilly, der die Zukunft des Rock 'n' Roll stark beeinflusste. Cochran war ein elegant gekleideter Junge mit einem rebellischen Touch, der singen konnte wie Elvis, aber auch Gitarre, Klavier, Bassgitarre und Schlagzeug spielte und zur Legende wurde, weil er 1960 im Alter von nur 21 Jahren bei einem Autounfall auf seiner Großbritannien-Tournee starb.

Cochran stammte aus Minnesota und wuchs in Kalifornien auf. Er gab 1956 sein Debüt in dem Musicalfilm „The Girl Can't Help It" mit Jane Mansfield. Dort sang er „Twenty Flight Rock" und trug so dazu bei, dass der Film zu einer der ersten Hommagen an den Rock 'n' Roll und seinen Lebensstil wurde. Im November 1957 erschien sein erstes und einziges Album, „Singin' To My Baby". Im darauffolgenden Jahr entstanden einige der wichtigsten Stücke in der Geschichte des Rockabilly: der „Summertime Blues" (den The Who 1970 coverten) oder „C'mon Everybody".

Auch Eddie Cochran wurde Teil der „Lost Generation" des Rock, zusammen mit seinen Freunden Buddy Holly und Ritchie Valens, die bei einem Flugzeugabsturz am 3. Februar 1959 ums Leben kamen. Erschüttert von diesem Unfall (der auch Big Bopper das Leben kostete), wollte Eddie Cochran die Live-Musik aufgeben und sich stattdessen auf seine Studioarbeit konzentrieren. Doch schließlich nahm er eine Einladung der Fosters Agency in London an, gemeinsam mit Gene Vincent durch Großbritannien zu touren. Am 24. Januar 1960 starteten sie in Ipswich.

Die Tournee endete am 16. April nach einer letzten Etappe im Hippodrome-Club in Bristol. Eddies Gage, 1.000 Dollar pro Woche, war beachtlich gewesen, aber er hatte den größten Teil davon für Telefonate ausgegeben. Er hatte das britische Publikum für sich gewonnen, aber er wollte gerne nach Hause,

wo seine Familie auf ihn wartete und er Studio-Sessions mit Snuffy Garret und einen möglichen Auftritt in der „Ed-Sullivan-Show" geplant hatte.

Am 16. April klopfte Tourmanager Patrick Tompkins im Royal Hotel an Cochrans Tür und gab ihm das Flugticket für den nächsten Tag. Um 1.00 Uhr nachts sollte er von London-Heathrow aus starten. Gene Vincent hingegen wollte nach Paris weiterreisen, wo er noch einige Gigs geplant hatte.

Cochran und Vincent hatten sich also entschieden, London gleich nach dem Abschlusskonzert der Tournee zu verlassen, zusammen mit Eddies Freundin Sharon Sheeley. Tompkins fand ein Taxi-Unternehmen mit einem Nachtservice und buchte die Fahrt. Als die vier nach der Show ins Taxi, einen Ford Consul, stiegen, fiel Sharon das Konfetti im Innenraum auf. Der Fahrer, George Martin, erklärte ihnen, dass er am gleichen Nachmittag für eine Hochzeitsgesellschaft gefahren sei.

Eine Menge Legenden ranken sich um diese letzte Reise des Eddie Cochran, der zusammen mit Sharon Steeley und Gene Vincent auf dem Rücksitz des Taxis saß. Der Fahrer sei unerfahren und vielleicht sogar betrunken gewesen; jemand habe in die nächtliche Stille einen Heiratsantrag geflüstert; der Fahrer habe bei Bath die falsche Abfahrt genommen und, um noch umkehren zu können, zu schnell gebremst.

Verlässlich ist nur der Bericht des Polizeibeamten R.S. McIntyre: „Tragischer Unfall auf der Bath Road, Chippenham, am 16. April 1960 um 23.50 Uhr." Eddie Cochran, Sharon Steeley, Gene Vincent und Patrick Tompkins wurden verletzt ins St. Martins-Hospital in Bath gebracht, wo Eddie Cochran seinen Verletzungen erlag. Der Fahrer blieb unverletzt und wurde für sein gefährliches Fahrverhalten zu sechs Monaten Gefängnis und einer Geldstrafe von 50 Pfund verurteilt. Eddie Cochrans Grabstein auf dem Forest Lawn Memorial Park in Cypress/Kalifornien trägt die Inschrift: „Wenn Worte uns über den Verlust unseres geliebten Eddie hinwegtrösten könnten, wäre unsere Liebe zu ihm nicht echt gewesen."

15 Die Titelseite des „Daily Mirror" mit der Nachricht vom Unfalltod Eddie Cochrans. Das Foto zeigt ihn mit seiner Gitarre, die er im Rockabilly-Stil hält. Der Kritiker Lester Bangs sagte über ihn: „Eddie mag Elvis stimmlich häufiger imitiert haben als ein Dutzend anderer seiner Anhänger, wie zum Beispiel Conway Twitty, aber sein Einfluss auf die Popmusik war in etwa so groß wie der der Beatles oder von The Who und tiefgreifend und fundiert."

STU

SUTCLIFFE

Stuart Sutcliffe war ein Junge der 50er-Jahre, ein Künstler, und Buddy Holly und der Rock 'n' Roll schlugen bei ihm ein wie ein Blitz. Und er war ein Freund John Lennons aus ihrer gemeinsamen Zeit am Liverpool College of Art. Stu war einer von denen, die man manchmal den „fünften Beatle" nannte, und eines der großen verlorenen Talente der Rockmusik. Er starb im Alter von 21 Jahren an einer Hirnblutung. Die Beatles steckten noch in ihren Kinderschuhen und hatten noch nie ein Tonstudio von innen gesehen. Stu gab der Band ihr Image, doch leider erlebte er nicht mehr, wie erfolgreich sie damit wurde.

Ein gemeinsamer Freund, Bill Harry, seit 1961 Gründer und Verleger der Zeitung „Mersey Beat", die den Liverpool-Sound in ganz Großbritannien bekannt machte, stellte Stu Sutcliffe John Lennon vor.

Alle drei Jungs studierten am Liverpool College of Art. Während Lennon zu den schlechtesten Studenten gehörte, war Sutcliff einer der besten. Er teilte sich seine Wohnung in der Gambier Terrace 3 mit einer ebenfalls sehr vielversprechenden Künstlerin, der Illustratorin Margaret Chapman. Stu und John wurden sofort gute Freunde.

Sie sprachen über Kunst, Literatur, Buddy Holly und die neue Rock-'n'-Roll-Musik, die in Liverpool immer beliebter wurde. 1960 zog John Lennon bei Sutcliffe ein. Damit begann das Abenteuer der bekanntesten Band der Musikgeschichte.

Stu lernte Paul McCartney im Casbah Coffee Shop (der der Mutter des ersten Beatles-Schlagzeugers, Pete Best, gehörte) kennen und dieser überredete ihn dazu, sich eine Bassgitarre zu kaufen. Stu hatte Klavier studiert und sein Vater hatte ihm einige Gitarrengriffe beigebracht, aber er war kein ausgebildeter Musiker. Da er aber durch den Verkauf eines seiner Bilder auf einer Ausstellung gerade 65 Pfund verdient hatte,

konnte er es sich leisten, in Frank Hessey's Music Shop einen Höfner President 500/5 Bass zu kaufen.

Die Wohnung in der Gambier Terrace wurde schnell zum Proberaum der Band, die sich ursprünglich The Quarrymen (die Steinbrucharbeiter) und später The Beatals, The Silver Beetles, The Silver Beatles und schließlich The Beatles nannte. Der Erzählung nach entstand die Idee für diesen Namen an einem Abend in der Kneipe „Renshaw Hall" in Liverpool: Stu, John und seine Freundin Cynthia Powell hatten versucht, einen Namen zu finden, der dem von Buddy Hollys Band The Crickets ähnelte, und landeten bei The Beatals. Anfang 1960 ging die Band in Schottland auf Tournee, als Vorgruppe von Johnny Gentle, und im August des gleichen Jahres unternahm sie ihre erste Reise nach Hamburg, inzwischen mit Pete Best am Schlagzeug.

Ihr Agent Allan Williams (der Besitzer des „Jacaranda" in Liverpool, einem der ersten Clubs, in denen die Beatles gespielt hatten) beschloss, sie nach Deutschland zu schicken, nachdem er gesehen hatte, welchen Erfolg eine andere seiner Bands, Derry and the Seniors, dort gehabt hatte.

Also machten sich John Lennon, Paul McCartney, George Harrison, Pete Best und Stu Sutcliffe am 17. August 1960 auf den Weg nach Hamburg, im Gepäck einen Vertrag über 15 Pfund pro Woche und ein Engagement im Club „Indra" und im „Kaiserkeller", zwei Clubs im Rotlichtviertel von St. Pauli.

Ihre Reise nach Hamburg ist legendär im Rock 'n' Roll: Die Bandmitglieder lebten in einem schrecklichen Raum hinter der Leinwand eines Filmtheaters, dem Bambi-Kino; George Harrison wurde ausgewiesen, weil er noch minderjährig war; John Lennon provozierte das Publikum, indem er es „Krauts" nannte und es wissen ließ, dass England den Krieg gewonnen hatte, was die anwesenden britischen Matrosen zu einem Applaus veranlass-

te, und Paul McCartney und Pete Best wurden verhaftet und wegen Brandstiftung ausgewiesen, weil sie einen Wandteppich angezündet hatten.

Doch durch die Gigs in Hamburg lernten die Beatles, besser zu spielen, und verschafften sich eine gewisse Bühnenpräsenz. Sie legten damit den Grundstein für ihren späteren Erfolg und bauten gleichzeitig ihr Image auf.

Sutcliffe war kein besonders guter Bassist und spielte oft mit dem Rücken zum Publikum. Als Sänger kam er nur bei einem einzigen Song zum Einsatz, einer Coverversion von Elvis Presleys „Love Me Tender". Aber er erschien als Erster in engen Jeans und mit dunkler Sonnenbrille auf der Bühne, und lernte als Erster ein deutsches Mädchen kennen: Astrid Kirchherr.

Das passierte im Kaiserkeller. Astrid war Fotografin und wollte sich die neue Band ansehen, die gerade aus England eingetroffen war. Für den nächsten Tag lud sie die Beatles in das Haus ihrer Mutter, in einem gehobenen Wohnviertel von Altona, ein und zeigte ihnen ihr Schlafzimmer, das komplett schwarz gestrichen und mit Silberfolie und einem riesigen Ast, der von der Decke hing, dekoriert war. Stu verliebte sich sofort in dieses intellektuelle und faszinierende Mädchen und von da an waren sie ein Paar.

Astrid half den Jungs dabei, den besonderen Beatles-Stil zu kreieren. Sie schlug ihnen vor, sich alle eine bestimmte Frisur wachsen zu lassen, die damals in Deutschland sehr modern war: den Pilzkopf. Wie Astrid selbst berichtete, war Sutcliffe der Erste in der Band, der fortan keine Pomade mehr benutzte, wie es zu Rockabilly-Zeiten Mode gewesen war, und sich die Haare zum Pilzkopf schneiden ließ. Er kleidete sich auch so, wie sie es vorschlug: Lederhose, Jacketts ohne Kragen und Hemden. Und schon war der Beatles-Look geboren. Die Liebesgeschichte der beiden war wie ein schönes Märchen – das Zusammentreffen zweier sehr kreativer Künstler.

Im Juli 1961 entschied sich Stu, die Beatles zu verlassen und sein Kunststudium wieder aufzunehmen. Seinen Bass überließ er Paul McCartney, doch er bat ihn, die Saiten nicht zu tauschen, obwohl Paul Linkshänder war, sie für ihn also falschherum aufgezogen waren.

Stu wurde am Liverpool Art College für das Studium zum Kunstlehrer nicht zugelassen, also schrieb er sich an der Hamburger Kunsthochschule ein, wo er zusammen mit dem berühmten Pop-Art-Künstler Eduardo Paolozzi studierte. Sein Leben mit Astrid und seine künstlerische Karriere hatten gerade erst begonnen.

Doch 1962 brach er in einem Kunstkurs zusammen. Er hatte bereits seit einiger Zeit unter Migräne gelitten und war zudem sehr lichtempfindlich gewesen. Astrids Mutter ließ ihn von verschiedenen Ärzten untersuchen. Diese rieten ihm, nach England zurückzukehren, um sich dort behandeln zu lassen. Doch ein weiterer Kollaps besiegelte sein Schicksal: Am 10. April 1962 fühlte Stu sich nicht wohl und brach erneut zusammen. Astrid rief einen Krankenwagen, doch bei der Ankunft im Krankenhaus wurde Stu für tot erklärt. Er wurde nur 21 Jahre alt. Wer weiß, was passiert wäre, wenn er weiterhin der fünfte Beatle geblieben wäre.

17 Stuart Sutcliffe und John Lennon 1961 auf der Bühne des Top Ten Clubs in Hamburg während der ersten Deutschlandtournee der Beatles. Die beiden Freunde lernten sich am Liverpool College of Art kennen. John Lennon nach war Sutcliffe „der Star der Schule, ein wahrer Künstler."

SAM

COOKE

Sam Cooke liebte die Frauen. Seine Frau Barbara wusste das und lange Zeit tolerierte sie seine außerehelichen Affären. Er war der „King of Soul" und brachte zwischen 1957 und 1964 nicht weniger als 29 Hits in die US-Top 40. Er war das Idol der Afroamerikaner und engagierte sich stark in der Bürgerrechtsbewegung. Seine Ehe kriselte bereits, besonders nach dem tragischen Tod ihres 18 Monate alten Sohnes Vincent, der 1963 im Swimmingpool der Familie ertrank.

Sam war nicht zu Hause gewesen und beschuldigte seine Frau Barbara, nicht gut genug auf ihren Sohn aufgepasst zu haben. Von dieser Zeit an ergriff er jede Gelegenheit, Gigs außerhalb der Stadt anzunehmen. In seiner Musik machte er seiner Verzweiflung Luft – und bei den Frauen, die sich von seinem Ruhm und seiner samtigen Stimme angezogen fühlten.

Sam Cooke sang zusammen mit seinen Brüdern in einer Gospelgruppe, die sich The Singing Children (Die singenden Kinder) nannte. 1950 wurde er der Leadsänger der Soul Stirrers, die bei Specialty Records in Chicago unter Vertrag standen und zu einer der wichtigsten Gospelbands in den Vereinigten Staaten wurden.

Er wollte auch Schwarze Musik in die Pop-Charts bringen und versuchte 1956 mit der Single „Lovable" unter dem Pseudonym Dale Cook sein Glück.

Seine Stimme war einzigartig und seine unverwechselbare Art, Gospel und weltliche Musik miteinander zu verschmelzen, legte den Grundstein für die Entwicklung des Soul. „Lovable" wurde 25.000 Mal verkauft und bedeutete seinen Durchbruch.

Er verließ die Soul Stirrers und unterzeichnete einen Vertrag mit Keen Records. Mit der gleichen unermüdlichen Energie, die ihn in der Gospelmusik so erfolgreich gemacht hatte, widmete er sich jetzt auch dem neuen Soul-Genre. 1957 erreichte seine Single „You Send Me" in zwei Billboard-Charts den ersten Platz. Danach entwickelte sich seine Karriere blitzartig, auch dank weiterer Singles wie „Wonderful World", „Chain Gang" (1960 die Nummer 2 in den Charts), „Cupid" und „Twistin' the Night Away."

Sam Cooke wurde zum „King of Soul". Zur gleichen Zeit fing er auch an, sich aktiv in der Bürgerrechtsbewegung zu engagieren, nachdem er Bob Dylans „Blowin' in the Wind" gehört hatte. Er war zugleich überrascht und bewegt davon, dass ein so eindringliches Lied, das Rassismus und Ungerechtigkeit

offen thematisierte, von einem Weißen geschrieben worden war. Am 8. Oktober 1963, während einer Tournee, hielten er und seine Bandmitglieder an einem Motel in Shreveport/Louisiana das damals den Weißen vorbehalten war. Er fragte nach einem Zimmer und erhielt eine Absage. Der Hotelmanager rief die Polizei und der King of Soul wurde festgenommen.

Dieser bedauerliche Vorfall wurde zur Inspiration für den Song, der Sam Cookes berühmtester werden sollte: „A Change is Gonna Come". Es heißt, er habe den ersten Entwurf zu diesem Stück im Tourneebus geschrieben, nachdem er Zeuge einer Sit-in-Demonstration in Durham/North-Carolina geworden war: „It's been a long time coming, but I know a change is gonna come" (Es hat lange gedauert, aber ich weiß, dass sich alles ändern wird.)

Martin Luther King liebte diesen Song, der zu einer Art Hymne der afroamerikanischen Bürgerrechtsbewegung wurde. Er erschien am 1. März 1964 auf dem Album „Ain't That Good News". Im gleichen Jahr erreichte auch die Platte „Sam Cooke Live at the Copa" Platz eins der Charts. Alles lief bestens.

In nur wenigen Jahren wurde aus dem Jungen aus Clarksdale/Mississippi, der in den Gospelkirchen von Chicago großgeworden war, ein Star. Die Frauen waren verrückt nach ihm, und er erwiderte ihre Zuneigung. Bis zu jener letzten wilden Nacht, die auf die schlimmste erdenkliche Weise zu Ende ging, mit einem Finale, das bis heute umstritten ist.

Am 11. Dezember 1964 besuchte Sam Cooke das italienische Restaurant Martoni's in Hollywood, wo mit vielen seiner Freunde und Kollegen eine Party ihm zu Ehren stattfand. Seine Frau Barbara blieb zu Hause, was inzwischen schon zur Gewohnheit geworden war. Sam Cooke trank eine Menge. Er entdeckte ein sehr attraktives Mädchen: die 22 Jahre alte Elisa Boyer.

Er lud sie ein, ihn noch in einen anderen Club zu begleiten, und sie ging mit ihm. Sie verließen Martoni's in Cookes Wagen und fuhren an einen Ort, an dem er sich sehr gut auskannte, das Hacienda Motel, 9137 Figueroa Street, Long Beach, wo er schon viele Male gewesen war. Es war ein sehr diskretes Etablissement, in dem man keine Fragen stellte. Sam und Elisa meldeten sich gegen 2.30 Uhr morgens als Mr. und Mrs. Smith an. An der Rezeption saß eine Frau namens Bertha Franklin.

Es wirkte zunächst wie eine weitere, für Stars so typische „Nacht der Sünde", aber irgendetwas lief schief. Bis heute weiß niemand genau, was sich

19 „Ich wurde am Ufer des Flusses in einem kleinen Zelt geboren/Oh und genau wie der Fluss bin ich seitdem auf der Flucht/Es geht schon sehr, sehr lange so/Aber ich weiß, dass sich das bald ändern wird, oh ja, das wird es." „A Change Is Gonna Come" von Sam Cooke, hier 1959 im Studio bei einer Plattenaufnahme, wurde zur Hymne der US-amerikanischen Bürgerrechtsbewegung.

20 Von 1957 bis 1964 galt Sam Cooke mit 29 Hits in den amerikanischen Top 40 als der „King of Soul". Bedauerlicherweise endete seine vielversprechende Karriere ganz plötzlich an dem Abend, an dem er in einem Motel ermordet wurde, wie diese Headline der „New York Times" bekannt gab.

20-21 Sam Cooke hatte einen Platz direkt am Ring, als Muhammed Ali (damals noch Cassius Clay) am 25. Feburar 1964 Sonny Listen besiegte und damit Weltmeister im Schwergewicht wurde. In der „Harry Carpenter Show", die von der BBC ausgestrahlt wurde, sangen die beiden zusammen „The Gang's All Here".

„Sam Cooke in Motel an der Küste ermordet"

[The New York Times]

diesem Hotelzimmer abspielte. Irgendwann rannte Sam Cooke aufgebracht aus dem Zimmer zur Rezeption. Er war halbnackt, trug nur ein Jackett und Schuhe, und war offensichtlich sehr betrunken. Er rief, dass das Mädchen mit seinen Sachen und seiner Brieftasche verschwunden sei. Er war überzeugt davon, dass sie sich irgendwo im Büro des Motels versteckt hatte. Bertha Franklin sagte ihm, davon wisse sie nichts; er glaubte ihr nicht und griff nach ihr. Franklin befreite sich und nahm ihre Pistole.

Ein Schuss fiel und Sam Cooke ging zu Boden: „Lady, Sie haben mich erschossen." Kurze Zeit später rief Elisa Boyer aus einer Telefonzelle die Polizei an und sagte, sie sei gekidnappt worden. Dann ging auch ein Anruf von Evelyn Carr, der Besitzerin des Hacienda-Motels, bei der Polizei ein.

Bertha Franklin wurde wegen Notwehr freigesprochen. Elisa Boyer sagte aus, dass Sam Cooke versucht hätte, sie zu vergewaltigen, und dass sie auf ihrer Flucht versehentlich seine Kleider mitgenommen hätte. Die Brieftasche des Sängers, die voller Geld gewesen war, wurde nie gefunden. Niemand konnte fassen, dass der „King of Soul" auf diese Weise gestorben war. Doch die Polizei von Los Angeles schloss die Akte. Kurze Zeit später wurde Elisa Boyer wegen Prostitution verhaftet.

BOBBY FULLER

[22. Oktober 1942 – 18. Juli 1966]

23 Bobby Fuller und seine Band, die Bobby Fuller Four, im Jahr 1960. Fullers Tod am 18. Juli 1966 ist eines der großen Mysterien des Rock. Obwohl von der Polizei in Los Angeles offiziell als Selbstmord eingestuft, gab es Gerüchte, dass es sich um einen Mafia-Mord gehandelt haben soll, um an die Versicherungssumme von einer Million Dollar zu kommen.

Bobby Fullers Tod wird wohl eines der größten unaufgeklärten Geheimnisse in der Welt der Rockmusik bleiben, ein Tod voller Fragen ohne Antworten, der die vielversprechende Karriere eines der Pioniere des Rock 'n' Roll beendete.

Fuller interpretierte einen Song, der später zu einer Art Hymne wurde: „I Fought The Law", ein rebellischer Aufschrei gegen das System, der später auch Punkmusiker und -bands von The Clash bis zu Green Day faszinierte und nach Fullers Tod sogar noch zynischer klang.

Bobby Fuller war Texaner, wie Buddy Holly, und wurde schon im Alter von zwölf Jahren vom Rock 'n' Roll gepackt, nachdem er Elvis Presley im Fernsehen gesehen hatte.

Er lernte Klavier, Schlagzeug und Trompete, während sein Bruder Randy anfing, Gitarre zu spielen. Randy wurde auf eine Militärakademie geschickt und stellte nach seiner Rückkehr fest, dass auch Bobby inzwischen Gitarre spielen konnte und seine ersten Stücke geschrieben hatte: Titel wie „You're in Love" und „Guess We Fall in Love", die im November 1961 bei Yucca Records erschienen.

Dank seines Debüterfolges, von dem 3.000 Exemplare verkauft wurden, begann Bobby, in Bars und Clubs in El Paso aufzutreten. In seinem Hinterhof baute er ein kleines Tonstudio mit zwei Mikrofonen und einem gebrauchten Mischpult, das er sich von einem lokalen Radiosender ausgeliehen hatte, und schuf sein eigenes Plattenlabel namens Exeter Records. Bobby lebte für die Musik und machte alles selbst, mit dem Ziel, ein Star zu werden wie seine Vorbilder. Die große Gelegenheit dazu bot sich 1964: Mit einem Oldsmobile, in dem seine Mutter Loraine am Steuer saß, fuhr er nach Kalifornien, wo Bobby und seine Band (die Bobby Fuller Four) vom Label Del-Fi unter Vertrag genommen wurden. Es gehörte dem Produzenten Bob Keane, der auch Ritchie Valens entdeckt und bekannt gemacht hatte.

Dank seiner Coverversion von „I Fought the Law" von The Crickets, die er zum ersten Mal in seinem „Studio" in El Paso aufgenommen hatte, war Bobby nach nur zwei Jahren in der Rock-'n'-Roll-Szene von Los Angeles angekommen. Die Platte erschien 1965, und dank der Unterstützung der Rockradiosender von L.A. schaffte sie es auf Platz neun der Charts.

Der Weg war frei für den Jungen aus Texas – jetzt konnte er ein Star werden. Bobby nahm auch einen der letzten Titel aus der Feder seines Idols Buddy Holly auf, „Love's Made a Fool of You", und 1966 gingen die Bobby Fuller Four auf Tournee durch die Vereinigten Staaten, während ihr erstes offizielles Album „I Fought the Law" erschien.

Währenddessen wurde Los Angeles „psychedelisch" und „hip", und Bobby Fuller, der gerne mit dieser neuen Szene herumexperimentieren wollte, beschloss, eine neue Band zu gründen. Am 17. Juli 1966 teilte er Bob Keane mit, dass er für den nächsten Tag einen Termin mit einigen Musikern in den Del-Fi-Räumen vereinbart hätte. Außerdem wollte er sich mit seinem Gitarristen Jim Reese treffen, der ihm sein Auto verkaufen wollte, einen Jaguar XKE. Doch er nahm keinen seiner Termine wahr.

Und ab hier wird es mysteriös. Am 18. Juli um 17.00 Uhr gingen die Musiker zu Fullers Haus, um nachzusehen, ob er dort war – vergeblich. Seine Mutter sah sein Oldsmobile – das gleiche Auto, mit dem sie von El Paso nach Kalifornien gefahren waren – vor seiner Wohnung. Sie öffnete die Tür und fand Bobby auf dem Fahrersitz, die Hände am Schlüssel, der in der Zündung steckte. Bobby war tot, sein Körper in Benzin getränkt.

Er hatte große Blutergüsse auf der Brust und im Gesicht, und ein Finger seiner rechten Hand war gebrochen. Auf dem Sitz neben ihm lag ein halbleerer Benzinkanister. Der Gerichtsmediziner des Los Angeles County stellte fest, dass Bobby drei Stunden zuvor an Benzindämpfen erstickt war. Seine Mutter sagte aus, Bobby habe in der Nacht zuvor gegen 1.00 Uhr einen Anruf erhalten und das Haus verlassen. Die letzte Person, die ihn lebend gesehen hatte, war sein Vermieter, Lloyd Esinger, mit dem Fuller gegen 3.00 Uhr morgens noch einige Biere getrunken hatte.

„Er war wirklich gut drauf", sagte Esinger. Die Polizei schloss den Fall sehr hastig ab und nahm nicht einmal die Fingerabdrücke vom Benzinkanister. Ihr absurder Bericht deklarierte seinen Tod als Selbstmord. Bobby Fuller wurde auf dem Forest Lawn Friedhof in Burbank beerdigt, doch sein Tod warf eine Menge ernster Fragen auf. Wie war es möglich, dass ein 24-jähriger Mann, der als leidenschaftlicher Musiker eine geniale Rock-'n'-Roll-Karriere vor sich hatte, sich plötzlich entschied, Selbstmord zu begehen?

Bobby hatte eine Lebensversicherung über eine Million Dollar abgeschlossen. Die Begünstigten waren die Del-Fi-Investoren, unter denen sich – so die Gerüchte – wichtige Mitglieder der Mafia in Los Angeles befanden. Die Polizei weigerte sich, irgendwelche weiteren Untersuchungen anzustellen, und schloss den Fall. Vier Tage nach Bobbys Beerdigung tauchten drei bewaffnete Männer in der Wohnung von Jim Reese und Dalton Powell, dem Drummer der Bobby Fuller Four, auf. Am nächsten Morgen stiegen die beiden in ihr Auto und kehrten nach El Paso zurück: „Vielleicht waren wir für einige Leute nur eine Investition und tot mehr wert als lebendig", sagte Jim Reese Jahre später. Tatsächlich hatte Del-Fi neun Jahre zuvor, durch Ritchie Valens' Tod, eine enorme Menge Geld verdient.

OTIS REDDING

Im August 1967 war Otis Redding zusammen mit den Bar-Kays auf Tournee in den Vereinigten Staaten. Eines Tages schrieb er auf dem Hausboot seines Freundes Earl „Speedo" Sims, das in Sausalito vertäut war, die erste Zeile eines neuen Songs, dem er den vorläufigen Titel „The Dock Of The Bay" gab.

Otis Redding hatte gerade mit einem denkwürdigen Auftritt sein Zeichen auf dem Monterey Pop Festival gesetzt. Er war der Abschlussakt des zweiten Abends gewesen und wurde von Booker T & the M.G.'s begleitet (vor ihnen hatten Jefferson Airplane gespielt). Otis Redding war zum ersten Mal vor einem so großen weißen Publikum aufgetreten. 1966 hatte er schon einmal eine Reihe von Konzerten im Whiskey a Go Go in Los Angeles gegeben.

Für Stax Records in Memphis, wo er 1964 auch sein erstes Album „Pain in My Heart" veröffentlichte, war er der wichtigste Künstler, da er sich schon jetzt zu einer Soul-Legende entwickelte.

„Try A Little Tenderness" erreichte Platz 25 der Billboard Hot 100 Charts. „Respect" wurde zur Hymne der Afroamerikaner, und seine Konzerte in Europa halfen ihm, ein noch breiteres Publikum für sich zu erobern. 1967 hörte Otis „Sgt. Pepper's Lonely Hearts Club Band" von den Beatles und entschied sich, seinen Stil zu verändern. Er war entschlossen, ein noch größeres weißes Publikum für sich zu gewinnen, und experimentierte mit neuen Melodien, die nicht so eindeutig im Soul und Rythm & Blues wurzelten wie die Musik bei Stax.

Deshalb fügte er während der Tournee zum Album „King & Queen" immer wieder Verse zu seinem neuen Song, „(Sittin' On) The Dock Of The Bay", hinzu – egal, wo er sich gerade aufhielt und was er gerade zur Hand hatte: Servietten und Hotelnotizblöcke zum Beispiel.

Am 22. November 1967 ging Otis Redding zusammen mit seinem Gitarristen Steve Cropper in die Stax-Studios in Memphis und spielte den Song ein. Am 2. Dezember kam er noch einmal wieder, um die Aufnahme abzuschließen, doch er war noch nicht ganz mit dem Text fertig. Also pfiff er beim Ausblenden zum Ende der Aufnahme hin, um die noch fehlende Strophe zu markieren und bei der nächsten Aufnahmesession an dieser Stelle weiterarbeiten zu können. Doch er kam nie zurück und das Pfeifen in „(Sittin' On) The Dock Of The Bay" wurde zur Musiklegende.

Einige Tage später brachen Redding und die Bar-Kays in seinem Privatflugzeug (einer Beechcraft H18) zu einer Konzertreise auf. Am 9. Dezember 1967 waren sie in Cleveland, wo sie in der TV-Sendung „Upbeat" auftraten und drei Gigs in einem kleinen Club namens Leo's Casino spielten.

Am nächsten Tag sollte er an der Universität von Wisconsin in Madison sein. Die Wetterverhältnisse waren ziemlich schlecht, es regnete in Strömen und war sehr neblig. Allen Warnungen zum Trotz entschied sich Redding, zu fliegen, um das Konzert nicht zu verpassen. An Board der Beechcraft befanden sich Otis, sein persönlicher Assistent Matthew Kelley sowie fünf Mitglieder der Bar-Kays. Zwei andere Bandmitglieder, Carl Sims und James Alexander, flogen mit einer Linienmaschine, da die Beechcraft schon voll war.

Um 15.30 Uhr bat der Pilot Richard Fraser um eine Landegenehmigung für den Flughafen Truax Field in Madison. Aber irgendetwas ging schief. Die Beechcraft sank zu schnell und stürzte in den Lake Monona. Der Aufprall war verheerend und beendete auf einen Schlag die Karriere eines der herausragendsten Stars der afroamerikanischen Musik und seiner außergewöhnlichen Band. Ben Caules, einer der BarKays, überlebte den Unfall als Einziger.

Er erinnerte sich nur noch daran, wie er seinen Sicherheitsgurt gelöst hatte, während die Maschine nach unten trudelte. Er kam im eiskalten Wasser des Lake Monona wieder zu sich, ein Sitzkissen umklammernd.

Otis Redding wurde erst am nächsten Tag gefunden. Das Symbol der Soul-Music, die Stimme, die die Geschichte der afroamerikanischen Musik bekannt gemacht und überallhin verbreitet hatte, ruht nun auf der Ranch, die Otis sich in seiner Heimatstadt Macon/Georgia gebaut hatte. Und „(Sittin' On) The Dock Of The Bay" bleibt für immer unvollendet.

25 Otis Redding 1962 in Paris. In seinen Europakonzerten und beim Monterey Pop Festival entfesselte sich der berühmte traditionelle Soul-Sound von Stax Records vor der Rock-Öffentlichkeit.

26 Otis Redding wurde 1941 in Macon/Georgia geboren. Er verließ die Schule mit 15, um seine Familie zu unterstützen, und spielte in Little Richard's Begleitband The Upsetters. 1964 veröffentlichte er sein Album „Pain In My Heart".

27 12. Dezember 1967: Das Wrack der Beechcraft H18 von Otis Redding und seiner Band, den Bar-Kays, wird in der Nähe von Madison/Wisconsin aus dem Lake Monona geborgen. Das „Wisconsin State Journal" hatte die unglückliche Aufgabe, die Musikwelt über den schrecklichen Flugzeugabsturz zu informieren.

„SÄNGER OTIS REDDING UND BAND BEI FLUGZEUGABSTURZ ÜBER LAKE MONONA GESTORBEN"

[Wisconsin State Journal]

BRIAN JONES

29 Brian Jones 1966 in der Fernsehsendung „Ready, Steady, Go". Er leistete einen wesentlichen Beitrag zum Erfolg der Rolling Stones: Er war der erste Manager der Band, erfand ihren Namen und prägte ihren Look.

[28. Februar 1942 – 3. Juli 1969]

In der Geschichte der Rock-Musik ist bis heute nicht zweifelsfrei geklärt, wie es dazu kommen konnte, dass Brian Jones im Swimming-Pool seiner Villa, der Cotchford Farm, ertrank. Er war erst 27. Brian Jones war einer der Gründer der berühmtesten Rockband der Welt, der Rolling Stones, doch in den letzten Jahren seines Lebens hatte er sich mehr und mehr von ihr zurückgezogen. Sein Leben war intensiv und widersprüchlich, sein Talent sehr vielschichtig. Außerdem war Brian Jones schon lange, bevor die Rolling Stones mit ihrem unangepassten Lebensstil die Welt eroberten, ein Rebell. 1961 hatte er bereits drei Kinder mit drei verschiedenen Frauen. Sein IQ war überdurchschnittlich, doch er verließ mit 17 die Schule und reiste durch Nordeuropa und Skandinavien, wo er sich mit seiner Gitarre als Straßenmusiker durchschlug.

Ein zentrales Treffen in der Geschichte des Rock fand in den frühen 1960ern im Ealing Jazz Club in London statt: Brian Jones spielte dort zusammen mit Alexis Korners Band einen Song von Elmore James, „Dust My Broom". Ebenfalls in diesem Club waren Mick Jagger und Keith Richards.

Am 2. Mai 1962 schaltete Brian Jones eine Anzeige in der Zeitschrift „Jazz News", mit der er Musiker für Rhythm-&-Blues-Sessions im Pub „Bricklayer's Arms" suchte. Als Erster meldete sich der Pianist Ian Stewart; Gitarrist Dick Taylor, Schlagzeuger Tony Chapman, Mick Jagger und Keith Richards folgten kurze Zeit später.

In den Sessions im „Bricklayer's Arms" wurden die Rolling Stones ins Leben gerufen. 1963 kamen Bassist Bill Wyman und Drummer Charlie Watts dazu und die Besetzung war komplett. Brian Jones gab der neuen Band ihren Namen. Der Besitzer eines Clubs, mit dem er einen Gig vereinbaren wollte, fragte ihn, wie seine Band hieß. Brian zögerte kurz, aber dann sah er auf

dem Boden ein Muddy-Waters-Album, dessen erstes Stück „Rollin' Stone" war, also antwortete er: „The Rolling Stones".

In den ersten Jahren arbeitete Brian Jones hart daran, die Band voranzutreiben, und betrachtete sich als ihr Bandleader. Als 1963 Andrew Loog Oldham Manager der Band wurde, veränderte sich die Konstellation. Oldham drängte die Stones, eigene Stücke zu schreiben (so wie die Beatles es taten) und nicht nur Coverversionen von Blues-Titeln zu spielen, und er baute das Image der Stones mehr auf Mick Jaggers Charisma auf. Brian hatte das Gefühl, dass er für die Band immer unwichtiger wurde.

Er wollte, dass die Rolling Stones eine Bluesband blieben. Eigentlich war es ja seine Band, aber jetzt schien er das Interesse an ihr zu verlieren. Und trotzdem waren seine Rhythmusgitarre und seine Mundharmonika (er hatte Jagger beigebracht, sie zu spielen) die Basis für genau den Sound, der sie erfolgreich gemacht hatte.

Als die Band 1966 und 1967 allerdings auf dem Höhepunkt ihrer kreativen Explosion war, schien Brian sich erholt zu haben und wurde zum wahren Künstler der Band – die Songs bekamen durch ihn neue Farben und Klänge. Sein Talent und seine Virtuosität auf vielen verschiedenen Instrumenten brachten die Band zum Experimentieren: In „Paint It Black" setzte er eine Sitar ein, in „Ruby Tuesday" eine Blockflöte, ein Hackbrett (eine Kastenzither) in „Lady Jane" und psychedelische Klänge in „Their Satanic Majesties Request" (1967).

Doch der ständige und immer stärker werdende Drogen- und Alkoholkonsum beeinträchtigte Brians körperliche und geistige Gesundheit. Seine Bandkollegen sagten, es gebe zwei verschiedene Brian Jones. Der eine sei kreativ und sensibel, der andere arrogant und überheblich.

Auch andere Musiker seiner Zeit respektierten ihn. Die Beatles luden ihn ein, in „You Know My Name" das Saxofon zu spielen, und beim Monterey Pop Festival machte er das Publikum mit Jimi Hendrix bekannt. Doch mit seinen eigenen Bandmitgliedern kam er nicht mehr zurecht, auch weil er häufig nicht in der Lage war, zu spielen. Zu guter Letzt verließ ihn 1967 auch noch seine Freundin Anita Pallenberg für Keith Richards. Die Polizei nahm die Band wegen ihrer unangepassten Lebensweise erneut aufs Korn, und Jones wurde zweimal, 1967 und 1968, wegen Drogenbesitzes festgenommen. Durch diese Episode entfernte er sich noch weiter von der Band.

Brian war bei den Aufnahmen zu „Beggars Banquet" (1968) noch dabei. Wie immer spielte er etliche Instrumente und sang im Chor von „Sympathy For The Devil". Doch danach machte er nur noch wenig mit den Rolling Stones. Auf „Let It Bleed" (1969) war er nur noch bei zwei Songs dabei, „You Got The Silver" und „Midnight Rambler".

Jagger und Richards beschlossen, mit der Band auf Tournee durch die USA zu gehen, wo sie schon drei Jahre lang nicht mehr gespielt hatten, aber Brian bekam durch die Vorstrafen wegen Drogenbesitzes kein Visum. Zum endgültigen Bruch kam es am 8. Juni 1969, als ihm die Rolling Stones mitteilten, dass die Band – die er gegründet hatte – von nun an ohne ihn weitermachen würde. Er wurde durch Mick Taylor ersetzt.

Richards sagte später, Brians Problem sei nicht die Musik gewesen. Vielmehr wollte er, auch wenn alles gut lief, immer wie zwanghaft alles kaputtmachen.

Richards gab zu, dass er selbst auch eine kleine teuflische Seite habe, aber eben nur eine, während es bei Brian ungefähr 45 seien. Der Ehrgeiz fraß ihn auf. Brian zog sich zusammen

mit seiner schwedischen Freundin Anna Wohlin in seine Villa Cotchford Farm zurück. Er plante, eine neue Band zu gründen und kontaktierte seine Freunde Alexis Korner, Ian Stewart und Mitch Mitchell. Er wollte schreiben, produzieren und einen Film drehen. Doch am Abend des 2. Juli 1969 endete sein Leben mysteriös und unerklärlich.

In der Welt der Rolling Stones zogen Ruhm, Reichtum und der Mythos der Grenzüberschreitung die unterschiedlichsten Menschen an. Unter ihnen war auch Tom Keylock, der Sicherheitsexperte der Band. Als Jagger ihm erzählte, dass er jemanden suche, der eine Mauer um sein Haus Stargroves baute, rief Tom seinen alten Schulfreund Frank Thorogood an. Nach Stargroves baute dieser auch Keith Richards' Villa Redlands um. Er erwies sich allerdings sehr schnell als absolut nicht vertrauenswürdig. Er hatte keine Erfahrung mit Rockstars und deren Reichtum und versuchte schon nach kurzer Zeit, aus seiner Position Vorteile zu ziehen.

Zuerst stahl er diverse Dinge aus Richards' Haus, darunter eine seiner Gitarren. Keylock, der im Stones-Clan immer einflussreicher wurde, überredete Brian Jones, Thorogood einige handwerkliche Arbeiten auf Cotchford Farm ausführen zu lassen. Frank zog zusammen mit seiner Freundin Janet Lawson und einigen Freunden in Brians Haus, doch sie verbrachten mehr Zeit damit, sich zu betrinken, als zu arbeiten. Eines Tages brach in der Küche ein Balken aus der Decke und verfehlte Anna Wohlin nur um Haaresbreite. Brian Jones hatte die Nase voll, aber er wusste nicht, wie er Frank loswerden sollte.

Schließlich entschied er sich am Abend des 2. Juli 1969, das Problem zu lösen. Er lud Frank und Janet zu einem Drink ein, um alles zu klären.

Was genau danach passierte, bleibt ein Geheimnis. Nach einer Zeugenaussage gab es auf Cotchford eine Art Party, zu der auch einige von Franks Arbeitern gekommen waren. Andere sagten aus, dass nur Brian, Anna, Frank und Janet an diesem Abend dort gewesen seien.

Sicher ist nur, dass Brian schwimmen gehen wollte. Anna ging ins Haus weil das Telefon klingelte, und als sie zurückkam, war Brian tot. Er war im Pool ertrunken, obwohl er ein sehr guter Schwimmer gewesen war und die untersuchenden Ärzte keine bedeutenden Spuren von Alkohol oder Drogen in seinem Körper fanden: ein unerklärlicher Tod, der schnell zu einem ungelösten Geheimnis wurde.

30-31 Brian Jones und die Rolling Stones während der Aufnahmen zu „The Rolling Stones Rock and Roll Circus" am 11. Dezember 1968. The Who, Jethro Tull, Taj Mahal, Marianne Faithfull, John Lennon, Yoko Ono und Eric Clapton traten ebenfalls in der Show auf.

Die Medien vermuteten sogar eine Verschwörung von Keith Richards und Mick Jagger, die beide nicht zu Brians Beerdigung kamen. Die Rolling Stones widmeten Brian am 5. Juli 1969 ein kostenloses Konzert im Hyde Park, das sie mit seinem Lieblings-Song „I'm Yours and I'm Hers" von Johnny Winter eröffneten.

Das Geheimnis wurde erst 1994 gelöst – als Frank Thorogood auf seinem Sterbebett Tom Keylock gestand, dass an jenem Abend im Swimming-Pool etwas Schreckliches passiert war. Er berichtete wie folgt:

Seine Freunde und er waren von Brian genervt. Sie provozierten ihn, wollten sehen, ob er wirklich ein so guter Schwimmer sei, und hielten seinen Kopf unter Wasser. Was als Spiel begann, endete tragisch. Aber es gibt keinen zuverlässigen Beweis für Thorogoods Geständnis, noch konnte man irgendwelche Zeugen finden. 2009 nahm die Polizei den Fall wieder auf, schloss ihn aber erneut aus Mangel an Beweisen.

Brian Jones fand seine letzte Ruhe in einem Bronzesarg auf dem Friedhof in Cheltenham. Charlie Watts sagte über ihn: „Brian lebte nicht lange genug, um all das zu tun, wovon er gesprochen oder woran er gedacht hatte. Ich weiß nicht, ob er das alles geschafft hätte. Jedenfalls hatte er nie die Gelegenheit dazu."

32 und 33 Ein in sich selbst versunkener Brian Jones in zwei Nahaufnahmen von 1966. Der vielseitige Musiker brachte sich selbst das Sitarspielen bei, inspiriert von George Harrison, der einmal sagte, Brians Probleme hätten sich mit ein bisschen mehr Liebe lösen lassen und man habe ihn nie richtig verstanden.

JIMI

[27. November 1942 – 18. September 1970]

HENDRIX

In seinen Händen fing die E-Gitarre Feuer. Jimi Hendrix war pure Energie, ein Blitzschlag, der eine psychedelische und wilde Welt erschuf, in der Blues, Rock und Soul zu einer völlig neuartigen Form von Musik verschmolzen. Kein anderer Gitarrist hatte eine derart starke Wirkung auf die Entwicklung seines Instruments. Alle großen Gitarristen der 1960er, darunter Jeff Beck, Eric Clapton, Pete Townshend und Les Paul, verneigten sich voller Respekt vor seinem Talent.

Hatte er seine Fender Stratocaster umgelegt, wurde Jimi Hendrix zu einem Rockgott, einem psychedelischen Schamanen, dem Gipsy King einer neuen Welt, ein Genie, vom Schicksal dazu verurteilt, sich selbst schnell völlig auszubrennen, aufgezehrt von rückhaltloser Kreativität. Als Sohn einer armen Familie in Seattle geboren, war Hendrix ein junger Mann ohne Zukunft und meldete sich freiwillig zur Armee, um nicht im Gefängnis zu landen.

Seine Karriere begann er zusammen mit seinem Soldatenkameraden Billy Cox im sogenannten Chitlin' Circuit der Blues-Clubs für Afroamerikaner im Süden der Vereinigten Staaten, wo er lebte wie ein Landstreicher. Schon damals spielte er sehr gut Gitarre, so gut wie kein anderer. Mit seinem natürlichen Talent, viel Übung und einem manischen Perfektionismus beherrschte Jimi den Blues absolut. Und doch gab es da auch noch etwas anderes, eine mysteriöse Energie. Es schien, als käme seine Musik von einem anderen Planeten.

1964 stieg Jimi Hendrix bei The Royal Company ein, Little Richards Band. Dort sollte er zusammen mit den anderen Musikern im Hintergrund bleiben. Das Gleiche passierte bei den Isley Brothers und King Curtis. Er machte seltsame Sachen, spielte schrill und laut und benahm sich generell sehr exzentrisch.

Seine Genialität war noch nicht entdeckt worden. 1965 zog es ihn auf der Suche nach Ruhm und Glück nach New York, und als er im Cheetah Club in der 53. Avenue spielte, fiel er Chas Chandler auf, dem Bassisten von The Animals. Er war Talent-Scout und Manager geworden und sehr beeindruckt von Hendrix' Können. Linda Keith, Keith Richards' Freundin, hatte Chandler gesagt, er solle sich dieses unbekannte Phänomen unbedingt anhören. Nach dem Gig ging Chas zu Hendrix in die Garderobe und fragte ihn, ob er mit ihm nach London käme.

Im September 1966 landete Jimi in London-Heathrow. Als die Polizei ihn entdeckte – gekleidet wie ein psychedelischer Schamane –, nahm sie ihn fest und befragte ihn stundenlang. Niemand hatte jemals jemanden gesehen, der so aussah, aber in der freien und sprühenden Atmosphäre des „Swinging London" von 1966 wurde Jimi Hendrix's Talent schließlich entdeckt. Binnen eines Jahres hatte er alle wichtigen Musiker seiner Zeit getroffen, auch die Beatles, die Rolling Stones, Eric Clapton und Pete Townshend, die sein musikalisches Können sehr bewunderten und ihn darin unterstützten, es zum Ausdruck zu bringen.

Jimi gründete zusammen mit Mitch Mitchell und Noel Redding die Jimi Hendrix Experience Band und nahm sein erstes Album auf. „Are You Experienced" (1967) erreichte Platz zwei der britischen Charts, gleich hinter den Beatles mit „Sgt.Pepper's Lonely Hearts Club Band". Und trotzdem: Als er nach Amerika zurückkehrte, war er immer noch relativ unbekannt. Paul McCartney und Brian Jones überzeugten die Veranstalter, ihn beim Monterey Pop Festival am 18. Juni 1967, dem ersten großen Summer-of-Love-Event, spielen zu lassen. Jimi begann seinen Auftritt mit einer Coverversion von Bob

Dylans „Like A Rolling Stone" und beendete ihn damit, dass er seine Gitarre zu den Tönen von „Wild Thing" anzündete und zertrümmerte.

Die Gitarre brannte, und die Rockwelt hatte einen neuen Gott gefunden, dessen Karriere kurz, aber großartig war.

Im gleichen Jahr erschien auch sein zweites Album „Axis: Bold As Love", das in den amerikanischen Charts bis auf Platz drei stieg. 1968 begann Hendrix im Studio Record Plant in New York und in den Olympic Studios in London zusammen mit einigen der besten Musiker seiner Zeit – Dave Mason, Chris Wood und Steve Winwood von Traffic, Drummer Buddy Miles, Jack Casady von Jefferson Airplane und Keyboarder Al Kooper – mit der Arbeit an einem monumentalen Doppelalbum.

Das Album war „Electric Ladyland". Nie wieder sollten sich Jimis überwältigender Einfallsreichtum und sein Talent so konzentriert entladen wie auf diesem Album. In den folgenden beiden Jahren, den letzten seines Lebens, versuchte Jimi, mit Drummer Buddy Miles und Bassist Billy Cox eine neue Band, die Band of Gypsys, zusammenzustellen und ein neues Album aufzunehmen: „First Rays Of The New Rising Sun". Aber „Electric Ladyland" enthielt schon das Optimum an Kunst, das er zu bieten hatte.

Der Höhepunkt seiner Karriere war sein Schlussakt in Woodstock am 18. August 1969 und seine psychedelische Interpretation der amerikanischen Nationalhymne, die als Manifest der Anti-Vietnamkrieg-Protestbewegung und einer Generation, die die Welt verändern wollte, verstanden wurde.

Das Aufwärtsstreben nach etwas Besonderem, Absoluten und Überwältigenden, das es so noch nicht gab, machte Jimi Hendrix zu einem der

---

Jimi Hendrix, der „psychedelische Schamane", verewigt in einer Fotografie von 1968. Hendrix erklärte einmal: „Wenn die Macht der Liebe stärker sein wird als die Liebe zur Macht, wird die Welt ihren Frieden finden."

38 und 39 The Jimi Hendrix Experience: Mitch Mitchell, Jimi Hendrix und Noel Redding. Das erste offizielle Konzert der Band fand am 13. Oktober 1966 im französischen Evreux statt. Hendrix veröffentlichte mit seiner Band drei Platten: „Are You Experienced", „Axis: Bold As Love" und „Electric Ladyland".

Größten und war vielleicht auch der Grund, warum sein Leben nur so kurz war, so erfüllt von seinem überbordenden Talent und einer zügellosen Vision vom Leben.

Jimi Hendrix verbrannte zusammen mit seiner Gitarre. Auf einem seiner letzten Fotos sieht man ihn, wie er eine schwarze Stratocaster-Gitarre umarmt.

Der Tod holte ihn in London ein, in der Stadt, in der seine Karriere einst begonnen hatte. Jimi war mit einer seiner vielen Freundinnen zusammen, Monika Dannemann. Sie lebten in einer Wohnung im Hotel Samarkand, 22 Lansdowne Crescent in Notting Hill. Seinen letzten Tag verbrachte er als Star. Erst ließ er einige Fotos von sich machen, dann ging er im Kensington Market einkaufen und war anschließend bei Lord Philip Harveys Sohn eingeladen, den er ganz zwanglos auf der Straße kennengelernt hatte.

Er trank Wein und rauchte etwas Haschisch. Um 23.00 Uhr zog er zu einer Party bei seinem Freund Peter Cameron weiter, wo er einige Amphetamine nahm. Anschließend ging Jimi zu Monikas Wohnung. Er war erschöpft und wollte schlafen, also nahm er sich eine Schachtel von Monikas Schlaftabletten – Vesparax, ein sehr starkes Mittel, das es heute nicht mehr gibt. Er schluckte neun Tabletten, viel mehr als die empfohlene Dosis. Am nächsten Morgen um 7.00 Uhr frühstückten die beiden und legten sich dann wieder hin.

Monika stand um 10.20 Uhr auf und ging Zigaretten kaufen. Sie sagte aus, dass Jimi um diese Zeit friedlich schlief. Als sie zurückkam, lag er bewusstlos in seinem eigenen Erbrochenen. Sie versuchte, seinen Leibarzt anzurufen, konnte aber in ihrer Panik dessen Nummer nicht finden. Also rief sie Eric Burdon von War an, mit dem Hendrix zwei Tage zuvor in Ronnie Scott's Club in Soho sein letztes Konzert gespielt hatte. Er drängte sie, sofort einen Krankenwagen zu rufen.

Der Krankenwagen kam um 11.27 Uhr, aber da war Jimi Hendrix schon tot. Die Kombination aus Amphetaminen, Alkohol und Schlaftabletten hatte ihn umgebracht. Seine Leiche wurde auf Wunsch seiner Familie nach Seattle gebracht und im Greenwood Memorial Park in Renton beigesetzt. Auf seinem Grab steht eine Skulptur einer Fender-Stratocaster-Gitarre.

"THE STORY OF LOVE... IS HELLO AND GOODBYE... UNTIL WE MEET AGAIN"

[Daily Mirror]

40-41 5. Oktober 1968: Jimi Hendrix tritt im International Center in Honolulu auf. Anlässlich seines Todes ehrte der „Daily Mirror" den großen Gitarristen mit einem Zitat von Hendrix über die Liebe – die aus „Hallos" und „Leb Wohls" besteht, bis es das nächste Mal „Hallo" heißt.

JANIS JOPLIN

[19. Januar 1943 – 4. Oktober 1970]

Janis Joplin verkörperte den Blues wie keine andere Frau. Darüber hinaus war sie die beste weiße Sängerin der 1960er-Jahre – und einer der wichtigsten Rockstars aller Zeiten. Zusammen mit Jimi Hendrix und Jim Morrison symbolisierte sie eine faszinierende Epoche von Künstlertum und Verrücktheit. Doch auch sie starb, wie Jimi Hendrix und Jim Morrisoin, in den frühen 1970er-Jahren mit nur 27, überwältigt von der eigenen brennenden, aber selbstzerstörerischen Kreativität. Sie war klein, wertvoll und zerbrechlich, darum nannte man sie auch „Pearl".

Janis wurde in Port Arthur/Texas, als ältestes Kind einer typischen amerikanischen Familie der Mittelschicht geboren und hatte zwei Geschwister, Michael und Laura. Die Freunde, mit denen sie aufwuchs, waren wie sie Nonkonformisten und Rebellen, und lehnten die Regeln der texanischen Gesellschaft radikal ab. Mit den Schallplatten von Bessie Smith und Lead Belly entdeckten sie den Blues für sich. „In der Schule war ich eine Außenseiterin. Ich las, ich malte, und ich war keine Rassistin," sagte Janis.

Von Anfang an verkörperte Janis die Auflehnung einer ganzen Generation, die in der Gesellschaft der 1960er-Jahre für Umwälzungen sorgte. Sie besuchte zwar die University of Texas in Austin, brach das Studium jedoch ab. Die Campuszeitung veröffentlichte einen Artikel über sie, der so begann: „Sie läuft barfuß, wenn ihr danach ist, trägt Levi's im Unterricht, weil sie bequemer sind und hat ihre Autoharp (eine Art Zither) immer und überall dabei; falls sie plötzlich Lust hat, ein Lied zu singen, ist das einfach praktischer. Ihr Name ist Janis Joplin."

Die großen Bluessänger und die Autoren der Beatgeneration hatten einen prägenden Einfluss auf ihr Leben. 1963 ging Janis nach San Francisco und ließ sich in Haight-Ashbury nieder. Das ziemlich heruntergekommene Viertel, in dem viele Afroamerikaner und Bohemiens lebten, sollte in den folgenden Jahren zur „Wiege" der Hippie-Gegenkultur werden. Janis durchlebte hier eine exzessive Phase mit Drogenmissbrauch, etlichen Flaschen Southern-Comfort-Whiskey und verkrachten Liebesgeschichten – Erlebnisse, die immer wieder innere Qualen in ihr auslösten, denen sie dann in ihrer Musik Ausdruck verlieh.

Doch zugleich enstanden auch ihre ersten Songs, eine Sammlung von sieben Blues-Standards, die sie zusammen mit Jorma Kaukonen aufnahm, dem späteren Gitarristen von Jefferson Airplane. Dennoch hatte Janis wohl schon einen Hang zur Selbstzerstörung, bevor sie ein Rockstar wurde.

Neben Southern Comfort konsumierte sie riesige Mengen von Amphetaminen und experimentierte auch mit Heroin. In dieser Phase überredeten ihre Freunde sie 1965, lieber nach Port Arthur zurückzukehren; sie bezahlten sogar ihr Busticket. Ein Jahr lang schien sie ein relativ normales Leben zu führen. Sie schrieb sich an der Lamar University in Beaumont/Texas ein, ließ Drogen und Alkohol hinter sich und verlobte sich sogar mit einem Mann. Doch dieser verließ sie und sie fiel in eine neue Phase seelischen Schmerzes.

Also konzentrierte sie sich wieder auf die Musik. Sie zog nach Austin und trat in Blues-Clubs auf. Dort fiel sie dem Veranstalter Chet Helms auf. Er überredete sie, mit ihm gemeinsam nach San Francisco zurückzugehen und sich der psychedelischen Rockband Big Brother And The Holding Company anzuschließen, die er managte. Und so begann ihre triumphale und kurze Karriere, in der Janis zur Rocklegende Pearl wurde.

Ihr erster großer Auftritt fand am 10. Juni 1966 im „Avalon Ballroom" in San Francisco statt und im folgenden Jahr veröffentlichte die Band ihr Debütalbum, „Big Brother And The Holding Company". Am 18. Juni 1967 spielten sie auf dem Monterey Pop Festival, dem ersten großen Rock- und Summer-of-Love-Event. Wie Jimi Hendrix betrat auch Janis Joplin die Bühne als eine Unbekannte, doch als sie sie nach einer sensationellen Interpretation von Big Mama Thorntons „Ball and Chain" wieder verließ, war sie ein Star geworden.

Ein Star, der sich in der Hippie-Kommune in Lagunitas/Kalifornien erneut für Alkohol und Drogen begeisterte. Ihre Dämonen hatten ihre Seele zurückeroberts und lieferten sie dem Fluch aller Blues-Legenden aus. Am 12. August 1968 brachten Big Brother and the Holding Company ihr zweites Album heraus. „Cheap Thrills" erreichte Platz eins der Charts.

Das vierte Stück auf der Platte war die Coverversion eines erfolgreichen Rhythm-&-Blues-Titels von Emma Franklin, Aretha Franklins

42 und 43 „Wildes Popmädchen gestorben." Überschrift des „Daily Mirror" vom 6. Oktober 1970 und ein Tribut an den rebellischen, unangepassten Geist der Janis Lyn Joplin, den man auch auf dem Foto auf der nächsten Seite gut erkennen kann.

Schwester, „Piece of my Heart". Joplins Interpretation veränderte das Original radikal. Sie war voller Schmerz, Liebe und Verzweiflung. Als „Piece Of My Heart" erschien, verliebte sich eine ganze Generation, die im Rhythmus des Rock geträumt hatte, in die zerbrechliche und ruhelose junge Frau, die auf der Bühne zu einer Furie wurde und mit ihrer Stimme jeden mitten ins Herz traf.

Sie setzte Ihre Karriere mit einer neuen Begleitband fort, der Kozmic Blues Band, mit der sie 1969 das Album „I Got Dem Ol' Kozmic Blues Again Mama!" einspielte. Auch mit ihrem Auftritt in Woodstock, dem wichtigsten Rock-Festival der damaligen Zeit, hinterließ sie eindeutig ihre Spuren. Doch leider entwickelte sich in Woodstock vieles unglücklich für die zerbrechliche Pearl. Als sie zusammen mit ihrer Freundin Peggy Caserta und Joan Baez mit dem Helikopter einflog, machte die große Menschenmenge ihr Angst und sie rannte hinter die Bühne, um sich Heroin zu spritzen. Sie sang am 17. August in der Morgendämmerung und die begeisterte Menge verlangte „Ball and Chain" als Zugabe. Doch was die Filmdokumentation des Festivals nicht zeigt: Janis hatte Probleme, sich auf den Beinen zu halten, und war enttäuscht von ihrer Vorstellung.

Im Februar 1970 schien eine Brasilien-Reise ihr Leben ein letztes Mal zu verändern. Janis wollte sich dort von Drogen und Alkohol befreien und verlieb-

te sich in den Amerikaner David Niehaus. „Mir wurde schließlich klar, dass ich gar nicht zwölf Monate im Jahr auf der Bühne stehen muss", sagte sie in einem Interview mit dem „Rolling Stone". „Ich habe mich entschieden, einige Wochen Pause zu machen und etwas anderes zu tun." Doch unglücklicherweise endete auch diese Geschichte wieder wie die anderen. Sobald sie zurück in den Vereinigten Staaten war, nahm Janis wieder Heroin. David verließ sie, und sie kehrte mit einer neuen Band auf die Bühne zurück, um ihrem Schmerz Ausdruck zu verleihen, der Full Tilt Boogie Band. „Ich bin ein Opfer meines eigenen Innenlebens", sagte sie dem Journalisten David Dalton auf der Festival-Express-Tournee in Kanada, die sie zusammen mit Grateful Dead, The Band und anderen unternahm. Viele Kritiker sind der Meinung, dass dies der Höhepunkt ihrer Karriere war.

Ihr letztes Live-Konzert fand am 12. August 1970 im Harvard-Stadion in Boston statt. Gleich danach beschloss Janis, ein neues Album mit The Full Tilt Boogie Band und dem Produzenten der Doors, Paul Rothschild, einzuspielen. Sie zog nach Hollywood ins Landmark Hotel, in das schon viele Rockstars eingekehrt waren. Leider war es auch ein Treffpunkt von Drogendealern, darunter auch ein gewisser George, der eigentlich als sehr vertrauenswürdig galt. Janis erzählte ihrer Heroinfreundin Peggy Caserta, dass sie clean sei, aber das stimmte nicht. Sie sah nur ein bisschen besser aus, freute sich darauf,

wieder Musik zu machen und war glücklich mit ihrer Beziehung zu ihrem neuen Freund Seth Morgan, der in der San Franciso Bay Area auf sie wartete.

Trotzdem nahm sie weiterhin Drogen, auch wenn der Tod von Jimi Hendrix sie tief schockierte. Peggy Caserta versuchte, sie zu beruhigen: „Es können ja nicht zwei Rockstars in einem Jahr sterben." Das war eine schreckliche Prophezeiung. Am 4. Oktober 1970 erschien Janis nicht wie vereinbart zu den Proben mit ihrer Band im Sunset Sound Recorders' Studio. John Cooke, der Tournee-Manager der Full Tilt Boogie Band, fuhr ins Landmark Hotel, um sie zu suchen.

Ihr in psychedelischen Farben bemaltes Porsche Cabriolet stand auf dem Parkplatz des Hotels. John ging in ihr Zimmer und fand Janis tot zwischen Bett und Nachttisch liegend. Erst sechzehn Tage waren seit dem Tod von Jimi Hendrix vergangen. Auch Janis Joplin wurde nur 27 Jahre alt.

Was war in jener letzten Nacht passiert? Wollte Janis das Heroin nicht eigentlich hinter sich lassen? Am 3. Oktober war sie das letzte Mal im Studio gewesen, um sich die Instrumentalfassung eines neuen Songs anzuhören, „Buried Alive in the Blues". Sie hatte den Abend in „Barney's Beanery" in Los Angeles verbracht, wo sie zusammen mit ihrem Keyboarder Ken Pearson ein paar Cocktails trank. Sie ging früh ins Hotel zurück und verließ das Zimmer nur noch einmal, um sich Zigaretten zu holen. Alles andere bleibt ein Rätsel.

Nur eins ist sicher: Das Heroin, das George ihr einige Tage zuvor verkauft hatte, war rein und damit sehr viel stärker als sonst. Die Aussage des Gerichtsmediziners ließ keine Zweifel: Janis Joplin starb an einer Überdosis. Ihre Asche wurde von einem Flugzeug aus über den Pazifik verstreut. Einige Monate später, am 11. Januar 1971, erschien ihr letztes Album, das zugleich ihr größter Erfolg wurde: Es hieß „Pearl".

44 und 45 Am 4. Juni 1966 kam Janis Joplin zu Big Brother and the Holding Company. Sie debütierten im Avalon Ballroom" in San Francisco. Hier sieht man sie 1970 mit The Full Tilt Boogie Band.

46 und 47 Während ihrer Karriere wurde Janis Joplin mit drei goldenen Schallplatten geehrt: Die erste bekam sie zusammen mit Big Brother and the Holding Company für „Cheap Thrills", die zweite mit der Kozmic Blues Band für „I Got Dem Ol' Kozmic Blues Again Mama!", und die dritte (posthum) für „Pearl" mit der Full Tilt Boogie Band. Ihre Coverversion von „Me and Bobby McGee" von Kris Kristofferson stieg nach ihrem Tod auf Platz eins der amerikanischen Charts.

"PEARL'S LOST"

[World Daily News, Special Edition]

48 und 49 Eine Sonderausgabe der „World Daily News" widmete sich dem Verlust der Perle der Rockmusik, wie Janis Joplin genannt wurde. Hier sieht man die Sängerin während eines Konzerts 1970. Sie sagte einmal: „Auf der Bühne schlafe ich mit 25.000 Leuten; und dann gehe ich alleine nach Hause."

JIM MORRISON

„Manchmal … stelle ich mir die Geschichte des Rock 'n' Roll wie die Entstehung der griechischen Tragödie vor, die während der Ernte mit einer Gruppe tanzender und singender Verehrer des Weingottes Dionysos auf den Kultplätzen Athens begann, bis eines Tages ein einzelner Besessener aus der Menge heraussprang und einen Gott imitierte …"

Jim Morrison war nicht nur Sänger. Er hatte eine große Leidenschaft für die Poesie und sein größter Wunsch war es, sein Leben zu einem Kunstwerk zu machen. Auf seiner Suche nach einem revolutionären Ausdrucksmittel hatte er sich für den Rock entschieden.

Literarisch war er stark von den Autoren der Beatgeneration, Baudelaire und William Blake, beeinflusst. 1965 lebte Jim Morrison in Kalifornien, um einer Gesellschaft zu entfliehen, mit der er nichts gemein hatte, seine Band nannte sich The Doors, nach einer Zeile aus einem Gedicht von Blake: „Wären die Türen der Wahrnehmung klar und sauber, erschiene dem Menschen alles, wie es ist, unendlich" / „Im Universum gibt es bekannte und unbekannte Dinge, und zwischen ihnen liegen Türen."

Morrison war der Schamane des Rock, ein Dichter, der einen Ausflug in die Musik machte und der die revolutionären Ziele und Bedürfnisse seiner Generation zum Ausdruck brachte, wie nur wenige andere es taten. Ein Künstler, der alles im Leben eilig verschlang, um zum Mythos zu werden.

Er stammte aus einer sehr konservativen Familie aus Melbourne/Florida. Sein Vater George Stephen Morrison war Admiral in der amerikanischen Marine. 1967 sagte Jim in einem seiner ersten Interviews: „Man könnte es glatt für Zufall halten, dass ich so ideal für meine Arbeit geeignet bin. Es ist, als hätte man einen Bogen 22 Jahre lang gespannt und plötzlich losgelassen. […] Ich interessiere mich für alles, was mit Rebellion, Unordnung, Chaos zu tun hat. […] Äußere Freiheit ist einer der Wege zu innerer Freiheit."

1964 verließ Jim Morrison Florida und fuhr per Anhalter nach Los Angeles, wo er an der University of California UCLA ein Filmseminar besuchte, in das sich auch Ray Manzarek eingeschrieben hatte, der Keyboarder einer Band mit dem Namen Rick & The Ravens. Nach seinem Abschluss blieb Jim in Los Angeles; er lebte auf dem Dach eines Hauses am Venice Beach und verbrachte den Sommer damit, Gedichte zu schreiben, darunter auch „Moonlight Drive". Eines Tages begegnete er zufällig Ray und sang ihm die ersten beiden Zeilen vor:

"Let's swim to the moon, let's climb through the tide
Penetrate the evenin', that the city sleeps to hide."
("Lass uns zum Mond schwimmen, die Gezeiten erklimmen,
In den Abend eindringen, vor dem die Stadt sich im Schlaf versteckt.")

Was dann folgte, ist Rockgeschichte. Manzarek schlug vor, eine Band zu gründen, und das taten sie kurze Zeit später dann auch, als John Densmore, der ehemalige Drummer in Manzareks Band, und Robby Krieger, der Gitarrist von The Clouds, dazukamen. Ihre Karriere begann mit Auftritten im verrufensten Club von Los Angeles, dem „London Fog".

Aus rein musikalischer Sicht waren dies die Jahre der stilistischen Perfektion, wie sie auch das Beatles-Album „Revolver" zeigte – die instinktive Musik der Doors war etwas ganz Neues. Arthur Lee von Love vermittelte ihnen schließlich ein Engagement im besten Club der Stadt, dem Whisky a Go Go. 1966 unterschrieben The Doors einen Vertrag mit Elektra Records und verloren zur gleichen Zeit ihren Job im Whisky a Go Go wieder, weil Jim Morrison auf die Bühne ging und den Acid-Rock-Song „The End" sang, der zwei absolut schockierende Zeilen enthielt: "Father, I want to kill you, / Mother, I want to […] you." – „Vater, ich will dich töten, / Mutter, ich will dich […]." Und so begann mit Jim Morrisons erster Provokation auch der Erfolg der Band.

Ihr erstes Album, „The Doors", erschien 1967. Eine der Singles daraus, „Light my Fire", stieg an die Spitze der Charts und das Album wurde zwei Millionen Mal verkauft. Über Nacht war Schluss mit der Faulenzerei am Venice Beach – nun gehörten die Doors zu den wichtigsten Stars der amerikanischen Westküste und zogen in eine Villa in Laurel Canyon. Zu dieser Zeit traf Morrison auch seine Muse Pamela Courson. Das zweite Album der Doors, „Strange Days", entstand im Sommer 1967 und ihre Auftritte entwickelten sich zu echten Events.

Jim Morrisons sagenhafte Bühnenpräsenz und die wilde, „primitive" Musik der Band erzeugten eine Spannung, die sich in Massengewalt und Hysterie entlud. Jim rezitierte Gedichte und spielte die Rolle des Lizard Kings – einer Figur aus einem seiner Gedichte, die Morrison seinen Spitznamen einbrachte: „Wir kommen aus dem Westen. Wir sehen eine neue Welt, die wie ein neuer Wilder Westen sein sollte, eine sinnliche, böse Welt …"

53 „Ich interessiere mich für alles, was mit Rebellion, Unordnung, Chaos zu tun hat. Äußere Freiheit ist einer der Wege zu innerer Freiheit." Der Intensität von Jim Morrisons Worten entspricht auch sein Ausdruck auf diesem Foto von 1967.

Bei einem Konzert in New Haven/Connecticut im Jahr 1967 wurde aus Jim Morrison mehr als nur der Sänger einer berühmten Band: Als er in der Garderobe dabei überrascht wurde, wie er mit einem Mädchen schlief, wurde er von einem Polizisten geschlagen. Später ging er ins Publikum, fand den Polizisten, beleidigte ihn und wurde verhaftet.

Dieser Vorfall, der von einem berühmten Journalisten des „Life Magazine" dokumentiert wurde, wurde zur Sensationsnachricht. Das FBI legte eine Akte über Jim Morrison an und er wurde zum Rock-'n'-Roll-Rebell Nummer eins – diese Symbolkraft gewann vor dem Hintergrund der Studentenproteste in Berkeley und Paris sogar noch an Stärke.

Das dritte Kapitel in der Geschichte der Doors war das Album „Waiting For The Sun". Jim trank mittlerweile viel zu viel, und seine Bandkollegen waren sichtlich verärgert, wenn er nicht in der Lage war, einen Auftritt bis zum Ende durchzuhalten, oder das Publikum provozierte.

Während ihrer ersten Europa-Tournee fand die Band aber zu ihrer früheren Gelassenheit zurück und ging dann wieder ins Studio, um ihr viertes Album, „The Soft Parade", aufzunehmen.

Sein Erscheinen feierten The Doors mit dem wichtigsten Konzert ihrer Karriere im Madison Square Garden in New York, doch leider sollte die Band schon bald ihren Zauber für immer verlieren.

Der Niedergang der Doors begann am 1. März 1969 in Miami, als Morrison wegen vermeintlicher Erregung öffentlichen Ärgernisses auf der Bühne verhaftet wurde. Der Skandal und lange Gerichtsverhandlungen bremsten den Ruhm der Band. 1970 gingen The Doors für ihr fünftes Album „Morrison Hotel" noch einmal ins Studio. Doch die Verhandlung in Miami (in der er für schuldig befunden wurde) und die heftige Reaktion des Establishments, gegen das er sein Leben lang angekämpft hatte, zerstörten Morrison langsam, aber sicher.

1971 veröffentlichten die Doors ihr sechstes Album, „L.A. Woman", das allgemein als Meisterwerk betrachtet wurde, doch es sollte auch Jims letztes Album sein. Die Band wollte den Verkauf mit einer weiteren Tournee ankurbeln, konnte aber nur noch zwei Konzerte spielen: Das erste Konzert am 11. Dezember in Dallas verlief ruhig, aber das zweite, in einem Lagerhaus in New Orleans, war eine Katastrophe. Morrison brach auf der Bühne zusammen und weigerte sich zu singen. John Densmore sagte später, dass er an jenem Abend sah, wie Morrisons Energie auf der Bühne versiegte. Sie war aufgezehrt, und die Band konnte nichts daran ändern.

Als „L.A. Woman" erschien, hatte Jim Morrison die Vereinigten Staaten schon verlassen. Er ging mit Pamela nach Paris, um sich auf seine Lyrik zu konzentrieren. Das Paar lebte in einer Wohnung in der Rue Beautreillis 17. Jim rasierte sich den Bart ab, nahm ab und machte zusammen mit Pamela lange Spaziergänge am Fluss, immer auf der Suche nach Inspiration.

Doch er konsumierte weiterhin Alkohol und Drogen. Die einzige Ausnahme war Heroin, denn das hatte bereits Pamela fest im Griff und machte es schließlich auch unmöglich, Jim in seiner letzten Nacht zu helfen, denn Pamela war selbst alles andere als klar im Kopf. Es war eine Nacht, die zu einer der rätselhaftesten der Rockgeschichte wurde.

Am 3. Juli 1971 um 7.30 Uhr wurde Jim tot in seiner Badewanne gefunden. Die einzige Zeugin war Pamela, die später, am 25. April 1974, in ihrer Wohnung in Los Angeles selbst an einer Überdosis Heroin starb.

Und drei andere Personen wurden auf den Plan gerufen: Graf Jean de Breteuil, ein französischer Aristokrat und Drogendealer für Rockstars (der ein paar Monate später im Alter von 22 in Tanger starb), der Fotograf Alain Ronay und seine Freundin, die Regisseurin Agnès Varda. Es wurde keine offizielle Autopsie durchgeführt und niemand sah die Leiche, nicht einmal der Doors-Manager Bill Siddons, der extra aus Amerika angereist war. Bei der Beerdigung Morrisons auf dem berühmten Friedhof Père Lachaise waren nur fünf Personen anwesend. Manzarek, Krieger und Densmore waren nicht gekommen.

Zum Tod Jim Morrisons gibt es drei verschiedene Erklärungen. Die erste ist, dass er versehentlich Pamelas Heroin geschnupft hatte, weil er es für Kokain hielt, und daraufhin an inneren Blutungen starb. Als Pamela aus ihrem Drogenschlaf erwachte, war die Tür des Badezimmers von innen abgeschlossen. Sie rief Jean de Breteuil an, der die Tür aufbrach: Jim lag in einer Blutlache in der Badewanne, mit zwei Blutergüssen an der Brust.

Die zweite Variante ist, dass Jim nie Heroin (das er verabscheute) genommen hatte, sondern an ernsten Atembeschwerden litt, die sich durch seinen Alkoholmissbrauch noch verschlimmert hatten. Demnach starb er, weil er, während er ein Bad nahm, plötzlich Blut spuckte.

Die dritte Version stammt aus einem Interview mit Sam Bernett, einem angeblichen Freund von Jim, im Jahr 2007. Er war der Meinung, dass Jim auf der Toilette eines Clubs am Rive Gauche starb, dem „Rock & Roll Circus". Dorthin sei er gegangen, um Heroin für Pamela zu kaufen, hätte sich aber entschieden, es in der Toilette selbst zu probieren. Er sei dann von den gleichen Dealern, die ihm das Heroin verkauft hatten, in das Haus in der Rue de Beautreillis gebracht worden.

Niemand weiß, was wirklich passiert ist. Sicher aber ist, dass die Musik der Doors über die Jahrzehnte weiterlebte – als einer der Höhepunkte der Rockgeschichte, eine kurze, aber intensive kreative Explosion, ein greifbarer Ausdruck ihrer Zeit.

Jim Morrison wurde zu einem Mythos. Sein dionysischer Geist, seine Exzesse, seine tiefe Traurigkeit, seine überwältigende Persönlichkeit und sein Talent verschmolzen zur warnenden Legende des Rockstars, der als Sexsymbol, zur Selbstzerstörung verdammt, in seinem mysteriösen Niedergang seinen Weg in die Unsterblichkeit gefunden hatte.

„DOORS CLOSED"

[World Daily News, Special Edition]

55 Jim Morrison wurde auf dem Friedhof Père Lachaise in Paris beerdigt, auf dem schon andere berühmte Künstler wie Chopin, Modigliani und Proust ruhen. In den 1990er-Jahren ließ sein Vater George Stephen Morrison eine Tafel mit einer griechischen Inschrift auf seinem Grab anbringen: „Seinem eigenen Geiste treu."

56 September 1968: Eine von Jim Morrisons Performances während der Europa-Tournee zu „Waiting For The Sun" in Frankfurt.

57 The Doors 1966, zu Beginn ihrer Karriere, auf einem Werbefoto. Von links nach rechts: John Densmore, Robby Krieger, Ray Manzarek und Jim Morrison.

58-59 Jim Morrison in New York (Copyright Joel Brodsky, 1967), vom Fotografen betitelt als „Jim Morrison, der junge Löwe".

KING
CURTIS

[7. Februar 1934 – 13. August 1971]

King Curtis liebte die Musik so sehr, dass er ein Universitätsstipendium ablehnte, um lieber seinen Traum zu verfolgen. In Fort Worth/Texas, geboren, hatte Curtis Ousley schon mit zwölf Jahren angefangen, Saxofon zu spielen, und entwickelte schnell einen einzigartigen, vielseitigen, synkopischen und energiegeladenen Stil, der ihn schon bald dazu brachte, sich auf ein neues musikalisches Genre zu konzentrieren: Rock 'n' Roll.

1952 kam Curtis nach New York und spielte für unterschiedliche Rhythm-&-Blues- und Rock-'n'-Roll-Musiker. Der Erfolg stellte sich 1958 ein, als er mit den Coasters „Yakety Yak" aufnahm. Seine Karriere war einer der wichtigsten Annäherungspunkte von Soul und Rock. King Curtis spielte zusammen mit Buddy Holly, mit Aretha Franklins Band, den Kingpins, und er begleitete John Lennon in zwei Songs auf seinem Album „Imagine" auf dem Saxofon.

King Curtis war ein wahrer musikalischer Gigant und eine Institution bei der Plattenfirma Atlantic Records, mit der er seit 1965 zusammenarbeitete. Dennoch fand seine außergewöhnliche Karriere eines Nachts ein tragisches Ende. Am 13. August 1971 war King Curtis auf dem Weg nach Hause zu seiner Wohnung in der West 86th Street an der Upper West Side in New York. Es war eine schwüle Nacht und er schleppte eine Klimaanlage nach Hause.

Auf den Stufen seines Hauses nahmen zwei Junkies Drogen. Als er sie zum Gehen aufforderte, weigerten sie sich. Der folgende Streit entwickelte sich zum Kampf. King Curtis war von mächtiger Statur, aber einer der Drogenabhängigen, der 26-jährige Juan Montañez, zog ein Messer und stach es Curtis in die Brust.

Curtis schaffte es irgendwie, die Waffe herauszuziehen und vier Mal damit auf Montañez einzustechen, bevor er selbst zu Boden ging. Er starb eine Stunde später im Roosevelt Hospital. Es war eine der vielen tragischen Geschichten aus der Stadt, die niemals schläft. Der Welt wurde damit eines ihrer größten musikalischen Talente der 1960er-Jahre geraubt.

Am Tag seiner Beerdigung, auf der Aretha Franklin „Never Grow Old" sang, blieben die Büros von Atlantic Records geschlossen. King Curtis wurde im Pinelawn Memorial Park bei Farmingdale/New York, beerdigt, in der Nähe zweier anderer Jazzlegenden: Count Basie und John Coltrane.

60-61 King Curtis am 12. Juni 1971 beim Montreux Jazz Festival. Seinen ersten Erfolg hatte er mit „Yakety Yak", einem Rock-'n'-Roll-Stück, das er 1958 mit den Coasters aufgenommen hatte. 1965 wurde Curtis Bandleader von Aretha Franklins Band The Kingpins.

DUANE

ALLMAN

Viele sind der Meinung, dass Duane Allman nach Jimi Hendrix der zweitbeste Gitarrist der Welt war. Schnell wurde der Sound seiner Gibson Les Paul, verstärkt durch zwei Marshall-Verstärker à 50 Watt, zu einer festen Größe der Blues-Szene. Wilson Pickett, der zusammen mit Allman die Coverversion des Beatles-Songs „Hey Jude" einspielte, nannte ihn „Skydog". Schon im Alter von 24 galt Duane Allman als Legende.

In der Blueswelt existiert allerdings noch eine weitere, eher verstörende Legende. Sie erzählt von einer Straßenkreuzung im Süden der USA, an der Robert Johnson den Teufel traf und ihm seine Seele verkaufte, um ein begnadeter Musiker zu werden. So nahm die Geschichte des Blues ihren Anfang. Der Teufel wartet nun für immer geduldig an dieser Kreuzung, um seinen Tribut einzutreiben. Und eines Tages, im Jahr 1971, holte er sich Skydog.

Duane Allman stammte aus Nashville/Tennessee. Er war der Sohn eines Sergeants der U.S. Army, doch sein Vater wurde von einem Anhalter umgebracht, den er im Auto mitgenommen hatte. Darum wuchs er in Daytona Beach/Florida auf, kam jedoch noch häufig nach Nashville, um dort die Ferien mit seiner Großmutter und seinem jüngeren Bruder Gregg zu verbringen.

Als die beiden Brüder einem Nachbarn zuhörten, der auf seiner Veranda Countrymusik spielte, waren sie begeistert. Duane zeigte sofort großes Talent. Seine Mutter kaufte ihm eine Gibson Les Paul Junior und er schloss sich stundenlang in seinem Zimmer ein und spielte und spielte.

Eines Tages besuchten die beiden Brüder in Nashville ein B.B.-King-Konzert. Gregg berichtete, dass Duane nur ein paar Tage später schon alle King-Songs spielen und auch die Soli improvisieren konnte. Er war erst 13 und beherrschte bereits den Blues. 1965 gründeten Gregg und Duane ihre erste Band, die Allman Joys, und ackerten sich auf einer langen Reise mit Auftritten durch die Clubs im Süden der USA.

1967 zogen sie ins Gelobte Land des Rock, nach Los Angeles, und gründeten eine Band, die sie Hour Glass nannten. Sie spielten als Vorgruppe für Bands wie The Doors und Buffalo Springfield. Sie traten auch zum ersten Mal im Filmore in San Francisco auf und nahmen zwei Alben auf, „The Hour Glass" und „Power of Love".

Doch die Rechnung ging nicht auf: Ihr Plattenlabel Liberty Records wollte sie als Pop-Rock-Band vermarkten, aber Gregg und Duane wollten lieber Blues spielen. Live brachten sie überwiegend Coverversionen von Otis Redding und den Yardbirds. Duane hatte sich wie üblich selbst schon beigebracht, die Slide-Gitarre zu spielen wie kein anderer. Um endlich wieder Blues spielen zu können, wechselte er zu einem anderen legendären Aufnahmestudio, den FAME Studios in Muscle Shoals/Alabama.

Seine Leadgitarre auf dem Wilson-Pickett-Album „Hey Jude" von 1968 war eine echte Offenbarung: Jerry Wexler, der Produzent von Atlantic Records, wollte, dass Allman im Studio auf den Alben seiner wichtigsten Künstler mitspielte, darunter Aretha Franklin, King Curtis, Boz Scaggs und Percy Sledge.

Aber Duane wollte seine eigene Band gründen und sich einen Traum erfüllen: im Fillmore East in New York zu spielen. Er begann, mit verschiedenen Musikern aus der Blues- und der Rhythm-&-Blues-Szene zusammenzuarbeiten. 1969 rief er seinen Bruder Gregg an, der mit The Hour Glass in Kalifornien geblieben war, und erzählte ihm, dass er genau die richtigen Leute für eine neue Band gefunden habe: Bassist Berry Oakley, Gitarrist Dickey Betts und die beiden Schlagzeuger und Percussionisten Butch Trucks und Jay „Jaimoe" Johanson.

So entstand die Allman Brothers Band – sie waren die Architekten des Southern Rock. In nur zwei Jahren legte die Band den Grundstein für den weißen Blues und ging damit in die Geschichte ein. Zwischen 1969 und 1970 nahmen die Allman Brothers ihr erstes Album auf: „The Allman Brothers Band and Idlewild South". Dann traf Duane auf ein weiteres großes Bluestalent: Eric Clapton, der ihn kennenlernen wollte, seit er ihn auf Wilson Picketts „Hey Jude" hatte spielen hören.

Die Gelegenheit ergab sich 1970 in Miami: Eric Clapton nahm gerade sein Album „Layla and Other Assorted Songs" auf und besuchte ein Konzert der Allman Brothers. Danach lud er Duane ein, mit ihm erst in einer langen, nächtlichen Jam Session und dann im Studio zu spielen.

„Layla and Other Assorted Songs" war ein epochales Album, auf dem zwei der besten Bluesgitarristen zusammentrafen.

63 Im Jahr 2003 wählte der „Rolling Stone" Duane Allman nach Jimi Hendrix zum zweitbesten Gitarristen in der Geschichte der Rockmusik. Seinen Spitznamen „Skydog" hatte ihm Wilson Pickett 1968 verliehen.

Und doch lag über diesem Album Eric Claptons auch ein Fluch. Claptons hoffnungsloses, qualvolles Aufschluchzen über seine unerwiderte Liebe zu Patty Boyd, der Frau seines Freundes George Harrison, hielt für einige der beteiligten Musiker ein tragisches Schicksal bereit. Und so war Duane Allman doppelt verflucht, auch wenn in der Zwischenzeit sein Traum wahr geworden war.

Denn am 12./13. März 1971 spielte die Allman Brothers Band im Fillmore East in New York und nahm außerdem ein Doppelalbum auf: „At Fillmore East", das zu einem der wichtigsten Live-Alben in der Rockgeschichte wurde. Es erschien im Juli 1971. Doch nur ein paar Monate später beendete das Schicksal (oder der Teufel?) an einer Kreuzung im Tiefen Süden das Leben von Duane Allman.

Am 29. Oktober war Duane mit seinem Motorrad, einer Harley Davidson Sportster, in Macon/Geogia, unterwegs. Er wollte zur Geburtstagsparty von Candace Oakley, der Schwester von Berry Oakley, dem Gitarristen der Allman Brothers Band.

Er fuhr schnell, weit schneller als erlaubt, und kollidierte an der Kreuzung von Hillcrest und Bartlett Avenue mit einem Tieflader, der einen riesigen Kran transportierte und nach links abbiegen wollte. Durch die Kollision flog das Motorrad quer über die ganze Kreuzung und der Fluch erfüllte sich: Duane Allman starb nur ein paar Wochen vor seinem 25. Geburtstag.

Berry Oakley war ihm zwar mit dem Auto gefolgt, aber bereits an der Kreuzung davor abgebogen, so dass er den Unfall nicht gesehen hatte. Er

64 The Allman Brothers Band 1969 vor dem Friedhof Rose-Hill in Macon/Georgia. Von links nach rechts: Jay „Jaimoe" Johanson, Berry Oakley, Butch Trucks, Duane Allman, Dicky Betts und Gregg Allman. Oakley und Allman sind auf diesem Friedhof beerdigt.

war am Boden zerstört, als er vom Tod seines Freundes erfuhr, und sagte seinen anderen Freunden häufig, dass damit auch in ihm das Feuer erloschen sei.

Ein Jahr später, am 11. November 1972, traf auch Berry sein Schicksal. Er fuhr ebenfalls mit einem Motorrad, einer Triumph, über die Straßen von Macon. Neben ihm, auf einem anderen Motorrad, fuhr ein Mitglied der Allman Brothers Band Crew. Im Spiel verfolgten sie sich, aber Berry war kein sehr geübter Fahrer.

An der Kreuzung von Inverness und Napier Avenue raste er in einen Bus, der in die Gegenrichtung fuhr, und wurde vom Motorrad geschleudert. Zunächst schien es nichts Ernstes zu sein. Er stand auf und bat darum, dass man ihn nach Hause fahre. Drei Stunden später fühlte er sich schrecklich, fantasierte und war völlig desorientiert.

Man brachte ihn ins Krankenhaus, wo die Ärzte feststellten, dass er sich einen Schädelbruch zugezogen hatte. Einige Stunden später war er tot. Die Kreuzung, an der sein Unfall passierte, ist nur drei Blocks von derjenigen entfernt, an der Duane Allman starb. Konnte das ein Zufall sein? Oder war es der Fluch des Blues?

65 Duane Allmann 1960 während eines Konzertes. Eric Clapton sagte über diesen herausragenden Gitarristen: „Ich erinnere mich daran, wie ich Wilson Picketts ‚Hey Jude' hörte und bei dem Gitarrensolo am Ende völlig sprachlos war. [...] Ich musste wissen, wer das war – sofort!" Der Legende nach schrieb Duane Allman auch den Anfangs-Riff zu „Layla" von Derek & The Dominos.

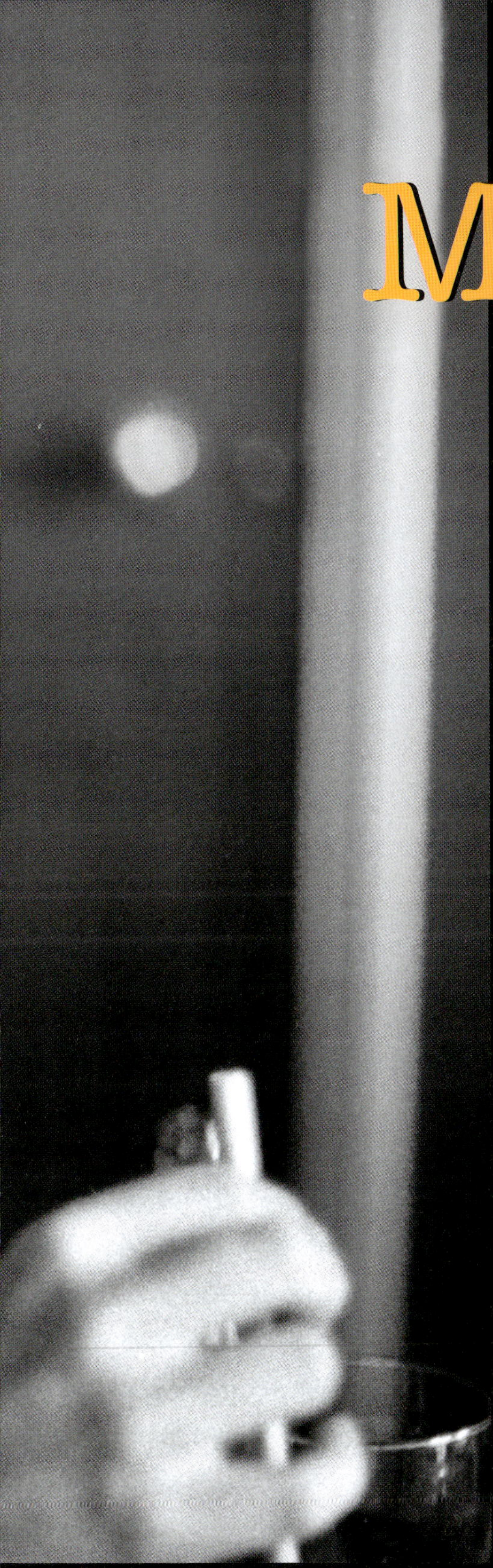

RON
MCKERNAN

[8. September 1945 – 8. März 1973]

Er wurde „Pigpen" genannt, wie der schmuddelige Junge bei den „Peanuts", weil auch er nicht gerade „anständig" aussah. Ron McKernan wurde als Sohn eines Rhythm-&-Blues-DJs in San Bruno/Kalifornien geboren. So wuchs er mit einem Sound auf, der ihn schon sehr früh direkt zum Blues und zum Alkohol brachte. Dem Gerücht nach soll „Pigpen" auch Janis Joplin mit dem Whiskey bekannt gemacht haben.

Die beiden waren lange befreundet und hatten eine kurze Beziehung. Und wie Janis starb auch McKernan mit 27.

Seine Karriere in der Rockmusik war wie eine Erleuchtung, und sie begann, als er noch ziemlich jung war. Tatsächlich verließ er die Highschool schon mit 15, wurde Biker und hing die meiste Zeit mit der alternativen Szene in der San Francisco Bay Area herum. Er wuchs mit schwarzer Musik auf und war Keyboarder, Drummer und Sänger. 1961 traf er im „Boar's Head", einem Club über einer Buchhandlung in San Carlos/Kalifornien, Jerry Garcia. McKernan war zwar erst sechzehn, aber sein Wesen und seine bluesige Stimme beeindruckten Garcia so sehr, dass er ihn einlud, in seine Band The Zodiacs einzusteigen. Das war der Beginn einer Freundschaft und Verbundenheit, die über die gesamten 1960er-Jahre hielt: Mit der Ankunft von Bob Weir wurden die Zodiacs zu den Mother McCree's Uptown Jug Champions, dann kamen Phil Lesh und Bill Kreutzmann dazu und die Band nannte sich erst Warlocks, später dann Grateful Dead.

Ron McKernan war die Seele der Band. Er brachte als Erster Grateful Dead vom Folk zum Electric Rock und er war die Stimme legendärer Songs wie „Turn On Your Love Light", das sie in Woodstock auf 48 Minuten ausdehnten. McKernan experimentierte außerdem als einziges Grateful Dead-Mitglied nicht mit LSD herum – bis zu seinem Ende blieb er dem Southern Comfort und dem Thunderbird-Wein treu.

Als er 1971 mit biliärer Zirrhose ins Krankenhaus kam, rieten ihm die Ärzte, das Reisen mit der Band aufzugeben, und so wurde er wurde von Pianist Keith Godchaux ersetzt. „Pigpen" stieß bei ihrer Europatournee von 1972 wieder zu Grateful Dead, aber seine Gesundheit verschlechterte sich merklich. Sein letztes Konzert mit der Band fand am 17. Juni 1972 in der Hollywood Bowl statt.

Am 8. März 1973 fand man ihn tot in seiner Wohnung in Corte Madera/Marin County. Er war an einer Magen-Darm-Blutung gestorben, ausgelöst durch seinen Alkoholmissbrauch.

Von da an standen Grateful Deads Keyboarder unter einem undenkbaren Fluch: Keith Godchaux kam am 23. Juli 1980 bei einem Verkehrsunfall ums Leben. Sein Ersatz, Brent Mydland, starb am 26. Juli 1990 an einer Überdosis. Und der letzte Keyboarder der Band, Vince Welnik, beging 2006 Selbstmord.

66-67 Ein eindringliches Porträt von Ron McKernan, der Seele von Grateful Dead. Wahrscheinlich war „Turn On Your Lovelight" sein wichtigster Beitrag zur Band – in Woodstock spielten sie eine 48-Minuten-Fassung des Songs.

GRAM

PARSONS

Er nannte es „Cosmic American Music". Es war seine Musik, eine Mischung aus Blues, Folk und psychedelischem Rock, ein Drogentrip zu den Urgründen des Sounds. Gram Parsons ist einer der unbekanntesten Helden der Rockmusik der 1960er. Er war der beste Freund von Rolling Stone Keith Richards und dessen Begleiter auf psychedelischen Trips, ein unverbesserlicher Hippie, der im mystischen Zentrum des Joshua-Tree-Nationalparks beerdigt werden wollte – dem Ort, der seine ganze Generation inspiriert hatte.

Er vermischte außerdem Country und Rock, war Schlüsselfigur auf „Sweetheart Of The Rodeo" von The Byrds und schuf eine sogar noch bewegendere und schmerzvollere Version von „Wild Horses" der Rolling Stones. Außerdem war er Kopf hinter den Flying Burrito Brothers, die zwar nie kommerziell erfolgreich wurden, aber in den folgenden Jahrzehnten einen starken Einfluss auf die amerikanische Musik hatten. Seine Biografie ist eine der faszinierendsten in der Rockgeschichte.

Gram Parsons stammte aus einer wohlhabenden Familie: Seine Mutter Avis Connor war die Tochter eines Zitrusfrüchtemagnaten, und sein Vater Ingram Cecil (mit dem Spitznamen „Coon Dog") war ein hochdekoriertes Fliegerass des Zweiten Weltkriegs. Gram war ein Einzelkind, geboren in Winter Haven/Florida und auf den Namen Ingram Cecil Connor III. getauft. Doch das Lebensglück des Jungen wurde schon früh getrübt, denn sein Vater nahm sich 1958, nur zwei Tage vor Weihnachten, das Leben.

Seine Mutter heiratete später Robert Parsons, doch sie verfiel dem Alkohol und starb am 5. Juli 1965 an Leberzirrhose – am gleichen Tag, an dem Gram seinen Abschluss an der Bolles School, einer renommierten Privatschule, in Jacksonville/Florida machte. Diese beiden Schicksalsschläge trafen ihn schwer. Dennoch schlug er auch weiterhin eine akademische Laufbahn ein und ging nach Harvard.

Doch ein ganz besonderer Moment in seinem Leben bedeutete für ihn einen persönlichen Wendepunkt: Am 22. Februar 1956 – er war gerade einmal zehn – entdeckte er bei einem Elvis-Presley-Konzert in Waycross/Georgia den Rock 'n' Roll für sich. Im Alter von 15 spielte Gram schon in Coverbands in den Clubs seines Stiefvaters in Georgia. Ein Jahr später, mit sechzehn, wechselte er zum Folk, gründete The Shilohs und wurde Teil der Greenwich-Village-Szene in New York.

In Harvard wurde er dann jedoch in einem Konzert von Merle Haggard vollkommen von der Country-Musik überwältigt. Er blieb nur ein Semester an der Uni und gründete dann die International Submarine Band. 1967 zog er nach Kalifornien, wo er einen seiner ersten und bekanntesten Songs schrieb: „Luxury Liner". Seine Transformation war abgeschlossen: Er war zu einem waschechten Rockmusiker geworden.

Chris Hillman, der Bassist der Byrds, war der Erste, der das bemerkte. Er holte Gram als Bandpianisten dazu, um eines der einflussreichsten Alben der damaligen Zeit einzuspielen: „Sweetheart Of The Rodeo".

Während einer Großbritannien-Tournee mit The Byrds machte Gram die zweite wegweisende Erfahrung seines Lebens: Er traf die Rolling Stones. Die Byrds verließ er noch während der Tournee, denn sie wollten auch in Südafrika auftreten, doch er hatte Bedenken wegen der Apartheid-Politik des Landes.

Gram zog zu Keith Richards in dessen Haus bei Stonehenge/Wiltshire. Dort machte er Richards mit der Country-Musik bekannt und zwischen den beiden Musikern entwickelte sich eine enge Freundschaft. 1969 gingen Gram, Richards und dessen Freundin Anita Pallenberg im Joshua-Tree-Nationalpark in Kalifornien auf einen psychedelischen Trip. Diese gemeinsame Erfahrung verband die beiden Musiker bis zum Schluss. Keith Richards fand, dass Gram über das größte Repertoire an Countrysongs verfügte, das man sich vorstellen konnte. „Er verkaufte zwar nicht viele Platten, aber seine Wirkung auf die Country-Musik ist enorm – das ist der Grund, aus dem wir heute noch über ihn sprechen." Er fand es schade, dass wir niemals mehr erfahren würden, wie groß Grams Einfluss auf die Entwicklung der Musik tatsächlich hätte werden können.

In Los Angeles traf Parsons Chris Hillman und gründete mit ihm eine neue Band, die Flying Burrito Brothers. 1969 erschien ihr Debütalbum „The Gilded Palace of Sin", das mit einer Eisenbahntournee durch das ganze Land beworben wurde, einem echten Rock-'n'-Roll-Abenteuer mit endlosen Pokerrunden, Halluzinogenen und Kokain. Auch wenn das Album sich nicht besonders gut verkaufte, wurde es doch zu einem

69 Gram Parsons 1969: Er witzelt bei den Aufnahmen mit dem Fotografen herum. Parsons war Mitglied in drei Bands: der International Submarine Band, den Byrds und den Flying Burrito Brothers. Seine „kosmische amerikanische Musik" beeinflusste Generationen von Musikern: von Keith Richards über Emmylou Harris bis zu Elvis Costello.

Meilenstein der amerikanischen Unterhaltungsmusik. Die Band war so gut wie pleite, und die Rolling Stones versuchten, Gram zu helfen, indem sie die Burritos zu einem Auftritt auf dem Altamont Festival einluden – doch das war leider vergeblich.

Dann veröffentlichten die Flying Burrito Brothers ihr zweites Album „Burrito Deluxe", doch auch das blieb erfolglos. Gram Parsons war ein großer Rockmusiker, aus dem leider nie ein Rockstar wurde. 1971 begleitete er die Rolling Stones auf die Reise, auf der ihr Album „Exile on Main Street" entstand.

Um sich aus den Fängen des britischen Steuersystems zu befreien, hatten sich die Stones nämlich nach Villefranche-sur-Mer an der französischen Riviera zurückgezogen und in Keith Richards' Haus, der Villa Nellcôte, ein Aufnahmestudio eingerichtet.

Auch die Freundinnen der Musiker waren dabei sowie einige Drogendealer und viele Freunde wie William Burroughs, Marshall Chess, Bobby Keys und Gram. Es gab jede Menge Heroin, das Keith Richards und seinen Freund Gram langsam aufzufressen begann. Ab Juli 1971 interessierte sich die französische Polizei für die Vorgänge in der Villa, und Anita Pallenberg bat Gram abzureisen. Gerüchten zufolge sang er im Refrain des Stones-Titels „Sweet Virginia".

Von da an ging es mit Parsons bergab. 1973 brachte er sein Soloalbum „GP" heraus, ging mit Emmylou Harris auf Tournee und versuchte mehrmals, sich von seiner Heroinabhängigkeit zu befreien. Er nahm stark zu, löste einen Brand aus, der sein Haus in Topanga Canyon bis auf eine Gitarre und seinen Jaguar völlig zerstörte, und hatte eine heimliche Beziehung mit einer alten Schulfreundin namens Margaret Fisher.

Außerdem fühlte er sich immer stärker zum magischen Joshua-Tree-Nationalpark hingezogen, wo er sich tagelang psychedelischen Trips hingeben konnte. Tatsächlich bat er eines Tages seinen Freund und Tourneemanager Phil Kaufman, ihn dort beerdigen zu lassen, falls er sterben sollte. „Was Alkohol und Drogen anging, war Gram nicht besser oder schlechter als wir alle", sagte Keith Richards einmal. „Er ging nur einen Schritt weiter."

Am 17. September 1973 fuhr Gram in den Joshua-Tree-Nationalpark. Er hatte gerade die Aufnahmen für sein zweites Soloalbum „Grievous Angel" beendet und wollte ausspannen und es sich gut gehen lassen. Margaret Fisher, sein Assistent Michael Martin und Michaels Freundin Dale begleiteten ihn. Der Urlaub im „Joshua Tree Inn" wurde sofort zum Wahnsinnstrip: Michael musste nach Los Angeles zurück, um für Marihuana-Nachschub zu sorgen, Gram hatte angefangen, Whiskey zu trinken, und irgendwie eine große Menge Morphium organisiert. Er wurde ohnmächtig und musste von Margaret wiederbelebt werden. Anschließend ging sie weg und ließ Gram mit Dale zurück. Als sie zurückkam, war Gram wieder bewusstlos. Ein Krankenwagen brachte ihn noch ins Hi-Desert Memorial Hospital, doch bei seiner Ankunft war er bereits tot.

Eine andere Variante der Geschichte: Gram hatte angeblich genug Morphium genommen, um drei Leute umzubringen. Aber die Wahrheit zu seinem Tod ist bis heute nicht bekannt. Die Polizei verhörte Margaret und Dale kaum und es gab auch nie einen offiziellen Bericht, denn in der Zwischenzeit war auch Phil Kaufmann im Joshua-Tree-Nationalpark eingetroffen. Schnell entfernte er alle Drogen aus Grams Zimmer und brachte

die beiden Frauen zurück nach Los Angeles. Und er hielt sich an das Versprechen, das er seinem Freund einst gegeben hatte.

Gram Parsons war der Erbe eines beträchtlichen Vermögens. Sein Stiefvater Robert Parsons wollte seinen Leichnam nach Louisiana überführen, um dort eine private Trauerfeier auszurichten, zu der keiner von Grams Musikerkollegen eingeladen worden wäre – vielleicht ein Versuch, sich Grams Erbe zu sichern, auf das er einen Anspruch hatte. Doch kurz bevor der Sarg in ein Flugzeug nach Louisiana verladen werden konnte, trafen Kaufman und Martin am Flughafen von Los Angeles ein.

Obwohl sie betrunken waren, schafften sie es erstaunlicherweise irgendwie, das Personal am Flughafen davon zu überzeugen, dass sie für das Bestattungsinstitut der Familie arbeiteten. In einem geliehenen Leichenwagen transportieren sie den Sarg ihres Freundes nach Cap Rock, dem Ort im Joshua-Tree-Park, an dem Gram gerne beerdigt werden wollte. Dort angekommen, begannen Phil und Michael mit einer surrealen Bestattungszeremonie:

Sie überschütteten den Leichnam im Sarg mit Benzin und zündeten ihn an. Gram Parsons Traum wurde wahr: Seine Seele entschwebte in die Einsamkeit der Wüste des Joshua-Tree-Nationalparks. Seine sterblichen Überreste ruhen jetzt auf einem Friedhof in New Orleans, in einem Grabmal, in das der Titel eines seiner Songs eingraviert wurde: „God's Own Singer".

Kaufman und Martin kamen mit einer geringen Strafe davon: Sie mussten lediglich 750 Dollar für die Beschädigung eines Sarges zahlen, da das Stehlen einer Leiche in Kalifornien keine Straftat war. Aber sie hatten ihr Versprechen gehalten.

71 Die Flying Burrito Brothers 1969 bei der Veröffentlichung ihres Debütalbums „The Gilded Palace of Sin". Auch wenn nur ein paar Tausend Exemplare davon verkauft wurden, gilt es als eines der grundlegenden Alben des Country-Rock.

MAMA CASS

[19. September 1941 – 29. Juli 1974]

Sie war das Symbol des Summer of Love: Lebe in Freiheit, spiele in Freiheit, liebe in Freiheit – diese positive, fröhliche Philosophie drückte die Ideale der 1960er-Jahre und den Lebensstil der kalifornischen Hippie-Bewegung aus. Mama Cass (auch als Cass Elliot bekannt) war die Sängerin der Mamas & Papas. Als Ellen Naomi Cohen in Baltimore geboren, war sie eine der Hauptfiguren in der Geschichte des amerikanischen Rocks; mit ihrer Stimme und ihrer beeindruckenden Bühnenpräsenz prägte sie die Musik des goldenen Jahrzehnts der Musikgeschichte. Sie starb 1974, als sie sich gerade entschieden hatte, nicht mehr Mama Cass zu sein.

Ihre Karriere begann in den frühen 1960er-Jahren in der Folk-Szene von Greenwich Village. Mama Cass war Garderobenfrau im Club „The Showplace", spielte jedoch gleichzeitig im Musical „The Music Man" mit und sang in der Folkband The Triumvirate.

1963 änderte die Band ihren Namen in The Big Three (außerdem waren noch Tim Rose und James Hendricks dabei) und debütierte mit einer neuen Interpretation des bekannten Kinderreims „Winkin', Blinkin' and Nod". Ein Jahr lang lief es für die Big Three richtig gut.

Sie spielten im Club „Bitter End Club", nahmen zwei Alben und einige Werbesongs auf und experimentierten mit Pop-Folk. Trotzdem verließ Tim Rose 1964 die Band. Mit James Hendricks, Zal Yanovsky und Denny Doherty gründete Cass die Mugwumps – eine Band, die zwar nur acht Monate lang existierte, aus der jedoch zwei Grundpfeiler der Rockmusik der 1960er hervorgingen: The Mamas & Papas und Lovin' Spoonful.

1964 fanden die Teile dieses musikalischen Puzzles zueinander: Doherty bildete mit John Phillips und dessen Frau Michelle The New Journeymen; Yanovsky ging zu Lovin' Spoonful, und Cass sang in Jazzclubs in Washington.

Eines Tages überredete Doherty Phillips, sich Cass anzuhören. Er war sprachlos. Gemeinsam reisten sie auf die Jungferninseln, experimentierten dort mit LSD und Gesangsmelodien und gaben ihr gesamtes Geld aus. Dann entschieden sie sich, in Kalifornien, dem „Gelobten Land des Rock", ihr Glück zu versuchen. Das war 1965 und die Band änderte nun ihren Namen in The Mamas & Papas.

Als sie in Los Angeles eintrafen, schrieben sie den Song, „California Dreamin'", der ihre ganze Ära versinnbildlicht. Er wurde im November 1965 veröffentlicht, blieb jedoch zunächst unbemerkt, bis ihn ein Bostoner Radiosender nonstop abspielte. Die Eingängigkeit seiner Melodiestruktur und seine Beschreibung eines Winterspaziergangs, bei dem man von der kalifornischen Sonne träumt, war untrennbar mit dem kollektiven Traum einer ganzen Generation verbunden. „California Dreamin'" stieg 1966 bis auf Platz vier der amerikanischen Charts.

Als Nächstes veröffentlichten The Mamas & Papas „If You Can Believe Your Eyes and Ears", das Platz eins der Charts erreichte. Dies erwies sich als hilfreich bei der Organisation des Monterey Pop Festivals – das erste große Event des Summer of Love, an dessen Gründung Phillips beteiligt war.

Und doch kamen bereits erste Unstimmigkeiten in der Band auf. Vor ihrer Zeit in Kalifornien waren die Mamas & Papas noch unschuldig und idealistisch gewesen – vier junge Leute, die einfach nur glücklich waren, zusammen singen und Musik machen zu können. John Phillips war der Singer-Songwriter und schuf den optimistischen und fröhlichen Sound der Band. Denny Doherty war ein faszinierender Solo-Künstler und Michelle Phillips eine atemberaubende Schönheit. Und Mama Cass war die Mutter Natur des Hippie-Universums, mit einem großen Herzen und einer legendären Stimme.

72 und 73 30. Juli 1974: Die Zeitung „The Sun" brachte die Meldung von Cass Elliotts Tod auf der Titelseite. Ihre Stimme verkörperte den Summer of Love der 1960er wie keine andere.

Doch 1969 war alles vorbei: Der Vietnamkrieg erstickte den Hippietraum. Der Summer of Love war vorbei und die Mamas & Papas wurden durch Streitigkeiten und Betrug entzweit, von zu viel freier Liebe und Drogen. Eine heimliche Beziehung zwischen Doherty und Michelle führte schließlich zur Trennung der Band. 1966 fanden die Musiker zwar wieder zusammen, doch ein Streit zwischen John Phillips und Cass Elliot machte aus den Aufnahmen zur vierten Platte der Band einen reinen Akt der Vertragserfüllung. Wie die Hoffnung einer ganzen Generation auf Veränderung lösten sich auch The Mamas & Papas auf.

1968 brachte Mama Cass ihr erstes Solo-Album „Dream a Little Dream" heraus, gefolgt von „Bubblegum, Lemonade and … Something for Mama" (1969) und „Mama's Big Ones" (1971). Der enge Zeitplan von Dunhill Records erschwerte es ihr, diese drei Alben rechtzeitig fertigzustellen. Darüber hinaus hatten sie auch keinen großen Erfolg. Cass Elliot wollte ihren Künstlernamen Mama loswerden und nicht mehr die Stimme der Hippies sein. Inzwischen waren fast alle Beziehungen zu ihrer alten Band zerbrochen. Nur Michelle Phillips stand ihr weiter nahe und half nach Cass' Tod deren Tochter Owen Vanessa Elliot, die am 16. April 1967 geboren wurde, ihren biologischen Vater zu finden.

Cass unterschrieb einen Vertrag bei RCA und veröffentlichte zwei weitere Alben, „Cass Elliot" und „The Road Is No Place For a Lady", doch erneut blieb ihr der Erfolg versagt. Erst als sie Allan Carr traf, den Manager von Peter Sellers und Tony Curtis, wendete sich das Blatt endlich. Carr brachte Cass zurück zum Theater und führte sie in die Welt des Varietés ein. Ihre Show „Don't Call Me Mama Anymore" feierte am 9. Februar 1973 in Pittsburgh Premiere und wurde in Las Vegas zu einem großen Erfolg.

Noch einmal erstrahlte ihre Stimme, und die Verwandlung schien abgeschlossen: Cass Elliot war nicht mehr Mama Cass. Im Juli 1974 flog sie nach London, um in einer Reihe ausverkaufter Konzerte im „London Palladium" aufzutreten. Sie wohnte bei einem Freund, dem Sänger Harry Nilsson, in Mayfair am Curzon Place 9. Am 28. Juli rief sie Michelle an. Weinend erzählte sie ihr, wie triumphal ihr Empfang gewesen war, wie das Publikum sie gefeiert hatte und wie sehr sie sich freute, sich wieder wie eine große Künstlerin zu fühlen.

Am folgenden Tag wurde sie – im Alter von nur 32 Jahren – tot aufgefunden. Die offizielle Erklärung für ihren Tod lautete: Herzinfarkt in Folge von Übergewicht und Herzproblemen. Es wurden keine Spuren von Alkohol oder Drogen in ihrem Körper gefunden. Mama Cass war clean und bereit für ihr Comeback. Die Stimme, die das Symbol der 1960er-Jahre gewesen war, verstummte für immer, während Cass Elliot schlief.

NICK DRAKE

[19. Juni 1948 – 25. November 1974]

77 Nick Drake brachte zwischen 1969 und 1972 drei Alben heraus: „Five Leaves Left", „Bryter Layter" und „Pink Moon". Auf der Single „Fruit Tree" aus „Five Leaves Left" singt er: „Life is but a memory/ Happened long ago/Theatre full of sadness/For a long forgotten show. " – „Das Leben ist nichts als eine Erinnerung/An eine längst vergangene Zeit/Ein Theater voller Trauer/ Für eine schon lange vergessene Vorstellung."

„Five Leaves Left" – nur fünf Blätter hängen noch am Baum, nur fünf Jahre, um das Mysterium um einen der rätselhaftesten Singer-Songwriter der englischen Musik zu verstehen – die tragische Geschichte eines Menschen, dessen Leben unter einem schlechten Stern zu stehen schien. Und es kam tatsächlich so: Nick Drake debütierte 1969 mit „Five Leaves Left" und starb nur fünf Jahre später in seinem Haus in Tanworth-in-Arden/ Warwickshire an einer Überdosis eines Antidepressivums, das ihm verschrieben worden war.

Vielleicht war es ein Unfall, vielleicht aber auch die Tat einer hoffnungslosen Seele, die an Schlaflosigkeit und Depressionen litt. Drake veröffentlichte nur drei Alben – „Five Leaves Left", „Bryter Layter" und „Pink Moon" – und keines von ihnen verkaufte sich mehr als 5.000 Mal. Er mochte weder Interviews noch Live-Auftritte, doch seine zarten, poetischen Songs schrieben schließlich Geschichte und beeinflussten die englische Musik der nachfolgenden Jahre.

Nick Drake wurde in Rangun/Myanmar als Sohn eines Ingenieurs und einer britischen Offizierstochter geboren. Er hatte eine Schwester, Gabrielle, die Schauspielerin wurde. Als Nick zwei Jahre alt war, zog seine Familie nach Tanworth-in-Arden in der englischen Grafschaft Warwickshire. Hier begann er, Klavier und Gitarre zu lernen. Seine Mutter Molly, die auch Sängerin war und Lieder schrieb, prägte ihn wohl stark, denn ihr Stil ähnelte dem späteren Stil ihres Sohnes sehr. Nick war ein introvertierter, schüchterner und zurückgezogener Junge.

„Keiner von uns kannte ihn richtig", sagte sein Vater Rodney. Als Jugendlicher war Nick voller Lebensfreude und liebte das Komponieren. Doch niemand weiß, was wirklich in ihm vorging. 1965 kaufte er sich seine erste Gitarre und interessierte sich von diesem Moment an mehr für Musik als für sein Studium. Bevor er nach Cambridge auf die Universität ging, verbrachte er sechs Monate an

einer französischen Universität. Er entdeckte LSD und Marihuana (das er für den Rest seines Lebens in großen Mengen konsumierte), vergötterte die Musik von Bob Dylan und trat schon bald in Folkmusik-Clubs in London auf.

1968 spielte er vor einem Konzert von Country Joe and The Fish im Londoner „Roundhouse" und lernte dort Joe Boyd kennen – den Menschen, der für den Rest seiner kurzen Karriere sein Manager, Produzent und bester Freund werden sollte. Boyd besorgte ihm sogar einen Plattenvertrag, nachdem er sich ein Demotape mit vier Songs angehört hatte, das Nick in seinem Zimmer in Cambridge aufnahm. Nicks erstes Album „Five Leaves Left" erschien am 1. September 1969, wurde von den Kritikern aber ignoriert.

Nick war mit der gesamten Produktion, der Innenhülle der Platte (die Fehler enthielt) und der Vermarktung des Albums unzufrieden. Im folgenden Jahr verließ er Cambridge und zog nach London, um sich besser auf seinen Start in der Musikwelt konzentrieren zu können.

Doch Live-Auftritte wurden für ihn immer häufiger zur Enttäuschung. Die Folkszene war ihm fremd. Da er nur ungern mit dem Publikum kommunizierte, verbrachte er vor jedem Song eine Unmenge Zeit damit, seine Gitarre zu stimmen.

1970 erschien sein zweites Album „Bryter Later", auf dem einige Mitglieder der Fairport Convention sowie John Cale mitwirkten. Aber das Album fiel durch und verkaufte sich nur 3.000 Mal. In der Zwischenzeit war Joe Boyd nach Los Angeles gezogen und Nick fühlte sich einsamer denn je. Er fiel in eine tiefe Depression. Ein Arzt verschrieb ihm zum ersten Mal Antidepressiva, aber trotzdem rauchte Nick weiter Marihuana und kapselte sich in seiner Londoner Wohnung immer mehr von seiner Umwelt ab.

Seine Schwester Gabrielle sagte später, dass es für Nick im Grunde von diesem Moment an

bergab ging. Er schaffte es zwar, in nur zwei zweistündigen Sessions im Oktober 1971 Gitarre und Gesang für ein neues Album einzuspielen. „Pink Moon" bekam durchaus einige gute Kritiken, verkaufte sich aber noch schlechter als seine Vorgänger. Unter Nicks Fans aber wurde es zu einem Kultalbum.

Von da an beschloss Drake, sich von der Musik zurückzuziehen. Er war extrem enttäuscht von der Londoner Szene und ärgerte sich über das mangelnde Interesse von Presse und Publikum. Der 23-Jährige mit dem radikalen künstlerischen Geist und einer zerbrechlichen und allzu sensiblen Seele war sich auf tragische Weise bewusst, dass er in einer Sackgasse gelandet war.

Nick zog wieder zurück zu seinen Eltern, wo er mit den 20 Pfund, die er pro Woche von seinem Plattenlabel Island Records erhielt, überleben konnte. Aber sein Verhalten wurde immer seltsamer.

Manchmal fuhr er stundenlang in Warwickshire herum, bis er keinen Sprit mehr im Tank hatte und seine Eltern anrufen musste, damit sie ihn abholten. Oder er überraschte Freunde in London, stand ohne Vorwarnung vor ihrer Tür und saß dann tagelang einfach in einer Ecke, sprach kein Wort und verschwand, wie er gekommen war. Nick Drake war ein gequältes Genie und fühlte sich zunehmend unverstanden, eine tragische Gestalt, die uns wunderschöne, tieftraurige Songs mit einem starken Gefühl für die dramatischen Geheimnisse der menschlichen Psyche hinterließ. Von 1972 an bestimmte seine Krankheit sein Leben noch massiver. Seine einzige „romantische" Beziehung mit seiner Freundin Sophia Ryde endete nur wenige Wochen vor seinem Tod.

Dennoch schien es, als würde ihm die Musik ein letztes Mal einen Ausweg aus seiner erbärmlichen Lage bieten: 1974 erklärte sich Nick bereit, ein weiteres Album aufzunehmen. Er bat Joe Boyd, der zurück aus Amerika war, um Unterstützung,

Die Aufnahmen waren extrem schwierig, aber Nick schien etwas von seinem früheren Enthusiasmus wiedererlangt zu haben. Anschließend fuhr er mit Freunden nach Frankreich und kam so gut gelaunt zurück, wie seine Familie ihn seit Jahren nicht gesehen hatte. Er erzählte ihnen, es ginge ihm besser, und wollte nach London zurück, um seine Karriere fortzusetzen.

Vielleicht war das der Grund, aus dem er eines Abends, als er nicht schlafen konnte, einen fatalen Fehler machte. Der Arzt hatte ihm das Antidepressivum Amitriptylin (Tryptizol) verschrieben. Am Abend des 24. November 1974 ging Nick

früh zu Bett, was eher ungewöhnlich für ihn war. Im Morgengrauen stand er auf und machte sich in der Küche etwas zu essen. Das tat er so häufig, dass seine Familie es nicht weiter beachtete. Sie machte sich auch keine Sorgen, als er bis zum Mittag noch immer nicht aufgestanden war. Als seine Mutter Molly aber schließlich doch in sein Zimmer ging, fand sie ihn tot auf dem Bett liegen: Herzstillstand durch eine Überdosis Amitriptylin.

Der medizinische Untersuchungsbericht stellte fest, dass Nick Drake um 6.00 Uhr morgens gestorben war. Nach dem Snack war er wieder in sein Zimmer gegangen, hatte eine große Menge

Tabletten genommen, um schlafen zu können, und das hatte fatale Folgen gehabt. Oder aber er beging Selbstmord, denn es scheint, als habe er das Leben schon vor langer Zeit aufgegeben. Das Einzige, was wir mit Sicherheit wissen, ist, dass Nick Drake nur 26 Jahre alt wurde.

Auf seinem Grabstein unter einem Baum auf dem Friedhof St. Mary's in Tanworth-in-Arden steht eine Zeile aus dem letzten Song auf „Pink Moon", „From the Morning": „Now we rise/And we are everywhere." – „Jetzt erheben wir uns/Und wir sind überall."

TIM
BUCKLEY

Tim Buckley war ein Musterschüler. Er spielte Baseball und war Quarterback im Football-Team seiner Highschool. Aber irgendwann verlagerte sich sein Interesse auf andere Dinge – Folkmusik und die Lyrik der Beat Generation. Bereits mit dreizehn hatte er Banjo spielen gelernt und trat öfter zusammen mit seinem Freund Dan Gordon auf. Er war ruhelos und wurde von vielen Ängsten geplagt.

Buckley hatte immerzu das Gefühl, nicht wirklich „lebenstauglich" zu sein. Bei einem Football-Spiel brach er sich zwei Finger der linken Hand und gab daraufhin den Sport auf. Auch sonst verlor er das Interesse an der Schule und beschloss, seine gesamte Energie in die Kunst und die Musik zu stecken. Auf diese Weise schuf er Abstand zu seinem Vater, einem hochdekorierten Veteran des Zweiten Weltkriegs, der gewalttätig und unberechenbar geworden war. Während seiner letzten beiden Schuljahre, die er teilweise an der Loara High School in Anaheim verbrachte, spielte er in den Folkbands The Bohemians und The Harlequin 3, trug seine Gedichte vor und lernte Mary Guibert kennen, eine Mitschülerin, die schon bald von ihm schwanger wurde.

Die beiden heirateten am 15. Oktober 1965, als Tim erst 18 war. „Ich geb' dir maximal drei Monate", sagte sein Vater und leider waren Ehe und Vaterschaft wirklich zu viel für ihn. Tim kam damit nicht zurecht und so wurden er und Mary im Oktober 1966 wieder geschieden, einen Monat nach der Geburt ihres Sohnes Jeff Buckley. Das Fullerton College verließ Tim bereits nach zwei Wochen wieder, um sein Leben der Musik zu widmen.

„And I can't swim your waters/
And you can't walk my lands/
I'm sailing all my sins/
And I'm climbing all my fears/
And soon now I'll fly."
(„Und ich kann nicht in deinen Gewässern schwimmen/
Und du kannst mein Land nicht betreten/
Ich segle auf all meinen Sünden/
Und erklimme all meine Ängste/
Und ganz bald schon werde ich fliegen"), schrieb er in einem Song für Mary namens „I never Asked To Be Your Mountain".

Tim spielte in Folk-Clubs in Los Angeles, darunter einer, der von seinem Freund Dan Gordon gemanagt wurde. Im Februar 1966 zog er mit seiner neuen Freundin Jainie Goldstein in die Bowery in New York, um dort seine Träume zu verwirklichen. Er wurde von Herb Cohen, dem Manager der Mothers of Invention, entdeckt, der ihm einen Vertrag mit Elektra Records verschaffte. 1966 nahm Tim sein Debütalbum „Tim Buckley" auf. Aber er war damit nicht zufrieden. Das Ergebnis gefiel ihm nicht, er wollte etwas anderes und brachte im folgenden Jahr ein Album mit Gedichten und Musik namens „Goodbye and Hello" heraus.

Elektra Records versuchte, Tims Karriere mit einem Auftritt in der „Tonight Show" anzukurbeln, aber Tim mochte kein Playback und stritt sich mit dem Moderator der TV-Show. Er interessierte sich kein bisschen für die Charts und hielt sich nicht an die Regeln des Musikgeschäfts, denn er wollte die Musik allein nutzen, um seine Kreativität zum Ausdruck zu bringen.

Seine Karriere war eine Reihe von Experimenten. Dies brachte ihm zunächst durchaus Fans ein, irritierte diese jedoch zunehmend, bis sie ihn schließlich kritisierten.

Tim Buckleys Musik erinnert an Folk, Rock, Free Jazz und Avantgarde, ist zugleich jedoch auch wieder nichts davon. Er war ein Kultmusiker und ein Dichter, das Idol eines winzigen Publikums. Sein bekanntestes Album „Happy Sad" erschien 1968 und kam nur bis auf Platz 81 der Charts.

Als Reaktion darauf nahm er ein Jahr später Material für drei extrem experimentelle Alben auf: „Lorca", „Blue Afternoon" und „Starsailor", die nacheinander erschienen, aber kommerzielle Flops waren. Tim Buckley war pleite und verfiel dem Alkohol und Drogen. Gleichzeitig versuchte er noch einmal, mit drei weiteren Alben erfolgreich zu werden: „Greetings from L.A.", „Sefronia" und „Look at the Fool" – doch leider nahm niemand Notiz davon.

1975 schien er einen Ausweg aus seiner schrecklichen Lage gefunden zu haben. Er nahm keine Drogen mehr und kündigte sein Comeback mit einer Tournee und einem Live-Album an. Doch sein gequälter Geist gewann wieder die Oberhand. Als Tim Buckley am 18. Juni 1975 seine Tournee vor ausverkauftem Haus in Dallas beendete, griff er zur Flasche.

Betrunken wollte er sich am nächsten Tag bei seinem Freund Richard Keeling Heroin besorgen. Die beiden gerieten in Streit. Richard übergab Tim eine große Menge und sagte ihm, er solle das alles nehmen und abhauen. Tim schnupfte tatsächlich eine große Dosis und ging nach Hause.

79 Im Laufe seiner Karriere erforschte Tim Buckley, hier 1968 bei einem Auftritt, viele musikalische Genres, so auch Folk, Jazz und psychedelische Musik. Sein Gitarrist Lee Underwood sagte einmal: „Tim hatte eine außergewöhnliche Stimme, die sich zwischen Bariton und Tenor bewegte. Und was noch wichtiger ist: Er wusste genau, wie er sie einsetzen musste."

Als seine Frau Judy nach Hause kam, war er bewusstlos. Sie brachte ihn ins Bett und verließ dann das Zimmer, denn sie wollte Freunde und Bandmitglieder anrufen und herausfinden, was passiert war. Doch als sie ins Schlafzimmer zurückkam, war Tim tot. Er war 28 und besaß zu dem Zeitpunkt nichts als eine Gitarre und einen Verstärker. Richard Keeling wurde des Totschlags angeklagt und zu vier Monaten Gefängnis und vier Jahren auf Bewährung verurteilt.

Hätte Tim Buckley es geschafft, sich von seiner Drogensucht zu befreien, hätte er wohl noch viel mehr unvergessliche Musik produzieren können. Seine beiden posthum erschienenen Alben „Dream Letter" und „Live at the Troubadour 1969" bezeugen das. Sein Talent überlebte in seinem Sohn Jeff Buckley, den er nur ein einziges Mal gesehen hatte. Doch auch das tragische Schicksal seines Vaters wiederholte sich in Jeff.

ELVIS

PRESLEY

„Der King ist tot, aber unvergessen", sang Neil Young 1979 in „My My Hey Hey (Out of the Blue)", „[...] Der Rock'n Roll wird niemals sterben." Der Tod Elvis Presleys, des „King of Rock", war als Ereignis so beispiellos, wie es auch sein Leben gewesen war. Er starb mit nur 42 Jahren am Morgen des 16. August 1977 in seiner Villa in Memphis/Tennessee. Eine riesige Menschenmenge versammelte sich vor seinem Haus und viele Fans zogen in der Hoffnung auf genauere Informationen zum Baptist Memorial Hospital, in das zwei Mitglieder seiner Crew, der sogenannten Memphis-Mafia, Elvis Presley gebracht hatten, nachdem ihn seine Freundin Ginger Alden bewusstlos aufgefunden hatte.

Die Nachricht wurde offiziell um 15.30 Uhr bekannt gegeben. Eine der wichtigsten Ikonen des 20. Jahrhunderts, das Symbol des Rock 'n' Roll, war für immer von uns gegangen. Seine Beerdigung ähnelte einem Staatsbegräbnis: Eine Prozession von 17 weißen Cadillacs fuhr, gesäumt von trauernden Menschen, zum Forest-Hills-Friedhof in Memphis. Der amerikanische Präsident Jimmy Carter gab folgende Stellungnahme zu Presley ab: „Seine Musik und seine Persönlichkeit, die Verschmelzung weißer Country-Musik mit dem schwarzen Rhythm & Blues haben das Gesicht der amerikanischen Popkultur für immer verändert." Billy Mann, ein Cousin von Elvis, fotografierte den Leichnam heimlich und verkaufte das Foto für 18.000 Dollar. Es landete schließlich auf dem Titel der Zeitschrift „National Enquirer" – bis heute die Ausgabe mit den höchsten Verkaufszahlen.

Elvis wurde nach der Trauerfeier zurück nach Graceland gebracht, wo er neben seiner Mutter Gladys Love bestattet wurde – und so endete alles, wo es begann.

Denn als Elvis am 18. Juli 1953 zum ersten Mal ein Tonstudio betrat (Sun Records in Memphis), wollte er dort eine Azetatplatte als Geburtstagsgeschenk für seine Mutter aufnehmen.

Es kostete ihn fast vier Dollar, je eine Seite mit den Songs „My Happiness"/„That's When Your Heartaches Begin" zu bespielen. Marion Keisker, die Empfangsdame des Studios, fragte Elvis, welche Art von Musik er singe, und er – damals noch Lastwagenfahrer – antwortete: „Ich singe alles." Am 4. Januar 1954 nahm er dort noch eine weitere Azetatplatte auf: „I'll Never Stand In Your Way"/„It Wouldn't Be the Same Without You".

Der Produzent Sam Phillips war gerade auf der Suche nach einem weißen Sänger mit einer „schwarzen Stimme", also machte Marion Keisker ihn auf den Trucker aus Tupelo aufmerksam. Prompt bekam sie den Auftrag, Elvis für den 26. Mai 1954 zum Vorsingen einzuladen. Am 5. Juli nahm Elvis seine erste Single für Sun Records auf: „That's All Right Mama", eine Coverversion eines Blues-Songs von Arthur Crudup. Begleitet wurde er von Scotty Moore an der Gitarre und Bill Black auf dem Kontrabass. Lange probierten sie verschiedene Songs aus, konnten jedoch nie das Richtige finden.

Frustriert beschlossen sie, eine Pause einzulegen. Dann nahm Elvis das Mikrofon und improvisierte eine sehr rhythmische Fassung von „That's all Right Mama". Bill Black und Scotty Moore wurden wieder munter und begleiteten ihn, und Sam Phillips eilte herbei, um diesen neuen Sound aufzuzeichnen.

So begann die große Karriere des King of Rock: Von „Elvis Presley" (1956) bis zu „From Elvis Presley Boulevard, Memphis, Tennessee" (1976) stiegen zwölf Plattenalben auf den ersten Platz der Country- und der Popcharts. Dazu kamen 134 Millionen verkaufte Alben und 18 Nummer-eins-Singles von „Heartbreak Hotel" (1956) bis zu „Suspicious Mind" (1969). Charismatisch, attraktiv, mit einer großartigen Bühnenpräsenz, einer einzigartigen Stimme und dem Rhythmus im Blut wurde Elvis der erste „Superstar" im Show-Business. 1956 unterzeichnete er einen lukrativen

Vertrag mit RCA und trat zweimal in der sehr beliebten „Ed Sullivan Show" auf, die jede dritte amerikanische Familie sah.

Das war die Geburtsstunde des Rocks als Massenphänomen der jüngeren Generation, die sich mit dieser Musik identifizierte und bei Elvis völlig ausflippte. Und Elvis wurde eine Art „Erfolgsmaschine". Doch was passierte in der Zwischenzeit in seiner Seele? Teilweise wurde Elvis wohl auch darum zu einer Ikone seiner Zeit, weil der Erfolg ihn auffraß.

Er passte sich seiner Rolle immer stärker an und wurde schließlich von ihr verschlungen. Ein stetig wachsendes Gefolge von skrupellosen Freunden und Verwandten, opportunistischen Helfern und Parasiten aller Art beutete ihn bis aufs Letzte aus und war nur daran interessiert, sein Königreich um jeden Preis am Laufen zu halten. Sein Leben als Star war geprägt von endlosen Exzessen und Sucht, die die Gesundheit dieses noch jungen und sehr talentierten Mannes ruinierten. Tatsächlich gelang ihm als Künstler ein großartiges Comeback, obwohl bereits alles schief zu laufen schien.

Als die Musikszene sich 1967 mit dem Summer of Love, der Hippiebewegung, den Beatles und Jimi Hendrix veränderte, blieb es still um den King of Rock. Er war zwischen 1958 und 1960 zwei Jahre lang beim Militär gewesen und musste dann feststellen, dass seine Karriere in eine Sackgasse geraten war. Sein letzter Nummer-eins-Hit in den amerikanischen Charts der damaligen Zeit war „Good Luck Charm" von 1962 gewesen, und auch wenn so legendäre Songs wie „Are You Lonesome Tonight" und „Can't Help Falling in Love" immer wieder aufgelegt wurden, hatte sich seine Musik irgendwie überlebt.

Sein Manager „Colonel" Tom Parker hatte Elvis eine Schauspielkarriere ermöglicht, die ihm eine Million Dollar pro Film einbrachte. So drehte Elvis zwischen 1956 und 1967 25 Kinofilme, die jedoch alle bei den Kritikern durchfielen. 1968 war der

Daily Mail

WEDNESDAY, AUGUST 17, 1977   8p

BEWARE THE MIDDLE-CLASS MENACE! PAGE THREE

Presley collapses at Memphis mansion

ELVIS, KING OF ROCK, DIES AT 42

Tories blame the Red Fascists

ELVIS PRESLEY, the rock star whose pelvic wiggle and primal scream launched contemporary pop music, died last night –aged 42.

The king of rock 'n' roll was grossly overweight, experiencing eye trouble and deeply depressed at rapidly advancing middle age.

From RODERICK GILCHRIST in New York

Elvis Presley . . . he was depressed over middle age.

---

81 Die Ausgabe der „Daily Mail" vom 17. August 1977 gibt Elvis Presleys Tod in Memphis bekannt. Die komplette erste Seite befasst sich mit der schockierenden Nachricht. Die unglaubliche E...

82 Elvis Presley ruht sich im Juni 1956 vor einem Konzert im Oakland Auditorium in seiner Garderobe aus.

83 Los Angeles, 16. August 1956: Der King ist umringt von enthusiastischen Fans, die ihn um ein Autogramm bitten.

Presley-Mythos arg verblasst, doch dann meldete Elvis sich mit einer TV-Show zurück. Seit 1961 war er nicht mehr live aufgetreten; nun schien er, ganz in schwarzem Leder, faszinierend und geheimnisvoll.

Nach nur einer Stunde hatte er die Menge auf einen Schlag mit seinem Gesang zurückerobert. Später sagte er dem Produzenten Steve Binder: „Ich schwör' dir, ich werde niemals ein Lied singen, an das ich nicht glaube." Kurze Zeit später nahm er im American Sound Studio sein erstes Album seit acht Jahren auf: „From Elvis in Memphis". Dann trat er auch wieder live auf und machte immer weiter. Allein 1973 gab er 178 Konzerte. Das war die Zeit seiner Live-Shows in Las Vegas – eine letzte strahlende Explosion, die bis zu seinem Lebensende andauerte.

Doch schon während seiner Militärzeit in Deutschland hatte Elvis begonnen, Amphetamine zu nehmen, und war süchtig danach geworden. Er lebte nachts und schlief am Tag. Seine Essgewohnheiten waren völlig verrückt, denn im Grunde aß er einfach alles. Doch seine schlimmste Sucht war die Abhängigkeit von allen möglichen

Medikamenten, die ihm sein Leibarzt George C. Nichopoulos verschrieb. Immerhin war er der King, er war steinreich und konnte jederzeit alles bekommen, was er wollte.

Im Laufe der Zeit wurde er allerdings immer mehr zu einer Karikatur seines früheren Selbsts. Ein Konzert in Alexandria/Louisiana dauerte nur 30 Minuten, und in Baton Rouge kam er nicht einmal aus dem Bett. Sein allerletztes Konzert fand am 26. Juni 1977 in der Market Square Arena in Indianapolis statt. Der letzte Tag seines Lebens, der 15. August 1977, war allerdings durchaus eines Königs würdig.

Vormittags um 10.30 Uhr ging er zum Zahnarzt und kehrte dann zurück nach Graceland. Er ließ sich von Dr. Nichopoulos ein Schmerzmittel verschreiben. Zudem hatte er Streit mit seiner Freundin Ginger, die ihn auf seiner nächsten Tournee nicht begleiten wollte. Elvis hatte einige Konzerte abgesagt, wollte aber unbedingt wieder zurück auf die Bühne, auch wenn seine letzten Auftritte sehr enttäuschend gewesen waren. Am nächsten Tag sollte ihn daher ein Privatflugzeug nach Portland/Maine bringen.

Um 15.00 Uhr rief Elvis seinen Cousin Billy Smith und seinen Bodyguard Joe Esposito an, um Squash mit ihnen zu spielen. Anschließend nahm er ein paar Beruhigungstabletten und sagte zu Ginger, er wolle im Bad eines seiner „spirituellen" Bücher lesen: „Sex and Psychic Energy" von Betty Bethards. Dort fand ihn Ginger einige Stunden später mit heruntergelassener Hose auf dem Boden liegend. Der King war in seinem Badezimmer gestorben.

Die Autopsie wurde von Gerichtsmediziner Jerry Fancisco in Anwesenheit anderer Ärzte durchgeführt, so auch Dr. Nichopoulos (dem später die Approbation entzogen wurde). Der medizinische Bericht war eine Art Pressemeldung, die sowohl die Medien als auch die Öffentlichkeit beruhigen sollte: Als Todesursache wurden dort „Herzrhythmusstörungen" genannt. Doch in Wahrheit litt Elvis an zu hohem Blutdruck, grünem Star, einem Leberschaden und ernsthaften Darmbeschwerden. Außerdem wurden in seinem Blut diverse chemische Substanzen nachgewiesen, deren Wert weit über dem für einen Menschen – und auch für einen König – zulässigen Wert lag.

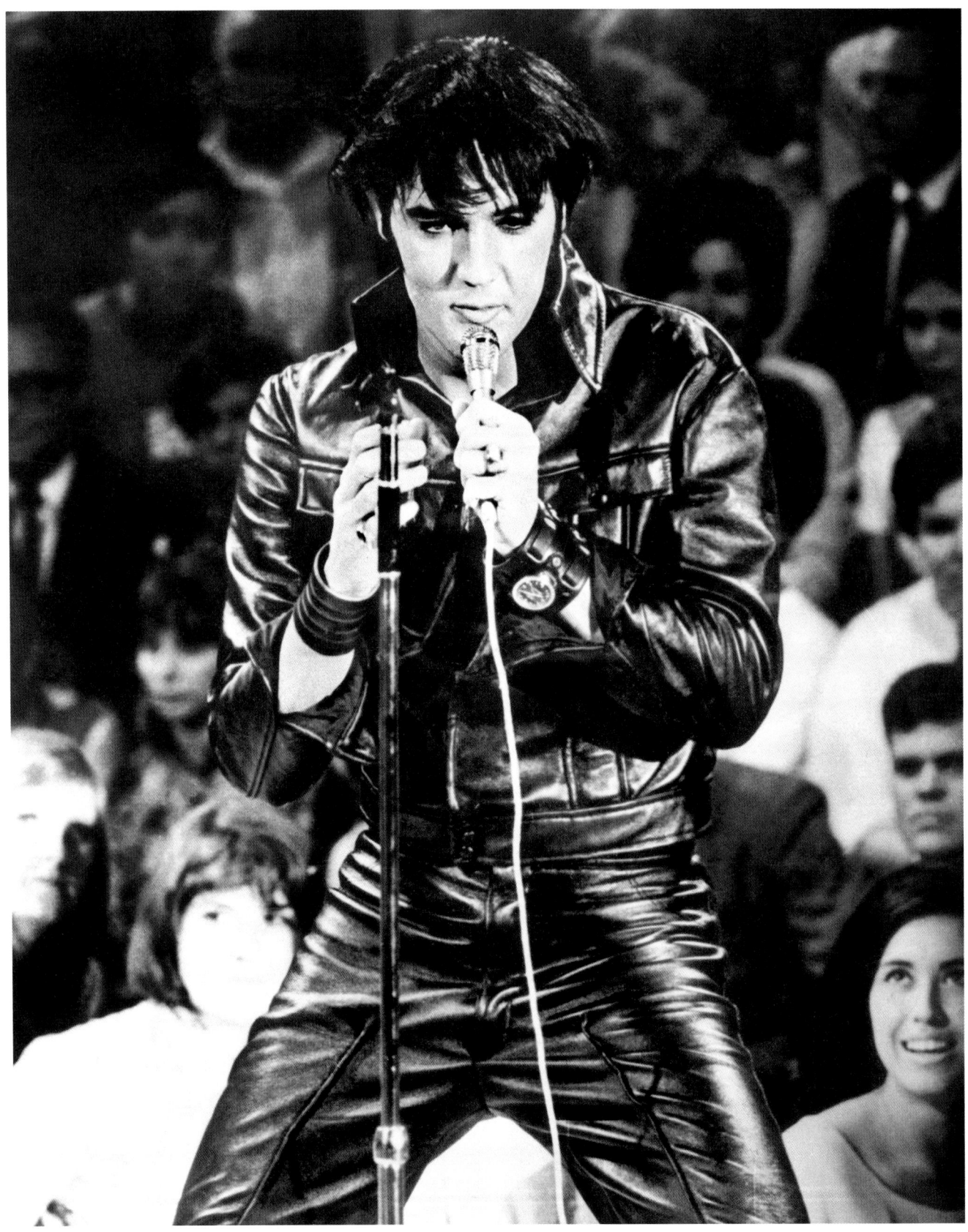

84 und 85 3. Dezember 1968: Presleys letztes Live-Konzert lag bereits sieben Jahre zurück. Mit der TV-Show „The '68 Comeback Special", die von NBC ausgestrahlt wurde, knüpfte Elvis noch einmal an seine großen Erfolge in den 1950er-Jahren an, als das Foto auf der gegenüberliegenden Seite entstand.

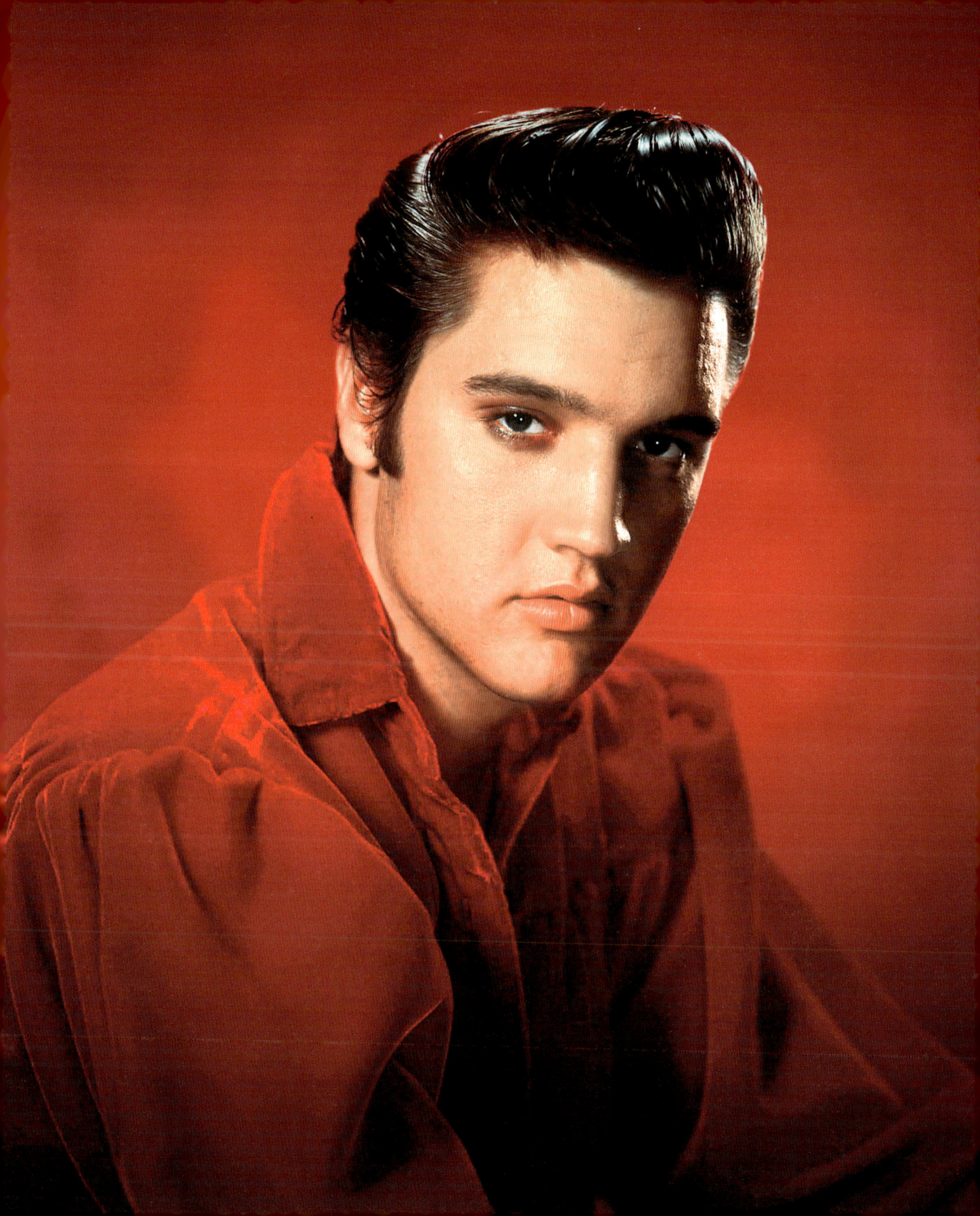

Evening Standard MIDDAY

London Friday September 16 1977   8p

Girlfriend's car hits tree

MARC BOLAN KILLED IN CRASH

MARC BOLAN—he took the full force of the crash sitting in the passenger seat.

THE damaged Mini in which Marc Bolan died.

Standard Reporter

ROCK STAR Marc Bolan was killed today in a London car crash.

Twenty-nine-year-old Bolan, of T Rex fame, was in a purple Mini driven by his girlfriend. It left the road and crashed into a tree on Barnes Common.

GLORIA JONES — suffered serious injuries

All the racing details

Christopher Poole, Ajax—Page 7. Catlerick card and Page 8. 7 Newbury form—Pages 46, 47. Newbury extras—Back Page. Tomorrow cards—Pages 4, 5, 47. Greyhounds—Pages 46, 47, 48, 49, 50. TV—Page 18 and 19. Entertainment—Page 24.

Police believe the couple were returning home to Upper Richmond Road, Putney, after a night out. A "spokesman said: "The pair were being followed to another car driven by Bolan's road manager, but they failed to see the glrl in front, and...

Inside the crashed Mini, the two injured stars were taken to Queen Mary's Hospital, Roehampton with serious head injuries.

Continued on Page 10

BOOK NOW FOR THIS GIGANTIC ICE SPECTACULAR

HUMPTY DUMPTY

OPENS FRI DEC 16 · 7.30

WEMBLEY EMPIRE POOL

„And Lady Stardust sang his songs of darkness and dismay. [...] And he was awful nice/Really quite out of sight/And he sang all night long." – „Und Lady Stardust sang seine Lieder von Dunkelheit und Entsetzen. [...] Und er fühlte sich schrecklich gut/Schon fast wie verschwunden/So sang er die ganze Nacht." Mit diesen Worten beschrieb 1973 David Bowie einen strahlenden Star am Glam-Rock-Firmament: Lady Stardust war Mark Feld, der sich auf der Bühne Marc Bolan nannte – ein Musiker mit einem schillernden Image, der zum Symbol einer bedeutenden Zeit in der britischen Musikszene wurde.

Glam (glamouröse) Künstler waren scheinbar androgyn, dekadent, extravagant und romantisch und sie inszenierten ihr Leben wie ein Kunstwerk. Sie machten nervöse, elektronische Rockmusik, die voller mehrdeutiger Anspielungen steckte und das britische Publikum im Sturm eroberte. In dieser Abkehr von der Realität setzten sie Raum, Mehrdeutigkeit und einen theatralischen, melodiösen Sound ein. Der berühmteste Star der Glam-Szene war David Bowie, doch inspiriert wurde das Genre durch Marc Bolan.

Bolan hatte den Rock unter anderem durch Chuck Berry und Eddie Cochran entdeckt und gründete schon in jungen Jahren eine Skiffleband. Später wurde er ein Mod und trat zum ersten Mal im Fernsehen auf: in der Kindersendung „Orlando".

Schon bald versuchte er sich das erste Mal als Sänger und änderte seinen Namen in Toby Tyler. Dann entdeckte er die Folkmusik und änderte ihn erneut, diesmal in Marc Bolan (einige Biografen halten „Bolan" für ein Akronym von Bob Dylan). 1968 gründete er mit Steve Peregrine Took ein Akustikduo mit dem fantasievollen Namen Tyrannosaurus Rex. Nach vier Alben und der

Gedichtsammlung „The Warlock of Love" schlug Marc Bolan in seiner Karriere eine andere Richtung ein: Er ersetzte die akustische Gitarre durch eine Gibson Les Paul, verkürzte den Band-Namen auf T. Rex und legte sich einen neuen Look zu.

Er trug nun Zylinder, Jacken aus Schlangenleder und Make-up und schminkte sich die Wangen mit Glitter (in einem Radiointerview mit BBC 1 sagte er, dass er dies von seiner ersten Frau June Child abgeschaut habe). Außerdem hatte er jetzt einen neuen Sound – all das zusammen machte Bolans T. Rex zu einer Sensation. Die erste Single der Band, „Ride a White Swan", erschien am 9. Oktober 1970. T. Rex' Auftritt in der TV-Sendung „Top of the Pops" wurde legendär, und der Song stieg bis auf Platz zwei in den Charts.

1971 erschien „T. Rex", das erste Album der Band, ein Jahr später folgte „Electric Warrior", das zwei Monate lang die Charts anführte. Doch so hell der Glam-Rock-Star auch leuchtete, so schnell brannte er aus. Aus dem nächsten Album „The Slider" wurde die Single „Metal Guru" ausgekoppelt (ihr vierter Nummer-eins-Hit in Folge nach „Hot Love", „Get It On" und „Telegram Sam"). Danach änderte Marc Bolan seinen Stil erneut. Die Glammode machte der Punk-Revolution Platz, doch Bolan fügte seinem Rock in „Tanx", „Zinc Alloy and the Hidden Riders of Tomorrow", „Bolan's Zip Gun" und „Futuristic Dragon" Elemente aus Soul und R&B hinzu. „Dandy in the Underworld" leutete dann einen weiteren Richtungswechsel in Bolans Karriere ein. Zwar bewahrte er sich den Zauber seines früheren Glam-Styles, doch verknüpfte er ihn nun mit Punk-Rock-Elementen aus dem New Wave. Doch die Geschichte von Lady Stardust endete am 16. September 1977. Marc Bolan und seine zweite Frau Gloria Jones verließen Mortons Restaurant am Londoner Berkeley Square in einem violetten Mini 1275 GT, Gloria saß am Steuer (aus Angst vor einem Unfall hatte Marc Bolan nie den Führerschein gemacht).

Während der Wagen den Queens Ride in Barnes im Süden Londons unterfuhr, kam der Mini von der Straße ab und raste gegen einen Baum. Gloria Jones brach sich den Kiefer und den Arm, aber Marc Bolan war sofort tot. Er wäre am 30. September, zwei Wochen später, 30 Jahre alt geworden.

Auf seiner Beerdigung, an der unter anderem auch David Bowie und Rod Stewart teilnahmen, war ein großes Blumengesteck in Form eines Schwans zu sehen, das an seinen ersten Hit „Ride a White Swan" erinnern sollte.

MARC BOLAN

[30. September 1947 – 16. September 1977]

---

87 Marc Bolan 1976, nach der Veröffentlichung seines elften Albums „Futuristic Dragon". Er starb ein Jahr später, am 16. September 1977, zwei Wochen vor seinem dreißigsten Geburtstag, bei einem Autounfall in London. „Ich lebe mein Leben mit einer gewissen Dringlichkeit, die die meisten anderen Leute nicht nachvollziehen können."

RONNIE VAN ZANT

[15. Januar 1948 – 20. Oktober 1977]

STEVE GAINES

[14. September 1949 – 20. Oktober 1977]

1974 war das Jahr eines Songs, der den Southern Rock auf der ganzen Welt berühmt machen sollte: Lynyrd Skynyrds „Sweet Home Alabama". Dieses Lied zeugte von der Liebe zu einem Ort voller Leidenschaft und Geheimnis, Legenden und Flüche – so wie jener, der in einer Nacht im Jahr 1977 auch die Band traf.

Ronnie Van Zant hatte seinen Freunden immer prophezeit, dass er der berühmteste Einwohner seiner Heimatstadt Jacksonville in Florida werden würde. Eigentlich wollte er Boxer, Baseballspieler oder Stockcar-Fahrer werden, doch stattdessen fand er den Rock 'n' Roll. 1964 gründete er mit Allen Collins und Gary Rossington, zwei Schulfreunden von der Robert E. Lee High School, mit The Noble Five seine erste Band.

Im folgenden Jahr kamen noch Larry Junstrom und Bob Burns dazu und die Band nannte sich jetzt My Backyard. 1968 gewannen die Jungs einen Wettbewerb für Nachwuchsbands und spielten in den Clubs von Florida. 1970 änderte die Band noch einmal ihren Namen, dieses Mal endgültig: Ronnie Van Zant stimmte für Leonard Skinner (die Schreibweise wurde zwei Jahre später in Lynyrd Skynyrd geändert).

Der Name war eine ironisch gemeinte Homage an seinen Highschool-Sportlehrer, der sich einen Spaß daraus machte, Schüler, die langes Haar im „Hippiestil" trugen, zu bestrafen. Lynyrd Skynyrd (außer Van Zant, Collins, Rossington und Burns waren noch Billy Powell, Leon Wilkeson und Ed King dabei) gingen auf lange Tourneen, bis sie 1972 bei einem Konzert in Atlanta von dem Produzenten Al Kooper entdeckt wurden. Dieser verschaffte ihnen einen Vertrag mit MCA Records und sie nahmen ihr erstes Album auf, das man „Len-nerd Skinn-herd" ausspricht.

Einer der Songs auf diesem Album war einem verstorbenen Helden des Southern Rock gewidmet: Duane Allman. Der Song „Free Bird", der es auf Platz eins der amerikanischen Charts schaffte, klang wie eine traurige Vorahnung. Ein Jahr später spielten Lynyrd Skynyrd als Vorgruppe von The Who auf der Quadrophenia-Tournee und brachten 1974 „Second Helping" heraus, im Verkauf ihr erfolgreichstes Album.

Der erste Song darauf war eine Art Antwort Van Zants auf zwei Songs von Neil Young, „Southern Man" und „Alabama", die sich sehr kritisch mit dem Rassismus im Süden der USA auseinandersetzten. Young schilderte darin, wie er in einer Bar in Alabama von einer Gruppe „Rednecks" (Hinterwäldler) angegriffen worden war, weil er aussah wie ein Hippie. Van Zant konterte mit „Sweet Home Alabama" und dank seiner Attacke mit gleich drei Gitarren wurde der Song eine der bekanntesten Rockhymnen überhaupt. Er erreichte Platz zwölf in den Charts und brachte dem Album „Second Coming", auf dem er enthalten war, eine Platin-Auszeichnung ein.

Lynyrd Skynyrd wurden zu einer Institution. Dem Publikum gefiel das Image der Band als eine Bande Gesetzloser, und Ronnie Van Zants Traum, der bekannteste Rockstar in Jacksonville zu werden, wurde wahr.

Ronnie beschrieb den unverkennbaren Sound seiner Band einmal so: „Wir nennen unseren Sound gerne ‚Southern Raunchy Roll'. Die anderen Bands sind genauso schlimm wie wir, aber wir kommen häufiger in den Knast." Trotzdem waren die folgenden Jahre alles andere als einfach: Die Alben „Nuthin' Fancy" und „Gimme Back My Bullets" konnten nicht an diesen Erfolg anknüpfen und Bob Burns und Ed King verließen die Band, zu der inzwischen auch der Drummer Artimus Pyle und die Background-Sängerinnen Leslie Hawkins, JoJo Billingsley und Cassie Gaines gehörten.

Ronnie Van Zant wurde klar, dass Lynyrd Skynyrd wieder zu der Art Sound zurückfinden mussten, der „Sweet Home Alabama" so erfolgreich gemacht hatte. Daher suchte er nach einem neuen Gitarristen. Cassie Gaines hatte die Lösung für sein Problem: Sie empfahl ihren jüngeren Bruder Steve, einen Blues-Virtuosen. Die Bandmitglieder baten Steve Gaines, am 11. Mai 1976 mit ihnen in Kansas City aufzutreten; einen Monat später fragten sie ihn, ob er fest bei ihnen einsteigen wolle.

Steve wirkte bei den Aufnahmen zu „Street Survivors" mit – ein Sprungbrett für ein neues Talent, über das Van Zant selbst sagte, es würde schon bald den Rest der Band in den Schatten stellen. Doch es sollte Steves erstes und letztes

89 Ronnie Van Zant mit Lynyrd Skynyrd 1976 auf der Bühne in Knebworth. „Wir nennen unsere Musik gerne ‚Southern Raunch Roll'," sagte er. „Die anderen Bands sind genauso schlimm wie wir, aber wir kommen häufiger in den Knast."

(88/89)

Album mit Lynyrd Skynyrd werden. Auf dem Coverfoto von „Street Survivors" ist die Band von Flammen umgeben, Steve hat dabei die Augen geschlossen. Doch einige Monate, bevor das Album erschien, hatte Gary Rossington betrunken und unter Drogen einen schweren Autounfall. Für die Band begannen schlimme Zeiten.

Am 20. Oktober 1977, drei Tage, nachdem „Street Survivors" in den Verkauf gegangen war, spielten Lynyrd Skynyrd im Memorial Auditorium in Greenville/South Carolina. Sie hatten ihre Tournee gerade erst begonnen und es lief sehr gut. Dann sollten sie in Baton Rouge/Louisiana auftreten; 10.000 Karten für das Konzert waren bereits verkauft. Damit die Band so viele Termine wie möglich annehmen und so schnell wie möglich weiterreisen konnte, benutzte sie zusammen mit ihrer Crew –

insgesamt 28 Personen – ein Flugzeug vom Typ Convair CV-300.

An jenem Tag starteten die Piloten Walter McCreary und William Gray um 7.00 Uhr morgens. Die Musiker feierten an Bord den Erfolg ihres Konzerts und einige spielten Poker. Aber die Maschine hatte nicht genug Treibstoff. Die Piloten meldeten ihre gefährliche Lage dem Kontrollzentrum von McComb/Mississippi. Aufgrund der schlechten Sichtverhältnisse empfahl man ihnen, umzukehren und notzulanden. Das Flugzeug schoss jedoch über den Flughafen hinweg und versuchte, auf einer Lichtung in der Nähe von Gillsburg/Mississippi zu landen. Es kam zu einem entsetzlichen Absturz.

Der Farmer Johnny Mote, der ganz in der Nähe lebte, sagte aus, dass er einen gewaltigen

Krach gehört habe, fast als wäre das Flugzeug von der Erde verschlungen worden. Der Unfall kostete beide Piloten, den Tourneemanager Dean Kilpatrick, Cassie Gaines, Steve Gaines und Ronnie Van Zant das Leben. Artimus Pyle konnte aus dem Wrack herauskriechen und Hilfe holen. Viele andere Passagiere waren schwer verletzt: Leon Wilkeson hatte sich ein Bein und einen Arm gebrochen, Allen Collins erlitt ein Wirbelsäulentrauma und Gary Rossington hatte mehrere Brüche in Armen und Beinen. Ronni Van Zants Reise endete in einem Sumpf in Mississippi, im Tiefen Süden der Vereinigten Staaten – dort, wo alles angefangen hatte. Dabei hatte Cassie und Steve Gaines' Reise doch gerade erst begonnen.

90 und 91 Steve Gaines' erstes Konzert mit Lynyrd Skynyrd fand am 11. Mai 1976 in Kansas City statt. Seine Schwester Cassie Gaines, eine der Backgroundsängerinnen, hatte ihn der Band empfohlen. Beide starben bei dem schrecklichen Flugzeugabsturz im folgenden Jahr, bei dem insgesamt sechs Personen getötet und zwanzig verletzt wurden, wie das „Enterprise Journal" am nächsten Tag meldete.

„FLUGZEUGABSTURZ IN GILLSBURG: SECHS TOTE, ZWANZIG VERLETZTE, DARUNTER AUCH ROCK-MUSIKER"

[Enterprise Journal]

KEITH MOON

[23. August 1946 –
7. September 1978]

Angeblich sind ja alle Rock-Drummer verrückt. Aber keiner war so verrückt wie Keith Moon. „Niemand auf der Welt spielt so gut Schagzeug im Keith-Moon-Stil wie ich", sagte er über sich selbst. Er war ein Exzentriker, ein Spinner, ein selbstzerstörerisches Talent, Symbol des alle Regeln missachtenden Rock-'n'-Roll-Lifestyles, aber auch ein Drummer, der seiner Musik bis zum Delirium zum Opfer fiel. Keith Moon war die Seele von The Who, so wie Pete Townshend der Kopf der Band war, Roger Daltrey das Herz und John Entwistle der Rhythmus.

1977 sagte Keith, dass er sich wie ein Schiffswrack treiben ließ, ohne zu wissen, wohin, ohne jedes Ziel – und dass er versuchen müsse, etwas disziplinierter zu sein. Im nächsten Jahr starb er mit nur 32 Jahren und vermachte der Welt eine legendäre Sammlung von Rock-'n'-Roll-Anekdoten.

Seine musikalische Karriere begann in der Band des Seekadettenkorps in London. Keith hatte Horn gespielt, verlegte sich aber aufs Schlagzeug, nachdem er den Film „Drum Crazy" gesehen hatte, die Geschichte des Jazz-Drummers Gene Krupa. Indem er Virtuosen wie Gene Krupa, Jo Jones und Buddy Rich genau beobachtete, entwickelte Keith Moon den wilden Stil und die ausgeflippte Art, für die er berühmt wurde. 1961 erstand er sein erstes Schlagzeug und trieb sich schon bald im Club des Oldfield-Hotels herum. Dort traf er seinen ersten und einzigen Lehrer: Carlo Little, den Drummer der Savages, bei dem er einige Wochen lang Unterricht nahm.

1962 spielte er dann in seiner ersten Band The Escorts, später noch ein Jahr lang bei den Beachcombers, die sich auf Surfmusik und Songs von Cliff Richard verlegt hatten. Seine damaligen Bandkollegen beschreiben ihn als eine gelungene Mischung aus Genialität und Wahnsinn. Keith Moon entwickelte eine Leidenschaft für Surfmusik und sammelte Platten von Dick Dale, aber am Schlagzeug legte er einen so ungehemmten und wilden Stil an den Tag, dass ihm die Grenzen der Surfmusik schon bald zu eng wurden.

Tatsächlich war er zu gut für die Beachcombers, die in der Zwischenzeit ein Instrumental-Album namens „Mad Goose" für Columbia aufgenommen hatten. 1963 lebte Keith Moon von Gelegenheitsjobs – unter anderem war er Elektrikerlehrling und Vertreter für Gipsputz bei British Gypsum –, doch dann fand er heraus, dass The Who keinen Drummer mehr hatten. Doug Sandom, der schon seit ihrer Zeit als The Detours bei der Band war, war gefeuert worden.

Keith war schon zu Ohren gekommen, wie sich die Band bei ihren Live-Auftritten benahm, also tauchte er komplett in Orange gekleidet im „Oldfield Hotel" in Greenford auf. Dort probten The Who mit einem Aushilfsschlagzeuger. Keith sagte: „Ich kann das besser als er", setzte sich an die Drums und spielte Bo Diddleys „Road Runner" so hart, dass das Pedal an der großen Trommel und zwei Schlagzeugfelle dran glauben mussten. Wie Keith später erzählte, setzte er sich danach an die Bar, wo Roger ihn fragte, ob er am nächsten Montag schon etwas vorhätte.

Keith antwortete, dass er tagsüber Gipsputz verkaufen würde, abends aber Zeit hätte. Darauf entgegnete Roger nur, er müsse seinen Job nun aufgeben, denn sie hätten einen Auftritt. „Ich bin nie gefragt worden, ob ich in die Band kommen will, nur, was ich am Montag mache." Er war damals erst siebzehn.

Von diesem Tag an spielte Keith Moon auf acht Alben von The Who, von „My Generation" (1965) bis „Who Are You" (1978). Damit schrieb er Rockgeschichte, doch vor allem schrieb er ein echtes Handbuch über den Wahnsinn von Rockstars. Seine Spezialität war es, die Toilettenschüsseln in Hotels aber auch bei Freunden mit Kanonenschlägen, anderen Feuerwerkskörpern und sogar mit Dynamit in die Luft zu sprengen. Diese Leidenschaft brachte ihm lebenslanges Hausverbot bei vielen amerikanischen Hotelketten, zum Beispiel im Holiday Inn, im Sheraton und im Hilton, ein. Sein persönlicher Assistent Dougal Butler berichtet in Moons Biografie „Full Moon": „Er tat einfach alles, solange nur genug Leute dagegen waren."

An seinem 21. Geburtstag organisierte Keith eine Party im Holiday Inn in Flint/Michigan. Nachdem er die Toilette in seinem Zimmer mit Dynamit in die Luft gejagt hatte, fuhr er mit einem Auto in den Swimming-Pool und schlug sich dabei einen Zahn aus. Am 4. Januar 1970 zettelte er im Pub Red Lion in Hatfield einen Streit an, stieg dann sturzbetrunken in seinen Bentley und überfuhr seinen Chauffeur Neil Boland. Boland überlebte den Unfall nicht.

Auf der Quadrophenia-Tour traten The Who am 20. November 1973 in Daly City bei San Francisco auf. Moon spülte eine beträchtliche Menge an Ketaminen mit Brandy herunter und wurde während „Won't Get Fooled Again" ohnmächtig. Eine Kortisonspritze weckte ihn auf, doch bei „Magic Bus" verlor er erneut das Bewusstsein und musste von der Bühne getragen werden. Pete Townshend fragte dann ins Publikum: „Kann hier jemand Schlagzeug spielen? Und zwar gut?"

Viele Ärzte, die Keith helfen sollten, von seiner Alkoholsucht loszukommen, erklärten ihn zu einem hoffnungslosen Fall. Als sein guter Freund Ringo Starr ihn warnte, dass er nicht mehr lange leben würde, wenn er so weiter-

machte, antwortete Keith nur: „Ich weiß." Ab 1976 hatte er seine Probleme nicht mehr im Griff. Bei den Gesangsaufnahmen wurde der „Rock-'n'-Roll-Spinner" von seinen Bandkollegen aus dem Studio verbannt, weil er sie so sehr zum Lachen brachte, dass sie nicht weiterarbeiten konnten. Seine Frau Kim Kerrigan ließ sich 1975 wegen Misshandlung von ihm scheiden. Zu dieser Zeit lebte sie bereits mit Ian McLagan, dem Keyboarder der Faces, zusammen, auch die gemeinsame Tochter Amanda hatte sie mitgenommen.

The Who legten nach ihrer Amerika-Tournee, die am 21. Oktober in den Maple Leaf Gardens in Toronto endete, eine Pause ein. Keith Moon lebte mit

seiner neuen Freundin, dem schwedischen Model Annette Walter-Lax in Malibu, doch sein Lebensstil erwies sich schnell als gefährlich: Er gab sein gesamtes Geld für Alkohol und Drogen aus, hing tagelang mit Ringo Starr und Harry Nilsson herum und brachte sich aus reiner Langeweile immer wieder in Schwierigkeiten. Annette überredete ihn zu mehreren Entzügen, doch diese halfen nichts. Sobald Keith aus der Klinik kam, wurde er rückfällig. 1978 schien es besser zu werden: The Who hatten ein Filmstudio in Shepperton gekauft und wollten dort den biografischen Film „The Kids Are Alright" („Den Kindern geht's gut") drehen und ein neues Album aufnehmen: „Who Are You".

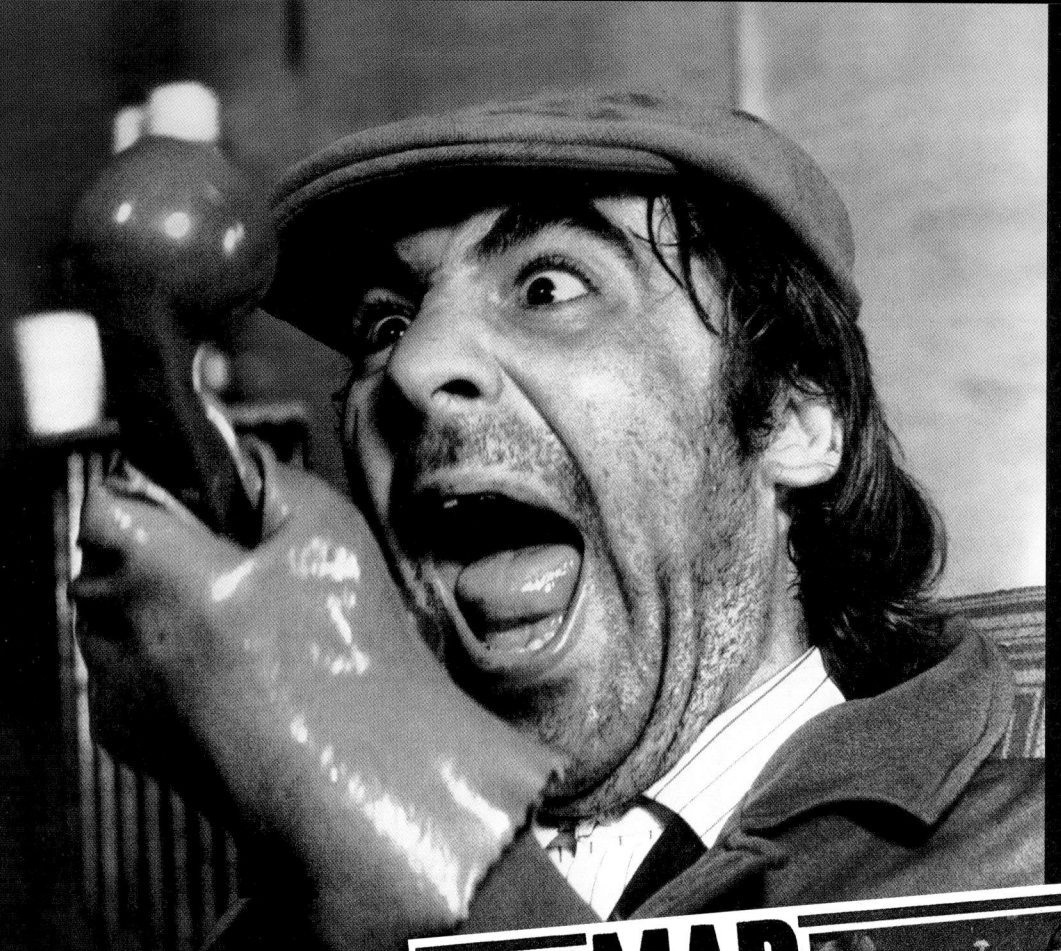

94 (Oben und unten) Der Schaden, den Keith Moon mit seinem verrückten Benehmen in seiner 14-jährigen Rockmusikkarriere anrichtete, wird insgesamt auf rund. 500.000 Dollar geschätzt. Als der „Daily Mirror" am 8. September 1978 seinen Tod bekannt gab, erinnerte die Zeitung noch einmal an sein wildes Leben und seine ungehemmten Exzesse.

94-95 The Who, 1969 fotografiert für die „Vogue". Von links nach rechts: John Entwistle, Roger Daltrey, Pete Townshend und Keith Moon.

Keith kehrte nach London zurück; er war froh, Kalifornien hinter sich zu lassen und wieder zu arbeiten. „Who Are You" sollte sein letztes Album werden. Auf dem Cover ist er als Jockey gekleidet, eines seiner Lieblingskostüme, und sitzt auf einem Stuhl mit einer Aufschrift, die wie eine makabre Prophezeiung klingt: „Bitte stehen lassen."

Zunächst lebten Keith und Annette in London im Kensington Palace Hotel. Dann zogen sie in eine Wohnung in der Curzon Street, die Harry Nilsson gehörte – die gleiche Wohnung, in der vier Jahre zuvor Mama Cass von den Mamas & Papas gestorben war.

Moons letzte Lebensjahre waren ein Wettlauf mit dem Tod. Ohne Brandy und Kokain konnte er nicht mehr spielen; er nahm große Mengen Valium und anderer Medikamente, um seine Alkoholsucht zu bekämpfen. Aus dem Mauritius-Urlaub wurde er von der Polizei zurückgebracht, weil er auf dem Rückflug im Flugzeug ausgerastet war. Ein Arzt verschrieb ihm das Beruhigungsmittel Heminevrin und überließ ihm eine Flasche mit 100 Tabletten – ein furchtbarer Fehler.

Am Abend des 6. September 1978 nahmen Keith und Annette an einem Abendessen zum Jahrestag von Buddy Hollys Tod teil, das Paul McCartney im Restaurant „Peppermint Park" organisiert hatte. Sie saßen an McCartneys Tisch und gingen anschließend ins Dominion Theater am Leicester Square, um sich eine Vorabaufführung des Films „The Buddy Holly Story" anzusehen. Doch Keith und Annette blieben nicht bis zum Ende, denn Keith wollte noch einen anderen Film sehen: „Das Schreckenskabinett des Dr. Phibes" von Robert Fuest. Es war nun ca. 7.00 Uhr morgens und er hatte Hunger. Er bat Annette, ihm ein Steak mit Eiern zu machen. Nach diesem absurden Frühstück schluckte er eine Handvoll Tabletten und ging schlafen.

Um 16.00 Uhr versuchte Annette, ihn zu wecken, aber Keith atmete nicht mehr. Verzweifelt rief sie seinen Leibarzt Geoffrey Dymond an, der nur noch seinen Tod feststellen konnte. Moon hatte 32 Heminevrin-Tabletten genommen. Der lauteste und aufgedrehteste Schlagzeuger in der Geschichte der Rockmusik war still im Schlaf gestorben. Hätte er die Wahl gehabt, hätte er für sich bestimmt einen spektakuläreren Tod inszeniert. Vielleicht hätte er sich dafür entschieden, zusammen mit der Toilette in Harry Nilssons verfluchter Wohnung in die Luft zu fliegen.

„DRAMATISCHER DROGENTOD DES WILDEN POP-STARS MOON"

[Daily Mirror]

96 Keith Moon 1975 auf der Bühne. Der Schlagzeuger war für seine wilde, unangepasste Art bekannt, über die auch der „Daily Mirror" schreibt, als er Moons dramatischen Drogentod bedauerte.

97 The Who 1975 live: John Entwistle, Keith Moon und

SID VICIOUS

99 Sid Vicious 1978 auf der Amerikatournee der Sex Pistols. „Ich werde sterben, bevor ich 25 bin, und werde genauso gelebt haben, wie ich wollte."

[10. Mai 1957 – 2. Februar 1979]

John Simon Ritchie war der größte Fan der Sex Pistols. Mit 20 Jahren verbrachte er seine freie Zeit im „Sex", einem Geschäft in der King's Road, das Malcolm McLaren und Vivienne Westwood gehörte und in dem die britische Punk-Bewegung ihre Wurzeln hat. Angeblich erfand er auch den wilden Tanzstil des Publikums bei den Konzerten – den Pogo. Geboren wurde John in Lewisham im Südosten von London, er stammte aus einer Problemfamilie.

Seine Mutter war ein Junkie, sein Vater arbeitete in der Palastwache des Buckingham Palace und spielte nebenbei Posaune in Londoner Jazz-Clubs. Kurz nach der Geburt des Jungen verschwand er. 1965 heiratete Johns Mutter wieder, doch Christopher Beverley starb sechs Monate später an Krebs. John wuchs auf der Straße auf. Dort entstand gerade der Punk – die wütende Reaktion der jüngeren Generation auf die Regeln einer Gesellschaft, von der sie sich ausgeschlossen fühlte.

John legte sich das Pseudonym Sid Vicious zu und verkörperte alles, was den Punk ausmachte: Anarchie, Gewalt, Nihilismus, Exzess und arrogante Gleichgültigkeit allem und jedem gegenüber. Von Anfang an steuerte er auf die Selbstzerstörung zu – und alles begann damit, dass er John Lydon kennenlernte. Zusammen mit Lydon, John Wardle (alias Jah Wobble) und John Gray besetzte John in London Häuser und gründete eine Band, die ihre Freunde „The Four Johns" nannten. Von John Lydon hatte er auch seinen Spitznamen: Als dessen Hamster Sid ihn ins Bein biss, sagte er: „Sid ist wirklich böse", und so wurde er zu Sid Vicious. Malcom McLaren beschrieb ihn folgendermaßen: „Wenn Johnny Rotten die Stimme des Punk ist, ist Sid Vicious die Einstellung, die dahinter steckt."

Die Geschichte der Sex Pistols begann 1977, als die Band Sid bat, Bassist Glen Matlock zu ersetzen. Zuvor hatte er bei den Flowers of Romance gespielt, gegründet von Keith Leven von The Clash. Außerdem saß er beim ersten Auftritt von Siouxsie & The Banshees im 100 Club auf der Oxford Street am Schlagzeug. Er war zwar kein besonders guter Bassist, hatte aber das richtige Image für den Punk-Rock. Eigentlich war er Teil des sogenannten Bromley Contingent, einer Gruppe von Sex-Pistols-Fans, die die Punk-Mode bekannt machten. Und er hatte seinen schlechten Ruf schon weg: Mit einer rostigen Kette hatte er einen Journalisten angegriffen und bei einem Damned-Konzert wurde er festgenommen, weil er eine Flasche ins Publikum geworfen und dabei ein Mädchen ernstlich verletzt hatte. Er war also perfekt geeignet, die Gruppe zum Erfolg zu führen. Und so trat er am 4. April 1977 zum ersten Mal mit den Sex Pistols auf.

Doch die Tragödie nahm ihren Lauf. Sie begann noch im selben Jahr mit einer verhängnisvollen Begegnung: Johnny Thunders' Band The Heartbreakers kam nach England und brachte neben einer gefährlichen Leidenschaft für Heroin auch das Groupie Nancy Spungen mit, die ein Junkie war. Angeblich

hielt Thunders Sid eine Spritze unter die Nase und spöttelte: „Bist du ein Mann oder ein Junge?" Außer zu den Drogen fühlte sich Sid zu Nancy Spungen hingezogen, die zu seiner Seelenverwandten wurde und ebenfalls dem Tode geweiht war.

Er war ein Rebell ohne Zukunft und sie war praktisch in einer psychiatrischen Klinik aufgewachsen. Seit sie 15 war, prostituierte sie sich, um ihre Heroinsucht zu finanzieren. In New York nannten die Leute aus der Punk-Szene sie die „nervige Nancy". Sid und Nancy trafen sich, verliebten sich ineinander und zogen sich sofort in ihre eigene, sehr gefährliche Welt völlig abseits der Realität zurück. Bei den Aufnahmen für „Never Mind the Bollocks", das erste Album der Sex Pistols, konnte Sid nicht einmal spielen und die Band musste Glen Matlock zurückholen.

Jeder versuchte, Sid zu überreden, sich von Nancy fernzuhalten, aber vergebens. Nur einmal waren sie getrennt: 1978, während der Amerika-Tournee der Band, einem Crescendo verrückter Aktionen, das zu einer Trennung der Band nach ihrem letzten Auftritt im Winterland Ballroom in San Francisco führte. Die Amerikaner hatten Sid Vicious noch nie in Aktion gesehen und er tat sein Bestes, für komplettes Chaos zu sorgen. In San Antonio beleidigte er die Zuschauer, indem er sie als „einen Haufen Schwuletten" bezeichnete. In Dallas betrat er die Bühne mit nacktem Oberkörper, in den er vorher mit einer Rasierklinge „Gib mir'n Schuss" geritzt hatte.

Am 16. Januar 1978, zwei Tage nach dem letzten Konzert der Band, spritzte er sich zum ersten Mal eine Überdosis Heroin. Drei Tage später fiel er auf einem Flug nach New York ins Koma, wieder aufgrund von Drogen. Zurück in Europa, spielte Sid im Film „The Great Rock 'n' Roll Swindle" mit und nahm eine einzigartige, verstörend schöne Interpretation von Frank Sinatras „My Way" auf, die sich später als sein allerbester Beitrag zur Geschichte der Band erweisen sollte.

Die Sex Pistols trennten sich und Johnny Rotten musste seinen Freund seinem tragischen Schicksal überlassen, weil er nicht wusste, wie er ihn retten sollte. Im August 1978 flog Sid zu Nancy nach New York. Sie lebten in Zimmer 100 des Chelsea Hotels, dem Rockstar-Hotel in der 23. Straße. Sid gründete die Band The Idols, in der auch Jerry Nolan und Arthur Kane von den New York Dolls mitspielten, und bereitete seine neue Solokarriere mit einigen Auftritten im Max's Kansas City vor. Nancy managte die Band und Malcolm McLaren finanzierte sie. Das Ergebnis war katastrophal, auch weil Sid zum Spielen immer zu high war.

Der Rest seines Lebens war von Heroin und Gewalt geprägt. Sid verbrachte ihn im Chelsea Hotel, sein Ende war rätselhaft. Am Morgen des 12. Oktober 1978 wurde Nancy Spungen von einem Hotelangestellten in ihrem Zimmer gefunden. Sie lag in einer großen Blutlache, ihr Bauch war aufge-

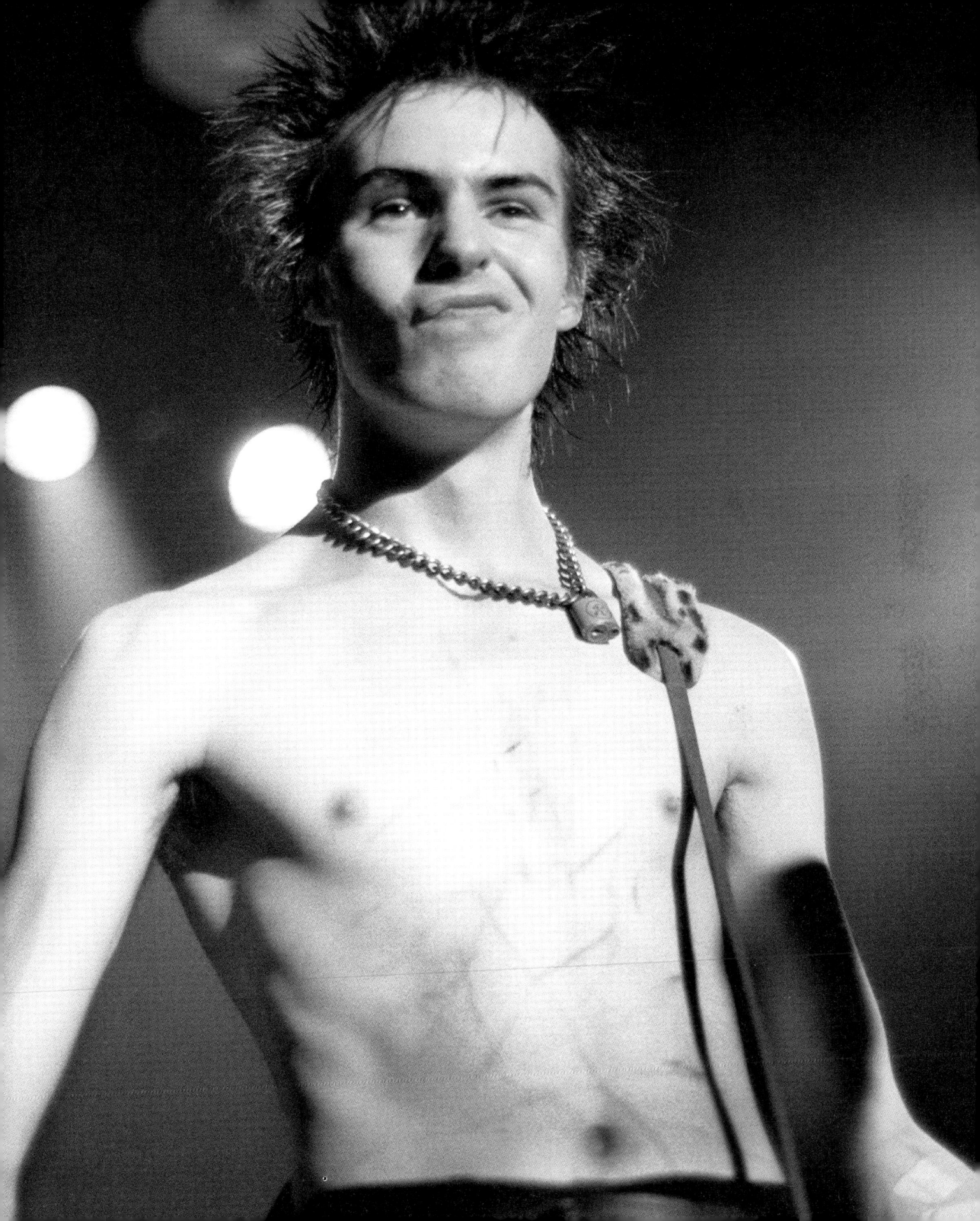

schlitzt worden. Neben ihr lag ein Messer, das Sid ihr geschenkt hatte. Sid selbst wanderte durch die Hotelflure und flüsterte immer wieder nur ein einziges Wort: „Baby." Was war in jener Nacht passiert? Nancy Spungens Tod blieb ein Rätsel. Sids Aussagen waren widersprüchlich. Zuerst bezichtigte er sich selbst des Mordes, nach einem Streit hätte er sie im Drogenrausch getötet. Dann sagte er, er sei eingeschlafen und hätte sie beim Erwachen tot aufgefunden.

Die Polizei untersuchte den Fall gar nicht erst, denn er schien nur allzu offensichtlich zu sein. Und überhaupt: Ein toter Junkie mehr oder weniger interessierte niemanden. Sid Vicious wurde verhaftet und ins Gefängnis Rikers Island gebracht. Wenig später kam er wieder frei, denn Virgin Records hatte die Kaution von 50.000 Dollar übernommen. Nach einem Selbstmordversuch kam Sid ins Bellevue Hospital. Alle, die ihn kannten, sagten aus, dass Sid Nancy niemals umgebracht hätte. Es waren in dieser Nacht einfach zu viele Dealer im Zimmer 100 gewesen, und Nancy hatte einen Koffer voller Geld bei sich gehabt. Malcolm McLaren engagierte ein ganzes Team Detektive, um herauszufinden, ob Nancy umgebracht worden war.

100 9. Januar 1978: Die Sex Pistols auf ihrer ersten und einzigen Amerika-Tournee im Kingfisher Club in Baton Rouge/Louisiana: Sid Vicious, Johnny Rotten und Steve Jones.

101 Sid Vicious und Nancy Spungen. Die beiden lernten sich 1976 in London kennen. Ihre 23-monatige Beziehung war ein ständiges Auf und Ab, ihr Ende gehört zu den tragischsten Ereignissen der Rockgeschichte. Am Tag nach Vicious' Tod schrieb „The Sun", Drogen hätten den Punk-Star umgebracht.

„DROGEN TÖTEN PUNK-STAR SID VICIOUS"

Steve Dior, der Gitarrist der Idols, machte einen Dealer aus New Jersey verantwortlich. Auch Rockets Redglare, ein Komiker, der das Paar mit Psychopharmaka versorgt hatte, stand unter Verdacht. Aber die Wahrheit kam nie ans Licht und der Fall wurde zu den Akten gelegt.

Dies warf Sid Vicious völlig aus der Bahn. Am 1. Februar 1979 verließ er die Entzugsklinik. Seine neue Freundin Michele Robinson organisierte eine kleine Willkommensfeier in ihrer Wohnung in der Bank Street 63. Sid hatte schon drei Mal versucht, sich umzubringen, aber jetzt war er endlich clean. Unglücklicherweise war er von Drogensüchtigen umgeben. Mit der Party sollte gefeiert werden, dass er auf Kaution freigekommen war, und seine Mutter reiste extra aus London an, um ihn zu sehen. Und sie kaufte Heroin.

Der Dealer war ein gewisser Peter Kodlick. Er verkaufte reinsten Stoff, der für jemanden, der gerade aus einem Entzug kam, viel zu stark war. Sid kollabierte, aber Michele konnte ihn wiederbeleben. Er nahm noch eine Dosis vom Heroin seiner Mutter. Um 3.00 Uhr morgens brachte Michele ihn ins Bett. Am nächsten Morgen wurde er tot aufgefunden. Er war nur 21 Jahre alt geworden. Beging er Selbstmord, um wieder bei Nancy zu sein?

Viele Leute halten Sid Vicious für das eigentliche Symbol des Punks, andere dagegen nur für eine tragische Figur, einen Jungen, der zu schwach war und zu berühmt wurde.

102 oben 3. Februar 1979: Die „Sun" meldet auf ihrer Titelseite den Tod von Sid Vicious.

102 unten 2. Februar 1980: 300 Sex-Pistols-Fans versammeln sich am Sloane Square in London, um den ersten Jahrestag der Trennung der Band zu feiern.

103 Sid Vicious und Johnny Rotton 1078 in der Great South East Music Hall in Atlanta. Nach dem letzten Konzert der Tournee in San Francisco trennten sich die Sex Pistols.

BON SCOTT

[9. Juli 1946 – 19. Februar 1980]

105 Bon Scott mit AC/DC auf der Bühne. Er war für viele witzige Aussprüche in der Geschichte des Rock verantwortlich und sagte einmal: „Ich heiratete zur gleichen Zeit, wie ich auch der Band beitrat, und meine Frau sagte: ‚Warum schreibst du nicht einfach einen Song über mich?' Also schrieb ich ‚She's Got Balls' [Sie hat Eier]. Da ließ sie sich von mir scheiden."

„Highway to Hell" ist der Spitzname des Canning Highway, einer Straße, die die australischen Städte Fremantle und Perth verbindet. Bon Scott fuhr diese Straße viele Male entlang, auf dem Weg zum Raffles Hotel – einer Rock 'n' Roll-Bar in Applecross, einem Vorort von Perth, ganz genau an der Kreuzung von Canning Highway und Canning Beach Road. Dies war seine Stammkneipe, dort nahm er an legendären Saufgelagen teil, bevor er seine Reise auf dem „Highway to Hell" fortsetzte: „Hey, Momma, look at me, I'm on my way to the promised land, I'm on the highway to hell. " – „Hey, Momma, sieh mich an, ich bin auf dem Weg ins Gelobte Land, ich fahre auf dem Highway zur Hölle."

Bon Scott war der Leadsänger von AC/DC, einer der unkonventionellsten und lautesten Rock-Bands der 1970er-Jahre. Wie die Brüder Angus und Malcolm Young wurde auch er in Schottland geboren und zog mit seiner Familie nach Australien. Als er zu AC/DC kam, war er schon 27 und hatte eine haarsträubende Vergangenheit.

Als Teenager landete er in einer Erziehungsanstalt, der Riverbank Juvenile Institution (neben einigen anderen Dingen sollte er 55 Liter Benzin gestohlen haben). Später wollte er sich bei der Armee verpflichten, wurde aber abgelehnt, weil er „sozial unangepasst" sei. Außerdem wurde er als einer der ersten Musiker Australiens wegen Drogenbesitzes festgenommen (im Jahr 1970, als er noch bei seiner alten Band The Valentines war).

Gerade erst war er nach einem schlimmen Motorradunfall aus dem Krankenhaus entlassen worden. Am 3. Mai 1974 hatte er mit seiner neuen Band, den Mount Lofty Rangers, einen Riesenstreit im „Old Lion Hotel" in Adelaide, stieg volltrunken und wutentbrannt auf seine Suzuki 550 und wurde in einen heftigen Unfall verwickelt. Er lag drei Tage im Koma und verbrachte zwei Wochen im Krankenhaus. Als er entlassen wurde, verdiente er sich seinen Unterhalt als Roadie in

der Künstleragentur seines Freundes Vince Lovegrove, der vielversprechende Bands vermarktete.

Bon war ein erstklassiger Blues- und Rock 'n' Roll-Musiker, geriet aber immer noch ständig in Schwierigkeiten und trank zu viel. Eines Tages hörte er, dass AC/DC einen neuen Sänger suchten. Angus Young und Bon Scott erwiesen sich tatsächlich als explosive Mischung: Schon der junge Angus war ein schlimmer Finger, doch Bon schien der Teufel der Rockmusik in Person zu sein. Bons Stimme – ein hysterisches Falsett, das kratzte wie Sandpapier und durch Blues, Zigaretten und flaschenweise Whiskey geölt wurde – war genau das, was dem AC/DC-Sound fehlte. Als ihr Leadsänger Dave Evans zu einem Gig einfach nicht erschien, wurde er kurzerhand durch Bon ersetzt.

„Ich arbeitete in der Bäckerei meines Großvaters", erzählte Scott. „Die einzige Perspektive, die ich hatte, war nicht mehr nur Teig zu kneten, sondern auch mal Brot zu backen. Der Rock 'n' Roll hat mich gerettet." Mit Bon Scott gingen AC/DC in die Geschichte des Hardrock ein. Sie brachten immerhin jedes Jahr ein Album heraus – alle gleich, nämlich sehr schnell – und bewarben es mit Konzerten, die zunehmend spektakulärer wurden. Bon Scott stand wie ein Bollwerk in der Mitte der Bühne: mit nacktem Oberkörper, gespreizten Beinen, in teuflisch höhnischer Pose.

Angus Young rannte in seiner Schuluniform um ihn herum und gab mit tödlichen Solos ordentlich Gas. Das Ergebnis war brutalster Rock, der in seiner Ungeschliffenheit völlig einzigartig war. 1974 erschien „High Voltage", gefolgt von „TNT", „Dirty Deeds Done Dirt Cheap" und „Let There Be Rock", das der Band auch in Amerika Erfolg brachte. „Powerage" kam 1978 heraus und im folgenden Jahr veröffentlichte die Band ihren ersten Millionen-Bestseller: „Highway to Hell" kam in die amerikanischen Top 20 und stieg bis auf Platz sie-

ben in den britischen Charts. Die Band war bereit, die Welt zu erobern: „Alle Bands haben ihre Höhen und Tiefen", sagte Angus Young einmal. „Aber bei uns ist immer alles gleich. Wir haben das, was alle Kids wollen. Sie wollen Rock, und den geben wir ihnen." Bedauerlicherweise trat Bon Scott auf dem Höhepunkt des Erfolgs auf absurde Weise ab.

Am 19. Februar 1980 befand er sich in seiner Wohnung im Ashley Court in London. Sein Freund Alistair Kinnear rief ihn an und wollte mit ihm auf eine Party im „Music Machine", einem Club in Camden Town. Also holte er Bon mit seinem Renault 5 ab. Sowohl Scott als auch Kinnear tranken viel. Die Situation geriet außer Kontrolle. Auf der Fahrt nach Hause schlief Bon Scott im Auto ein. Als sie in Ashley Court ankamen, ließ er sich nicht mehr wecken. Alistair suchte nach den Wohnungsschlüsseln und wollte Bons Freundin um Hilfe bitten, aber sie war nicht zu Hause. Also nahm Alistair Bon mit zu sich nach Hause in die Overhill Road in East Dulwich. Er versuchte noch einmal, ihn zu wecken und ins Haus zu tragen, aber ohne Erfolg.

Dann tat er etwas völlig Unerklärliches: Er kurbelte Bons Sitz herunter, deckte den Sänger zu und wollte ihn im Auto seinen Rausch ausschlafen lassen. Es war mitten in der Nacht und außerdem auch noch kalt. Alistair ließ für alle Fälle einen Zettel mit seiner Adresse und Telefonnummer am Auto zurück und ging ins Bett. Am nächsten Nachmittag wachte er wieder auf und ging gegen 19:00 Uhr zum Auto. Bon Scott war noch dort, atmete jedoch nicht. Alistair brachte ihn schnell ins King's College Hospital, aber es war zu spät. Bon Scott war schon tot. Die Ärzte bescheinigten kühl: „Unfalltod durch Alkoholvergiftung." Ronald Belford Scott, der vor 33 Jahren im schottischen Kirriemuir geboren worden war, trank sein Glas bis zum letzten Tropfen leer. Eine friedliche Straße in einem Londoner Wohnviertel war sein „Highway to Hell" geworden.

„ERINNERUNGEN AN EINE ROCKLEGENDE"

[The Forfar Desptach & Kirriemuir Herald]

106-107 Die Band AC/DC 1978 (von links nach rechts): Malcolm Young, Bon Scott, Cliff Williams, Angus Young und Phil Rudd. Die Zeitung aus Scotts Heimatstadt veröffentlichte 2006 einen Artikel anlässlich einer Gedenkfeier für die „Rocklegende", die 1980 starb.

IAN
CURTIS

[15. Juli 1956 – 18. Mai 1980]

Ian Curtis verbrachte fast sein ganzes Leben in Macclesfield, einer reizlosen, wenig einladenden Stadt in Cheshire in den nordenglischen Industriegebieten. Er wurde am 15. Juli 1956 in Manchester geboren und lebte bis 1973 bei seinen Eltern in ihrer Wohnung in Victoria Park in Macclesfield. Er liebte Musik, vergötterte David Bowie und Iggy Pop und arbeitete im Plattenladen Rare Records in Manchester.

Ian wuchs in einer vom Punk geprägten Generation auf, die durch die Musik ein Ausdrucksmittel für ihre Wut und ihr Gefühl der Einsamkeit gefunden hatte, die auch Ian stark empfand. Als Künstler kreierte er mit seiner Band Joy Division einen Stil, der die britische Musik zwei Jahrzente lang beeinflussen sollte.

Joy Division verzauberten das Publikum mit ihrer ätherischen Musik, Texten voller Hoffnungslosigkeit und einer verträumten, nach innen gerichteten Atmosphäre und füllten damit die Lücke, die der Punk zurückgelassen hatte. Die Kritiker verwendeten dafür immer häufiger den Begriff „düster". Doch vor allem war Ian Curtis einer der tragischsten, ungewöhnlichsten Menschen in der Geschichte der Rockmusik – ein Junge aus Macclesfield, der sich mit 23 dazu entschloss, seinem Leben ein Ende zu setzen.

Sein ganzes Leben war sehr schnell verlaufen: Er hatte schon mit 19 seine Schulfreundin Deborah Woodruffe geheiratet. Das Paar zog in die Barton Street 77 in Macclesfield, in das Haus, in dem Deborah Ian am Morgen des 18. Mai 1980 tot auffand. Ian hatte sich mit einer Wäscheleine erhängt, kurz bevor seine Band Joy Division auf Amerikatour ging. Was war in Curtis' Leben passiert?

Die Joy-Division-Songs „She's Lost Control" und „Love Will Tear Us Apart" erzählen uns von Ians Abstieg in die Dunkelheit. Seine Karriere als Rockstar begann mit einem überwältigenden Erweckungserlebnis, ausgelöst am 20. Juni 1976 auf dem zweiten Konzert der Sex Pistols in der Lesser Free Trade Hall in Manchester. Im Publikum waren ungefähr hundert Leute, darunter Ian Curtis, Bernard Sumner, Peter Hook und Terry Mason. Am nächsten Tag lieh sich Hook von seiner Mutter 35 Pfund und kaufte sich eine Bassgitarre.

Ian wollte Rocksänger werden und so antwortete er auf einen Aushang von Sumner in einem Plattenladen in Manchester. Damit suchte er nach einem Sänger für die Band, die er mit Peter Hook und Terry Mason gegründet hatte. Sie nannte sich Warsaw, nach einem Song von David Bowie („Warszawa" auf dem Album „Low"). Ihr erster Gig fand am 19. Mai 1977 im „Electric Circle" als Vorgruppe der Buzzcocks statt. Im August 1977 stieß Schlagzeuger Stephen Morris zur Band, die sich dann Joy Division nannte, inspiriert durch den verstörenden Roman, „Freuden-Abteilung!" von Ka-Tsetnik 135633, der beschrieb, wie Frauen in einem Lagerbordell eines Nazi-Konzentrationslagers missbraucht wurden, der sogenannten „Freuden-Abteilung!", auf Englisch „Joy Division".

Am Neujahrsabend 1978 gab die Band in Liverpool ihr letztes Konzert als Warsaw und wurde dann zu der Band, die eine der einflussreichsten Bands der nächsten drei Jahrzehnte werden sollte. Ian Curtis hatte in seinem Haus in der Barton Street Dutzende von Notizbüchern mit Gedichten und Songs gefüllt. Rockmusik wurde für ihn zu dem Medium, mit dem er sich ausdrücken und mit seinen Ängsten umgehen konnte. Und er fand mit Tony Wilson einen außergewöhnlichen Begleiter bei seinen Abenteuern. Der TV-Moderator und Journalist für Granada TV und die BBC war nämlich ebenfalls auf dem Konzert der Sex Pistols in der Lesser Free Trade Hall gewesen.

Curtis und Wilson lernten sich am 14. April nach einem Joy-Division-Gig im „Rafters Club" in Manchester kennen: Ian beschwerte sich, dass seine Band noch nie in Wilsons Fernsehsendung „So It Goes" auftreten durfte, und Wilson antwortete, sie seien als Nächstes dran. Im Juni 1978 veröffentlichten Joy Division die EP „An Ideal For Living" auf ihrem eigenen Label. Zwei Monate später spielten sie tatsächlich zwei Songs („Digital" und „Glass") von ihrer EP „A Factory Sample" bei „So It Goes". Die EP war die erste offizielle Platte von Factory Records, dem Label, das die Band mit Wilson gegründet hatte.

Mit der Zusammenarbeit von Factory Records und Joy Division begann eine Karriere, die beispielhaft für die Musikszene Manchesters, aber auch für den Indie-Rock der gesamten nachfolgenden britischen Musik wurde.

109 Joy Division wurden 1976 in Salford/Manchester gegründet. Ihre ersten Aufnahmen sind auf der EP „An Ideal for Living" zu finden, die sie 1978 selbst produzierten.

Aber Ian fand schon bald heraus, dass er dem Tode geweiht war: Nach einem Konzert im „Hope and Anchor" in London hatte er auf der Heimfahrt einen epileptischen Anfall. Epilepsie ist eine Krankheit, die sich ganz sicher nicht mit dem draufgängerischen, ausschweifenden Leben eines Rockstars verträgt. Ian spürte, dass er nicht sehr alt werden würde. Besonders ein Erlebnis beunruhigte ihn sehr. In der Anfangszeit der Joy Division war Ian auch Sozialarbeiter, zunächst arbeitete er in einer Arbeitsvermittlung, dann in einem Rehabilitationszentrum für Behinderte in Manchester. Eines Tages erschien eine Patientin, die an Epilepsie litt, nicht zu ihrem Termin. Sie hatte die Kontrolle über die Krankheit verloren und war gestorben.

Ian wurde panisch. Auf der Bühne imitierte er in einem makabren Tanz die Bewegungen und Muskelzuckungen eines epileptischen Anfalls. Häufig löste das Flackern des Stroboskop-Lichts in den Clubs einen Anfall bei ihm aus, aber das Publikum wusste nie, ob er wirklich einen hatte oder nur tanzte. Die Ärzte verschrieben ihm Phenobarbiton, ein Medikament mit starken Nebenwirkungen. Ian bekam schwere Depressionen, während Joy Divisions Welt um ihn herum explodierte. 1979 nahm die Band ihr erstes Album auf: „Unknown Pleasures", mit dem legendären Cover von Peter Sackville.

Es verkaufte sich 10.000 Mal. Dadurch verwandelte sich Factory Recods – so Tony Wilson, der die Aufnahmen aus eigener Tasche vorfinanziert hatte – in eine revolutionäre Kraft, die das gesamte britische Plattengeschäft von innen unterlaufen konnte. Die 10.000 Exemplare sollten zum Manifest einer ganzen Generation von Bands werden, diesem verzerrten und elektronischen Rocksound bis heute treu geblieben sind.

Joy Division ging daraufhin auf eine Englandtournee mit 24 Konzerten, gefolgt von einer kurzen Europatour.

Aber Ian Curtis war krank. Seine Anfälle wurden immer massiver. Und sein Leben zerbrach, als er im Oktober 1979 nach einem Konzert in Brüssel die Journalistin Annik Honoré kennenlernte und sich in sie verliebte. „Love Will Tear Us Apart": Seine Untreue zerstörte die Ehe der beiden jungen Menschen aus Macclesfield. Deborah verlangte die Scheidung.

Doch da musste noch das neue Album, „Closer", aufgenommen werden. Zudem stand eine Amerika-Tournee an, die Joy Division dort zum Durchbruch verhelfen konnte. Das war zu viel Druck für einen so zerbrechlichen Menschen. Am 7. April 1980 unternahm Ian mit Phenobarbiton seinen ersten Selbstmordversuch, erzählte jedoch Deborah davon. Sie brachte ihn ins Krankenhaus und rettete ihm so das Leben.

Am folgenden Tag sollte die Band in der Derby Hall in Bury auftreten. Simon Topping von A Certain Ratio sprang zeitweise für Ian ein, doch das löste im Publikum starke Proteste aus, die in einem Tumult endeten. Obwohl viele Auftritte abgesagt werden mussten, drehten Joy Division noch ein Video zur Single „Love Will Tear Us Apart". Ihr letzter Gig fand am 2. Mai 1980 an der Birmingham University statt. Der letzte Song, den Ian je sang, war „Digital".

Am 19. Mai sollte die Band zu ihrer ersten Amerika-Tournee aufbrechen. Doch Ian kam nicht. Niemand weiß, ob ihn die Verzweiflung plötzlich überwältigte oder ob er den Selbstmord geplant hatte. In ihrem Buch „Aus der Ferne" meint Deborah, dass Ian der Tournee nur zugestimmt hatte, weil er schon wusste, dass er niemals ins Flugzeug steigen würde, und nicht etwa seinen Bandmitgliedern oder Factory Records zuliebe.

Deborahs und Ians Tochter Natalie, eine Fotografin, und die anderen Mitglieder von Joy Division sehen die Schuld in den Medikamenten, die er gegen seine Epilepsie einnahm – sie schienen ihm den Lebenswillen zu rauben. Ian wusste, dass er nie wieder ganz gesund werden und bald sterben würde, so wie einst die Frau aus Macclesfield. Am allerliebsten wollte er mit Deborah und der kleinen Natalie zusammen sein, ein Rockstar werden, Musik machen und ein Leben führen – doch das schien ihm unerreichbar zu sein. So verlor er in einer einzigen Nacht komplett die Hoffnung. Eine tragische Nacht, über die der Fotograf Anton Corbijn 2007 meisterhaft in seinem Film „Control" erzählte.

Ian Curtis war allein in seinem Haus in der Barton Street, in dem er schon seit längerem nicht mehr wohnte. Er lebte im Haus seiner Eltern und hatte es Deborah überlassen, die nachts in einem Club kellnerte. An diesem Abend hatte er sie nur kurz besuchen wollen, und sie hatten sich über ihre Liebe, ihre Tochter und ihre bevorstehende Scheidung unterhalten, zu der Deborah fest entschlossen war. Sie ging zur Arbeit und Ian sah sich „Stroszek" an, einen Film von Werner Herzog, der die Geschichte eines Selbstmordes erzählt. Als Deborah im Morgengrauen nach Hause kam, war Ian noch wach.

Sie bot ihm an, bei ihm zu bleiben, aber er bat sie, zu gehen und nicht vor 10.00 Uhr wiederzukommen, wenn er schon im Zug nach Manchester saß. Er blieb zurück und hörte noch eine letzte Platte, Iggy Pops „The Idiot". Dann schrieb er einen langen Liebesbrief an Deborah. Als diese zurückkam, parkte sie vor dem Haus und ließ Natalie im Wagen warten. Sie fand Ian in der Küche, wo er sich erhängt hatte.

Schon als Ian noch ein Junge war, hatte er oft gesagt, dass er ein kurzes und intensives Leben leben und noch vor seinem 25. Geburtstag sterben würde. In seinen Grabstein in Macclesfield ließ Deborah den Titel seines berühmtesten Songs gravieren: „Love Will Tear Us Apart".

JOHN BONHAM

[31. Mai 1948 – 25. September 1980]

113 John „Bonzo" Bonham 1974. Robert Plant sagte über ihn: „John war der beste Drummer der Welt. Das hat er mir selbst gesagt."

Er ähnelte eher einem wilden Tier als einem Menschen, und so trug er den Spitznamen „The Beast". John „Bonzo" Bonham war der kraftvollste Rock-Drummer überhaupt und überspannte den Bogen gewaltig. Seine Band eroberte die Welt mit ihrem zornigen Hardrock-Sound, der einmal als „Hammer of the Gods" bezeichnet wurde, im Sturm. Diese Band hieß Led Zeppelin. Robert Plant, Jimmy Page, John Paul Jones und John Bonham benahmen sich wie Götter, sie stürzten sich kopfüber in den Lebensstil des Rock 'n' Roll und schienen unverwundbar zu sein. Das traf ganz besonders auf Bonham zu, der immer spielte, als ob die Welt um ihn herum zusammenbrach. Doch am Ende brach er zusammen, erdrückt von einem Lebens voller Exzesse.

John Henry Bonham wurde 1948 im englischen Redditch geboren. Er nahm nie professionellen Schlagzeugunterricht, sondern trommelte einfach auf allem, was ihm in die Finger kam – von den Töpfen seiner Mutter bis zu einer „Trommel", die sein Vater aus einer Blechkaffeedose gebastelt hatte. Als Teenager stieg John in das Baugeschäft seines Vaters ein, spielte jedoch gleichzeitig in verschiedenen örtlichen Bands wie Terry Webb and the Spiders, The Nicky James Movement und The Senators. Dann stieß er zu Robert Plants erster Band, den Crawling King Snakes.

John und Robert wurden sofort Freunde: Jeder nannte ihn nur noch „Bonzo", nach einem englischen Zeichentrick-Hund. John verehrte Ginger Baker von Cream und Keith Moon von The Who und er spielte mit der gleichen Kraft. Zudem kleidete er seine Trommeln mit Alufolie aus, um den explosiven Klang eines Maschinengewehrs nachzuahmen. Viele Clubs weigerten sich, ihn zu engagieren, weil er zu laut war. Darum entwickelte Bonham einen weicheren Sound und lernte, zwar laut, aber nicht mehr so hart zu spielen. Als einer der ersten Drummer spielte er Solos mit bloßen Händen.

Als Robert Plant die Band of Joy gründete, war Bonzo als Schlagzeuger seine erste Wahl. Die Band sicherte sich Termine in Londoner Clubs wie dem „Speakeasy" und war Vorgruppe auf der England-Tournee des Sängers Tim Rose. Plant und Bonzo spielten gerne zusammen, doch die Band of Joy trennte sich bald wieder und Bonzo ging als Drummer zu Tim Roses Band. Doch eines Abends im Jahr 1968 trafen sich Robert und John in Oxford wieder.

Robert hatte seinem Freund eine Menge zu erzählen: Er hatte eine außergewöhnliche Band gefunden, Jimmy Pages New Yardbirds. Bonzo war nicht erpicht auf einen Wechsel, denn er verdiente bei Tim Rose 40 Pfund pro Woche. Aber im Juli 1968 hörte Jimmy Page Bonzo im „Country Club" in London zum ersten Mal spielen und wusste sofort, wie seine neue Band klingen sollte. Bonhams Einstieg in die Band wurde zur Legende. Da er kein Telefon hatte, bombardierte Page ihn im wahrsten Sinne des Wortes mit Telegrammen, die er an Johns Lieblingsclub „Three Men in a Boat" in Walsall schickte und in denen er ihn bat, in seiner Band zu spielen. Aber Bonzo war immer noch nicht überzeugt, denn er bekam auch Angebote von Joe Cocker und Joe Farlowe. „Ich dachte, die Yardbirds wären am Ende, aber ich wusste, dass Page ein toller Gitarrist war. Außerdem war Plant ein Freund vor mir, also kam ich zu dem Schluss: Es wäre doch toll, in einer guten Band zu spielen."

So wurde John Bonham der Drummer der New Yardbirds. Auch ein neuer Bassist, John Paul Jones, kam dazu. Jones erzählte später, wie sie sich zum ersten Mal in einem winzigen Raum getroffen hatten, um zu testen, ob sie gut zusammenspielen konnten, und sich schließlich auf „Train Kept A-Rollin" einigten. Bonzo trommelte und der Raum explodierte: „Sobald ich John spielen hörte", sagte Jones, „wusste ich, dass es super werden würde." Am 14. September reiste die Band nach Kopenhagen und begann dort ihre Skandinavien-Tournee, die zur Geburtsstunde von Led Zeppelin wurde.

Zwischen 1968 und 1979 nahm die Band neun Alben auf – von „Led Zeppelin" bis zu „In Through the Out Door". Mit einer Reihe sensationeller Tourneen eroberte sie Amerika im Sturm und wurde zur besten Rockband der Welt. Bis zu jenem Tag, an dem die Schubkraft hinter ihrem Sound versiegte und „The Beast" John Bonham starb. Der Mann, der zum Inbegriff der Exzesse und Verrücktheiten von Rockstars geworden war, wurde nur 32 Jahre alt.

Im April 1980 begann die Band mit den Proben für eine kurze Europa-Tournee zum Album „In Through the Out Door", die mit zwei Auftritten in Knebworth Park in England vor über 100.000 Leuten endete. Ursprünglich waren allein im Juni 14 Auftritte geplant: in Deutschland, den Niederlanden, Belgien und der Schweiz – die ersten auf dem europäischen Kontinent seit 1973. Dieses Mal ging es nicht darum, Alben zu verkaufen oder durch ein spektakuläres Bühnenbild zu beeindrucken, sondern nur um die reine „Power" und die geheimnisvolle Ausstrahlung von Led Zeppelin und ihrem „Hammer of the Gods"-Sound.

Doch ihr Lebensstil und die Drogen waren der Band bereits zum Verhängnis geworden. Bonzo wurde immer fetter; er nahm zwar kein Heroin mehr, trank aber exzessiv. Auf der Verleihung der Preise der Zeitschrift „Melody Maker" war er völlig betrunken. Led Zeppelin hatten zwar eindeutig gewonnen, doch er erklärte, dass eigentlich Police die beste Band des Jahres sei und sang lauthals den Refrain von „Message in a Bottle". Am 27. Juni wurde er auf einem Konzert in Nürnberg nach dem dritten Song ohnmächtig.

Einige Tage später kam er in Frankfurt plötzlich bei „White Summer" hinter seinem Schlagzeug hervor und umarmte Ahmet Ertegün, den Präsidenten von Atlantic Records. Die Tournee endete am 7. Juli 1980 in Berlin.

Zwei Monate später kam die Band erneut zusammen, um im Old Mill House, Jimmy Pages Haus in Clewer, für die anstehende Amerika-Tournee zu proben. Die Musiker wollten zeigen, dass sie immer noch die beste Band der Welt waren. In einem Interview sagte Jimmy Page, er habe das Gefühl, sie hätten immer noch eine Menge zu geben, und dass die Existenz der Band auf einer immer noch gültigen Wette basiere. Doch die Geschichte von Led Zeppelin endete mit der Nacht, in der ihr Drummer seine letzten Exzesse auslebte.

Am 24. September 1980 wollte Rex King, der Assistent der Band, Bonham in seinem Landhaus, der Old Hyde Farm, abholen. Bonzo wollte kurz vor der Probe noch in einen Pub. Obwohl er das Beruhigungsmittel Motival gegen seine Angstattacken nahm, trank er munter weiter.

Im Pub bestellte er seine ureigene Frühstücksvariante: zwei Schinken-Sandwiches und vier vierfache Wodka-Orange. Im Studio trank er weiter, bis er nicht mehr spielen konnte. Das war sehr ungewöhnlich, denn in zwölf Jahren hatte er noch nie eine Probe oder einen Auftritt von Led Zeppelin

verpasst. Aber dieses Mal schaffte er es nicht.

Die Band fuhr zu einer kleinen Party ins Old Mill House. Bonham trank noch einmal zwei oder drei doppelte Wodkas und schlief dann auf dem Sofa ein. Jimmy Pages Assistent Rick Hobbs kannte solchen Szenen schon und schleppte Bonzo in ein Schlafzimmer. Dort legte er ihn auf die Seite und bettete seinen Kopf auf ein paar Kissen. Zum zigsten Mal wartete die Band darauf, dass das „Beast" wieder nüchtern wurde. Aber das passierte diesmal nicht. Um 14.00 Uhr fand Benji LeFevre, ein weiterer Assistent der Band, Bonzo tot in seinem Schlafzimmer. Er lag immer noch auf der Seite, aber Hobbs' Vorsichtsmaßnahmen waren vergeblich gewesen:

John Bonham war an seinem eigenen Erbrochenen erstickt.

Wie konnte das passieren? Die einzige Erklärung war die immense Menge an Alkohol, die er getrunken hatte und die wohl jeden umgebracht hätte. Doch viele Leute und ganz besonders die Presse glaubten das nicht. Led Zeppelin waren immer von einer rätselhaften und düsteren Aura umgeben gewesen. Der Tod John Bonhams schien

der letzte Beweis dafür zu sein. Schließlich war Jimmy Page Okkultist und sammelte Gegenstände, die einmal Aleister Crowley gehört hatten, einem berühmten Okkultisten und Mystiker.

Außerdem kaufte Page eine Villa am Loch Ness in Schottland. Ein Fanmagazin behauptete, an Johns Todestag sei von Pages Haus dicker schwarzer Rauch aufgestiegen. Auch die „London Evening News" wollte wissen, dass Bonham durch Pages schwarze Magie gestorben sei. Die Polizei durchsuchte Pages Villa, konnte dort aber nichts Verdächtiges finden. Ein Arzt stellte als Todesursache eine Alkoholvergiftung fest.

John Bonham wurde in Rushock beerdigt, ganz in der Nähe seiner Farm. Er hinterließ seine Frau Pat und die beiden Kinder Jason und Zoe.

War sein Tod ein Unfall oder Schicksal? Led Zeppelin wollten ohne Bonzo nicht mehr weiterspielen. Am 4. Dezember 1980 gab die Band ihre Auflösung bekannt: „Wir möchten mitteilen, dass der Verlust unseres lieben Freundes, im harmonischen Einvernehmen mit unserem Manager, zu dem Entschluss geführt hat, dass wir nicht weitermachen können wie bisher."

FRIDAY, SEPTEMBER 26, 1980

ROCK GROUP'S FEARS AFTER TRAIL OF TRAGEDY

'Black magic vengeance killed Zeppelin star'

BONHAM . . . mystery death.

THE death of Led

"It sounds crazy, but Robert

114 John Bonham 1978 während der Amerika-Tournee von Led Zeppelin. Bonham sagte: „Ich schreie gerne, wenn ich da draußen spiele. Ich schreie wie ein Bär, um der Sache mehr Schwung zu geben. Ich will, dass unser Auftritt wie ein Donnerwetter ist."

115 oben 17. Mai 1975: Led Zeppelin bei einem Auftritt in Earl's Court in London: Robert Plant, Jimmy Page, John Paul Jones und John Bonham.

115 unten Die Schlagzeile der „Evening News", die Jimmy Page und seine Vorliebe für schwarze Magie und Okkultismus für Bonzos Tod verantwortlich macht.

DARBY CRASH

[26. September 1958 – 7. Dezember 1980]

Ein Selbstmord-Pakt – das war die traurige Geschichte von Darby Crash. Das Leiden junger weißer Amerikaner, das sich zu einer Tragödie auswächst – mit Hilfe von Heroin.

Jan Paul Beahm war am 7. Dezember 1980 zwar erst 22 Jahre alt, glaubte aber trotzdem, keine Zukunft zu haben. Sein Leben war eine einzige Katastrophe gewesen. Er war mit einer alkoholkranken Mutter aufgewachsen und glaubte, dass sein Vater ihn verlassen hätte. Doch später fand er heraus, dass sein leiblicher Vater ein schwedischer Matrose war. Auf der Suche nach seiner Identität änderte er seinen Namen erst in Bobby Pyn und später in Darby Crash. Und dann entdeckte er den Punk für sich und das Heroin, das zu seiner großen Leidenschaft wurde.

Trotzdem schaffte es Darby, eine Legende in der Punk-Szene von Los Angeles zu werden. Dies hatte er der Band zu verdanken, die er 1977 zusammen mit seinem Freund Georg Ruthenberg (besser bekannt als Pat Smear) gegründet hatte: The Germs – eine chaotische, laute Band, total außer Kontrolle. In ihren Konzerten entluden sich explosionsartig Irrsinn und Gewalt: Darby Crash sang überall, nur nicht ins Mikrofon, er verletzte sich selbst auf der Bühne wie sein Idol Iggy Pop und heizte das Publikum bis zum Siedepunkt an.

Und es gab Alkohol und Heroin im Übermaß. The Germs nahmen zwar nur zwei Singles auf, dazu ein Demoband und ein offizielles Album namens „(GI)" (1979 produziert von Joan Jett von The Runaways), doch sie hatten einen großen Einfluss auf alle späteren amerikanischen Indie-Rocker. Viele Leute halten „(GI)" für das erste Hardcore-Album überhaupt. Aber Darby Crash wollte schon mit 22 Jahren nicht mehr leben. Das sagte er zu Pat Smear und seinen anderen Freunden. Am 3. Dezember 1980 gaben The Germs dann ein Konzert im „Starwood Club" in Los Angeles.

Zuvor war die Band in die Brüche gegangen und kam dann wieder zusammen. An diesem Abend sagte Darby dem Publikum: „Ihr werdet uns nicht mehr wiedersehen." Angeblich hatte er das Konzert nur organisiert, um genug Geld für seine Überdosis zusammen zu bekommen: China White, besonders reines Heroin für 400 Dollar. Nur eine wusste, was passierte: seine Freundin Casey Cola, denn die beiden hatten einen Selbstmordpakt geschlossen und wollten gemeinsam an einer Überdosis sterben. Darby setzte sich den Schuss und fing an, einen Abschiedsbrief zu schreiben – „Hier liegt Darby C…" Doch er wurde nicht mehr fertig. Darby fiel zu Boden und starb. Casey überlebte die Überdosis. Der kalifornische Punk hatte seinen Märtyrer bekommen.

117 Jan Paul Beahm, bekannt als Darby Crash, am 3. Dezember 1980 bei einem Auftritt mit der Darby Crash Band im „Starwood Club" in Los Angeles. Vier Tage später starb Darby an einer Überdosis Heroin. Der „Observer" berichtete über seinen Tod.

„TOD UND NACHLEBEN
EINES PUNKS
AUS L.A."

[The Observer]

JOHN

LENNON

New York – die Stadt, die niemals schläft, die dich sprachlos macht und dich in ihrem frenetischen Strudel verschlingt. New York, das dich vielleicht sogar umbringen kann. Besonders, wenn du während des Zweiten Weltkriegs in Liverpool geboren und zu einer lebenden Legende geworden bist, einem wohlhabenden Guru und dem kritischen Gewissen des 20. Jahrhunderts.

John Lennon und der Big Apple hatten eine seltsame Beziehung zueinander. Sie endete ganz plötzlich am Abend des 8. Dezember 1980 vor dem Dakota Building auf der Upper West Side in New York, an der nordwestlichen Ecke von 71st Avenue und Central Park West. Mark David Chapman gab fünf Schüsse ab, vier davon trafen Lennon.

Der ehemalige Beatle ging zu Boden. Für immer. Er, der jetzt sehr lange in Manhattan bleiben wollte, denn seine Greencard war nach einer langen gerichtlichen Auseinandersetzung endlich angekommen und seine Familie war vereint. John sagte oft: „Hätte ich zu Zeiten der Römer gelebt, hätte ich in Rom gelebt. Wo sonst? Heutzutage ist Amerika das Römische Reich und New York ist das neue Rom."

Seine erste Adresse in New York war die 105 Bank Street in Greenwich Village, nur einen Steinwurf entfernt von der White Horse Tavern, einer Stammkneipe von Dylan Thomas und Jack Kerouac. Zu dieser Zeit war Lennon Solo-Künstler und trat zusammen mit Yoko Ono auf. Es war die Zeit ihres „Bed-ins für den Frieden" und anderer pazifistischer Proteste. Im September 1971 veröffentlichte Lennon „Imagine", im Sommer 1972 „Sometime in New York City", gefolgt von „Mind Games" im nächsten Jahr. Künstlerische Produktivität und die City.

John war verrückt nach New York und nach Yoko, und verließ doch beide für „nur" 18 Monate. Er nannte diese Zeit sein „verlorenes Wochenende" in Los Angeles (mit jeder Menge Ausschweifungen und Rock 'n' Roll mit alten und neuen Freunden wie zum Beispiel Elton John). Dann kehrte John nach Manhatten zurück, um sich mit aller Zeit und Kraft seiner Frau und seinem Sohn Sean zu widmen, der 1975 geboren wurde. Er nahm eine fünfjährige „Auszeit" von der Musik, vom Rampenlicht und den Kämpfen mit den Massenmedien. Danach feierte er sein Comeback: Im Oktober 1980 kam die Single „(Just Like) Starting Over" heraus, einen Monat später folgte das Album „Double Fantasy".

In seinem letzten Interview vom Morgen des 8. Dezember 1980 – er war gerade vierzig geworden – gab er bekannt, dass er von jetzt an wieder voll arbeiten wolle, und zwar allein, wie er es auch bei den Beatles getan hatte, selbst wenn Paul und er ins gleiche Mikrofon gesungen hatten. Lennon war immer einen Schritt voraus gewesen, hatte immer „noch eine neue Idee" und es störte ihn nicht, wenn sie nicht funktionierte. Er träumte vom Frieden und von einer Welt, in der die Menschen sich liebten und es keinen Krieg gab. Er glaubte an eine Welt ohne Himmel oder Hölle und frei von Religion. Dieser letzte Punkt war fatal. Mark David Chapman, ein geistig verwirrter, 25-jähriger Mann, Beatles-Verehrer, aber auch fanatischer Christ, plante nach dieser und anderen Aussagen John Lennons einen Mordanschlag auf ihn.

Am 5. Dezember kam er aus Honolulu nach New York und war fest entschlossen, John umzubringen. Er war davon überzeugt, dass Lennon zu einem Feind geworden war, einem reichen Bürgerlichen, der seine Ideale verraten hatte und jetzt in einem Luxusappartment wohnte. Chapman wollte so berühmt werden wie Lennon, indem er ihn für immer beseitigte. Vom frühen Morgen an wartete er vor dem Haus und hatte eine Ausgabe von J.D. Salingers berühmtem Roman „Der Fänger im Roggen" bei sich. Um 17:00 Uhr verließ Lennon das Gebäude, um in ein Aufnahmestudio zu fahren. Chapman bat ihn um ein Autogramm auf einem Exemplar von „Double Fantasy". „Ist das alles?", fragte Lennon. „Brauchst du sonst noch etwas?"

Der Fotograf Paul Goresh machte in genau diesem Moment ein berühmtes Foto von Opfer und Täter. „Zu diesem Zeitpunkt wollte ich eigentlich zurück in mein Hotel", erklärte Chapman, „aber ich konnte nicht. Ich wartete, bis er zurückkam. Er wusste, ‚wohin die Enten im Winter gehen', und das musste ich einfach auch wissen." Das war ein Zitat aus Salingers Buch, das er liebte. Er stand vor dem Gebäude und wartete in der Dunkelheit auf Lennon. Um 22:49 Uhr stieg John vor dem Dakota Building aus dem Auto. Chapman rief noch: „Mr. Lennon" – dann erschoss er ihn. John blieb liegen. Seine Brille und ein Demoband des Songs „Walking on Thin Ice" lagen bei ihm. „Ich möchte Sean noch sehen, bevor er ins Bett geht", hatte er eben noch zu Yoko Ono gesagt.

119 1964: John Lennon bekommt Fanpost. Die „Beatlemania" war die erste Massenhysterie von Fans in der Geschichte der Rockmusik. Der Begriff wurde zum ersten Mal am 2. November 1963 im „Daily Mirror" verwendet.

120 25. März 1969: Fünf Tage nach ihrer Hochzeit empfingen John Lennon und Yoko Ono Journalisten in ihrem Hotelzimmer (Nr. 702) im Hilton in Amsterdam. Dies war das erste „Bed-in", eine Art künstlerischer Performance des Paares, um gegen den Vietnamkrieg zu protestieren. John und Yoko blieben bis zum 31. März im Bett.

120-121 The Beatles 1964: Ringo Starr, Paul McCartney, John Lennon und George Harrison. Ringo stieß 1962 als Ersatz für Pete Best zur Band.

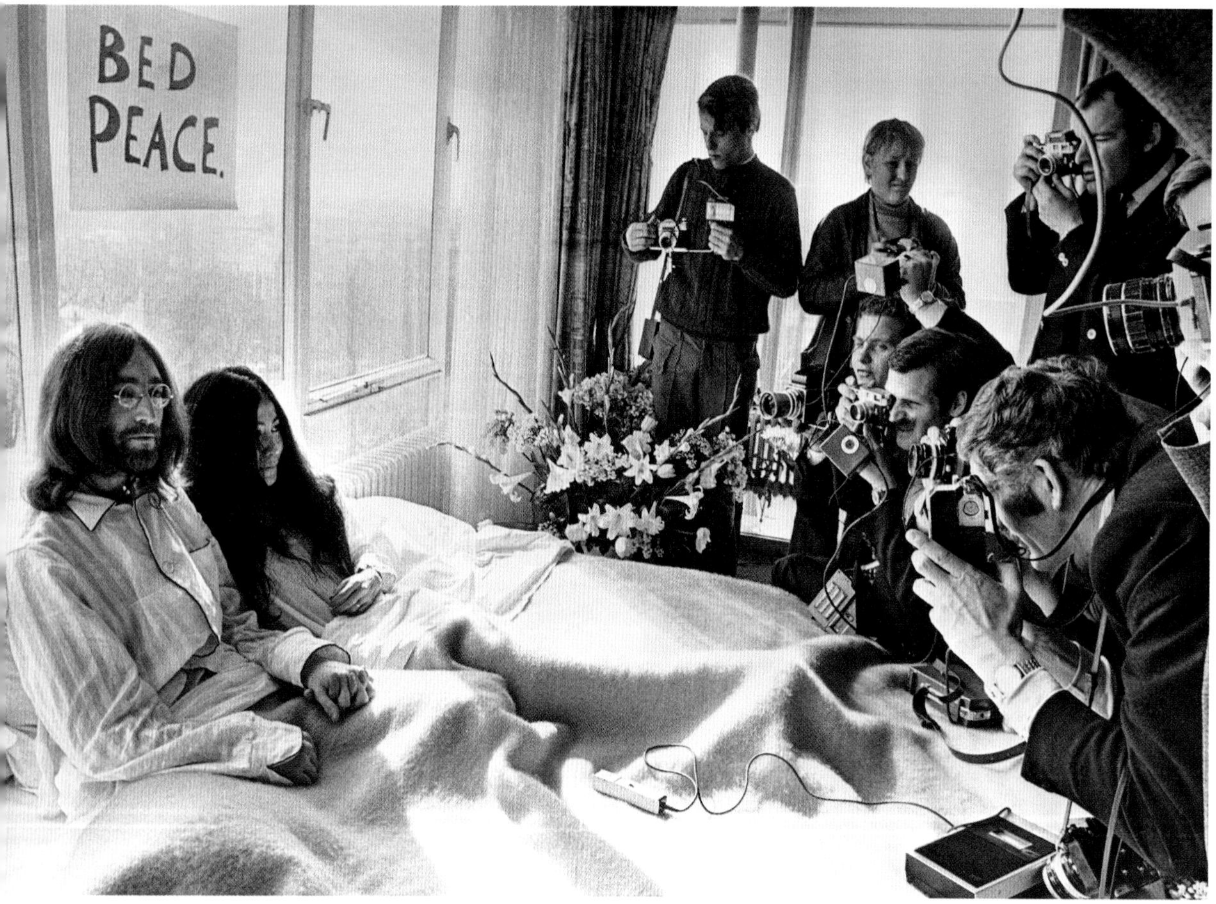

JOHN LENNON shot dead in New York Dec 8 1980

DEATH OF A HERO

SUPERSTAR: One of the last pictures of ex-Beatle John Lennon, taken in New York three weeks ago.

PLEASE TURN TO PAGES TWO and THREE

LENNON AND HIS KILLER

Mail Picture Exclusive-The autograph that led to murder

MONEY MAIL TODAY

Daily Mail WEDNESDAY, DECEMBER 10, 1980 12p

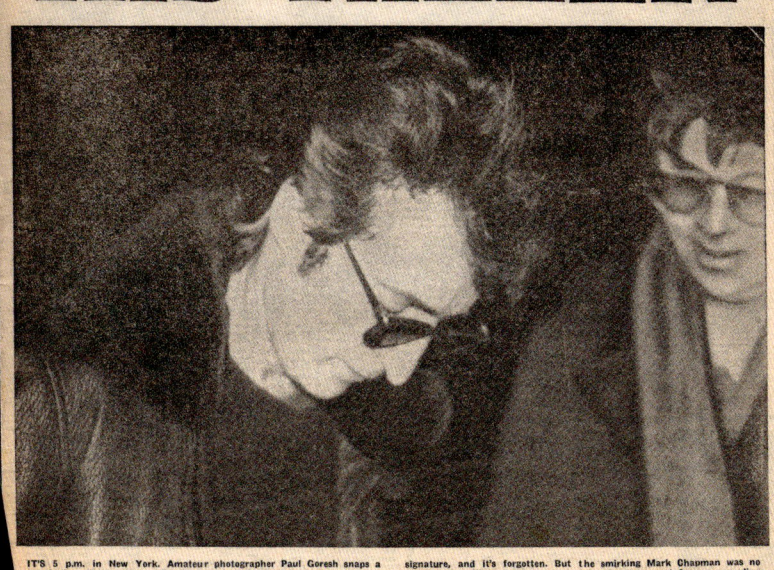

IT'S 5 p.m. in New York. Amateur photographer Paul Goresh snaps a seemingly ordinary moment in the life of ex-Beatle John Lennon. Outside his home, the elegant Dakota apartment building, a stranger mumbles a request for an autograph, just like countless thousands before. A scribbled signature, and it's forgotten. But the smirking Mark Chapman was no ordinary fan. When Lennon returned to the same spot from a recording session, he was again waiting—with a gun. Chapman stepped from the shadows and callously and cooly gunned the singer down. It was 11 p.m. in New York...

INSIDE : Lennon Assassination 2, 3, 23, 24, 25, 26, World Weather 2, Lynda Lee-Potter 7, Diary 17, TV Guide 32, 33, Prize Crossword 39, Classified 42, 43

123 oben Die Titelseite der „Daily Mail" Goreshs Foto von John Lennon und seinem Mörder Mark David Chapman. Nachdem er Lennon erschossen hatte, wartete Chapman am Tatort auf die Polizei und las in J.D. Salingers „Fänger im Roggen", seinem Lieblingsbuch.

123 unten An seinem letzten Arbeitstag als Sicherheitswachmann in Honolulu trug sich Chapman als John Lennon in die Anwesenheitsliste ein. Dann begab er sich auf seine tödliche „Mission".

124 und 124-125 Am 14. Dezember 1980 folgten Millionen Menschen auf der ganzen Welt Yoko Onos Aufruf zu zehn Schweigeminuten im Gedächtnis an John Lennon. In New York City versammelten sich über 200.000 Fans im Central Park vor dem Dakota Building. Mindestens zwei Beatles-Fans nahmen sich nach Lennons Tod das Leben und Yoko Ono sah sich gezwungen, sich in der „Daily News" gegen solche unbesonnenen Aktionen auszusprechen.

126-127 Das John-Lennon-Museum in Saitima/Japan. Es wurde am 9. Oktober 2000 eingeweiht, an dem Tag, an dem John Lennon 60 Jahre alt geworden wäre, und am 30. September 2010 wieder geschlossen. „Leben ist das, was einfach passiert, während du eigentlich ganz andere Pläne hast", sagte Lennon einmal.

Reagan selects 8 for cabinet posts
Page 3

Say Iran to reject U.S. hostage offer
Page 3

DAILY NEWS
Tonight
THURSDAY NIGHT EDITION

CLOSING STOCKS
Late Racing

25¢

New York, December 12, 1980

Yoko phones Daily News

Begs fans: Stop the suicides

Yoko Ono—photo from files

By DON SINGLETON
©Copyright 1980, New York News Inc.

In a voice shaking with emotion, Yoko Ono today urged the grieving fans of her slain husband not to surrender to despair, and specifically not to commit suicide—as two American fans already have done.

As she spoke, her voice cracked often with emotion. "It's hard,"

she said in a telephone call to the Daily News. "I wish I could tell you how hard it is. I've told Sean (Lennon's 5-year-old son), and he's crying. I'm afraid he'll be crying more."

"People are committing suicide," she told The News. "They are sending me telegrams saying that this is the end of an era and everything. I'm really so concerned."

But she continued:

"But this is not the end of an era. 'Starting Over' still goes. The '80s

See **YOKO** Page 4

Play Zingo! The $100,000 prize game-Page 12

BOB
MARLEY

129 Bob Marley, 1979 in Jamaika fotografiert. Er sagte, Reggae würde zu einer Art Kampf werden, falls er das nicht schon sei. Seiner Meinung nach war Reggae die Musik der Dritten Welt, die man nicht nach nur einem einzigen Tag verstehen konnte. Stattdessen sollte man jeden Tag ein bisschen davon hören und die Musik dann in sich wachsen lassen.

„Ich wurde nicht unterrichtet, ich wurde inspiriert. Hätte ich Unterricht gehabt, wäre ich ein verdammter Schwachkopf geworden." Bob Marley war der erste Superstar aus der Dritten Welt, ein Künstler, der die traditionelle Musik seines Landes Jamaika auf der ganzen Welt zum Erfolg führte. Er wurde zu einem Vorbild für sein Volk und die Weltöffentlichkeit, die sich mit seinen Botschaften von Frieden und Toleranz und seinen Protesthymnen gegen die Ungerechtigkeit der modernen Gesellschaft identifizierten.

Und sein abenteuerliches Leben hatte alles, was eine Legende ausmacht: Tuff Gong (sein Spitzname und der Name seines eigenen Plattenlabels), der kriegerische Musiker, der Prophet der Rastafari-Religion und Poet einer gerechteren Welt. Dieses Leben endete am 11. Mai 1981, als Bob Marley erst 36 Jahre alt war.

Robert Nesta Marley wurde als Sohn der Jamaikanerin Cedella Booker und des britischen Marineoffiziers Norval Sinclair Marley im Dorf Nine Mile auf Jamaika geboren. Er behauptete stets, er sei in Babylon geboren, als Nachkomme von Sklaven, und dass die Weißen die Schwarzen ausbeuteten. Mit zwölf Jahren zog Bob in die Hope Road 56 in Trench Town, einem Armenviertel von Kingston und Zentrum der größten Rastafari-Gemeinde in Jamaica.

Bob hatte mit den „Sufferah", jungen Gang-Mitgliedern, auf der Straße gelebt. Er hörte Rhythm & Blues, besuchte die Wettbewerbe zwischen den Soundsystemen der ersten Rocksteady DJs und entdeckte instinktiv die Musik als sein Ausdrucksmittel. Zusammen mit seinem Freund Neville „Bunny" Livingston sang er unter einem Baum in der Hope Road und begleitete sich mit einer Gitarre mit einer Sardinenbüchse als Körper und Telefondrähten als Saiten.

Seine erste Single „Judge Not" nahm er 1962 für das Label Beverley's auf, das seinem Produzenten Leslie Kong gehörte. Bei einer Jam Session mit Joe Higgs traf er einen weiteren kämpferischen Musiker: Peter McIntosh (später bekannt als Peter Tosh). 1963 gründeten Bob, Peter Tosh, Bunny Livingstone (alias Bunny Wailer), Junior Braithwaite, Beverley Kelso und Cherry Smith die Band The Teenagers, die sie dann in The Wailers umbenannten. Diesen Namen wählten sie, so erklärte die Band später, da sie aus dem Ghetto kamen und die armen Leute dort jammerten (englisch „wail"), weil ihnen keiner hilft. Und sie seien die Einzigen, die die Gefühle dieser Menschen wirklich zum Ausdruck bringen könnten.

The Wailers nahmen „Simmer Down", einen ihrer ersten Protestsongs, auf, unterschrieben einen Vertrag beim Label Studio One von Coxsone Dodd und wurden langsam bekannt in Jamaika. 1966 heiratete Marley Rita Anderson und zog dann zu seiner Mutter in die USA, wo er in einer Chrysler-Fabrik in Wilmington/Delaware arbeitete. Zurück in Jamaika, beschloss er, sein Leben dem Reggae zu widmen. Er arbeitete zusammen mit dem Produzenten Lee Scratch Perry und lernte dann Chris Blackwell kennen, den Gründer von Island Records.

Blackwell spürte, dass The Wailers die Musikszene verändern konnten. Marley hatte begonnen, eine neue Form des Reggae zu schaffen, die vielfältiger war und einen internationalen Touch hatte. Er integrierte Elemente von Blues und Rock und ersetzte den schweren Bass- und Trommelrhythmus durch Gitarre und Melodie als Basis der Musik.

1972 veröffentlichte Island Records das erste Album der Wailers, „Catch a Fire", in England. Darauf folgte „Burnin'" (1973). Bereits ein Jahr später, nach zwei sehr erfolgreichen Tourneen durch Amerika, war Bob Marley zu einer festen Größe geworden, mit der sich andere messen mussten. Eric Clapton erkannte als Erster, welche Bedeutung die Reggae-Revolution hatte, die Marley angezettelt hatte. Daher nahm er eine Coverversion von „I Shot The Sheriff" auf. Peter Tosh und Bunny Wailer verließen die Band und 1974 veröffentlichte Marley „Natty Dread". Dank des Titels „No Woman, No Cry" schaffte es das Album bis in die amerikanischen Top Ten. 1976 folgte das erfolgreiche „Rastaman Vibration", ein Album voller purem Reggae-Mystizismus, das einen seiner genialsten Songs enthielt: „War".

Marley war nun ein internationaler Star. In Jamaika hielt man ihn für einen Rastapropheten, das weiße Establishment hielt ihn dagegen für eine Bedrohung. Am 3. Dezember 1976 wurde er bei einem Anschlag auf sein Haus von Unbekannten angeschossen. Daraufhin verbrachte er freiwillig zwei Jahre im selbstgewählten Exil in London, wo er „Exodus" (1977) aufnahm, sein stärkstes und perfekteste Album, auf dem er sich vom Reggae von „Jammin'" zum biblischen Mystizismus von „Exodus" hin entwickelt: „Wir wissen, wohin wir gehen, uh!/Wir wissen, woher wir kommen./Wir verlassen Babylon,/Wir gehen in das Land unserer Väter."

1978 erschien „Kaya", ein Album, das komplett dem Marihuana und seinen mystischen und spirituellen Eigenschaften gewidmet war. In der Zwischenzeit brachten Marley und die Wailers mit Tourneen durch Europa und Amerika weiterhin ihre Reggae-Show einem internationalen Publikum näher.

Die besondere Atmoshäre dieser Konzerte fing das Album „Babylon by Bus" (1978) am besten ein. Im folgenden Jahr kehrte Marley zu einem Versöhnungskonzert nach Jamaika zurück, denn sein Land stand kurz vor einem Bürgerkrieg. Er wurde von den Menschen dort wie ein Prophet begrüßt und schaffte es während des Stücks „Jammin'", die Anführer der verfeindeten Gruppen, Michael Manley und Edward Seaga, dazu zu bringen, sich die Hände zu reichen. Ende 1978 reiste er zum ersten Mal nach Äthiopien. Anschließend nahm er „Survival" (1979) auf, ein sehr politisches

Album, das als Aufruf für den Kampf gegen die Unterdrückung auf der ganzen Welt galt. 1980 flog Marley noch einmal nach Afrika, um dort vor den Menschen aufzutreten, die er als sein Volk betrachtete.

Nach dem Eröffnungskonzert in Gabun sollte er anlässlich der Verkündigung der Unabhängigkeit von Simbabwe spielen. Einige Monate später erschien das Album „Uprising", und für die „Tuff Gong Uprising"-Tournee reiste er 1980 für ein historisches Konzert im Mailänder San Siro Stadion auch nach Italien.

Bob Marley hinterließ der Welt neben seiner Interpretation des Reggae eine allgemeingültige Botschaft: „Ich kenne die Antworten nicht. Ich bin nur ein Mensch. Ich kenne einige Wörter und weiß, wie man sie benutzt."

Doch wie starb der Prophet? Indem er seinen Leidenschaften folgte. Und Bob Marley hatte drei große Leidenschaften: Musik, Frauen und Fußball. Er hatte elf Kinder von acht verschiedenen Frauen, darunter ein Sohn mit Cindy Breakspeare, Miss Universe von 1978 und die Frau, die ihn zu „Turn Your Lights Down Low" inspiriert hatte.

Bob liebte Frauen und Fußball. Einen Monat nach der Veröffentlichung von „Exodus" hatten Bob und die Wailers in Paris eine Europatournee begonnen. Während er mit einer Gruppe von Journalisten Fußball spielte, verletzte er sich am rechten Fuß und der Nagel des großen Zehs löste sich ab (er hatte sich den gleichen Zeh schon 1975 in Trench Town einmal verletzt). Bob bandagierte den Zeh, ließ sich jedoch nicht gegen Tetanus impfen. Die Wunde wollte nicht heilen und seine Tochter Cedella musste sie jeden Tag versorgen. Ein französischer Arzt verordnete ihm absolute Ruhe, aber Bob machte weiter mit der Tournee und spielte außerdem Fußball, wann immer er konnte.

In London wurde er von einem Spezialisten untersucht, der ihm riet, den Zeh amputieren zu lassen. Bob weigerte sich, denn seinem Glauben nach musste der menschliche Körper intakt bleiben. Aus der vernachlässigten Verletzung wurde ein Tumor, der nach und nach auch die lebenswichtigen Organe befiel. Man gab Bob nur noch ein paar Monate zu leben. Er ging zuerst nach Miami und ließ sich dann in Deutschland von dem berühmten Onkologen Josef Issels behandeln. Dann wollte er nach Jamaika zurückkehren. Auf dem Flug verschlechterte sich sein Zustand. Als das Flugzeug in Miami landete, brachte man ihn sofort in das Cedars-of-Lebanon-Krankenhaus, in dem er am 11. Mai 1981 starb. In Jamaika wurde ein Staatsbegräbnis für ihn ausgerichtet und sein Grab in Nine Mile wurde zu einer Pilgerstätte für Rastafaris.

Aber Bob Marley hatte sich schon während des Soundchecks für sein letztes Konzert am 23. September 1980 im Stanley Theater in Pittsburgh verabschiedet: Er versammelte seine Band für 45 Minuten um sich und sprach kein Wort, sondern sang nur den Refrain des alten Wailers-Songs „Keep on Moving".

130-131 Bob Marley 1978 in London bei einem Interview mit dem „Daily Mirror". Insgesamt veröffentlichte er zwölf Alben. Drei Jahre nach seinem Tod erschien das Best-of-Album „Legend". Mit 25 Millionen verkauften Exemplaren ist es die bestverkaufte Platte in der Geschichte des Reggae.

132 und 132-133 1. Juli 1980: Bob Marley bei einem Auftritt im „Brighton Leisure Centre" während seiner „Uprising"-Tournee. Sein letztes Konzert fand am 23. September 1980 im Stanley Theater in Pittsburgh/Pennsylvania statt. Unter dem Titel „Mit Stolz und Musik beerdigen die Jamaikaner Bob Marley" berichtete die „New York Times" am 22. Mai 1981 über sein Staatsbegräbnis.

134-135 1978: Bob Marley bei einem Auftritt im Santa Monica Civic Auditorium in Kalifornien.

„VOLLER STOLZ UND MIT MUSIK
BEERDIGEN DIE JAMAIKANER
BOB MARLEY"

[The New York Times]

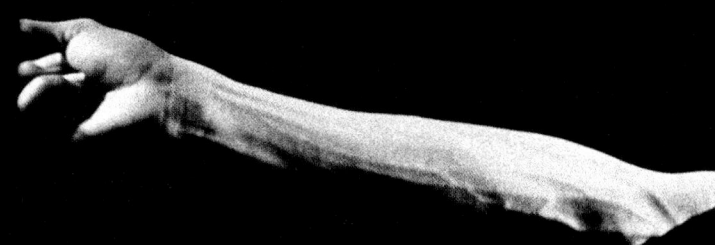

JOHN
BELUSHI

[24. Januar 1949 – 5. März 1982]

Schon in seiner Jugend hatte John Adam Belushi drei Leidenschaften: Baseball, Theater und Rock 'n' Roll. Der Sohn eines albanischen Gastwirts wurde in Chicago geboren. Später zog seine Familie nach Wheaton, das ca. 40 Kilometer außerhalb von Chicago lag. Seine Karriere begann mit 22, als er sich in Chicago der Theatergruppe Second City Comedy anschloss, die auf Stand-up-Comedy-Sketche spezialisiert war.

Belushi verstand es hervorragend, die Verschrobenheiten berühmter Personen und Charaktere von Hamlet über den Bürgermeister von Chicago bis hin zu Joe Cocker maßlos übertrieben darzustellen und stahl allen die Schau. Sein komödiantisches Talent war immens, und auch sein Lebensstil war maßlos. John Belushi kombinierte den rebellischen Rock-'n'-Roll-Mythos und die Dekadenz Hollywoods auf seine ganz eigene Art.

Ohne es zu ahnen, sagte er in einer Fernsehsendung am 17. Dezember 1977 sein eigenes Schicksal voraus, als er witzelte: „Ich plane zu sterben, bevor ich 30 bin." Schon vor seiner Fernsehkarriere hatte John Belushi 1971 sein erstaunliches Talent in der Bühnenshow „National Lampoon's Lemmings", einem Ableger des Satire-Magazins „National Lampoon", mit einer Parodie des Woodstock-Festivals bewiesen.

Die Show hatte auch schon Chevy Chase berühmt gemacht, aber bei Belushis Imitation von Joe Cocker flippte das Publikum völlig aus. Als er einmal gefragt wurde, wie er es schaffe, auf der Bühne so entspannt zu bleiben, antwortete er: „Die Bühne ist der einzige Ort, an dem ich wirklich weiß, was ich tue."

Während dieser Zeit lernte er einen anderen Komiker kennen: Dan Aykroyd, der sein perfektes Gegenstück werden sollte. 1973 zog Belushi mit seiner späteren Frau Judy Jacklin nach New York und gehörte dort zum Ensemble der Radiosendung „The National Lampoon Radio Hour". Zwei Jahre später trat er in Lorne Michaels' Kultfernsehsendung „Saturday Night Live" auf: mit einer unwiderstehlicen Parodie auf die amerikanische Kultur und Politik.

Belushi stand dem Fernsehen eher skeptisch gegenüber und wollte eigentlich gar nicht bei „Saturday Night Live" auftreten, doch seine Freundin Gilda Radner überredete ihn dazu. Auch die Fernsehproduzenten zweifelten an Belushi, denn sie waren überzeugt, dass er ihnen irgendwann Probleme bereiten würde.

Seine Beteiligung erwies sich jedoch als großer Erfolg. Doch als Belushi begann, Drogen zu nehmen, und nicht mehr zu kontrollieren war, wurde sein manisches Verhalten problematisch. Dan Aykroyd erzählte später, dass John nach Auftritten oder Filmaufnahmen häufig völlig erschöpft war und Freunde oder sogar völlig Fremde aufsuchte und dort nach etwas Essbarem suchte. Manchmal schlief er sogar einfach ein.

In diesen Situationen war es nicht leicht, ihn wiederzufinden und am nächsten Tag zur Arbeit zu bringen. Er lebte so wie seine Figur in seinem erstem großen Kinofilm: John Blutarsky, Symbol einer wahnsinnigen, rebellischen Jugend in John Landis' Film „Ich glaub', mich tritt ein Pferd".

Zur lebenden Legende allerdings wurde er durch einen Sketch bei „Saturday Night Live": Am 22. April 1978 traten John Belushi und Dan Aykroyd bei NBC das erste Mal als Joliet und Elwood Blues, die Blues Brothers, auf.

136-137 John Belushi 1978 in der Rolle des Jake Blues im „Winterland Ballroom" in San Francisco. Einer seiner bekanntesten Witze war: „Wenn du glaubst, dass du keinen interessierst, versuch doch mal, die Raten für dein Auto zwei Monate lang nicht zu bezahlen."

Die Idee zu diesen beiden Charakteren bekam Aykroyd durch eine Band aus seiner Heimatstadt Ottawa in Kanada: die Downchild Blues Band, die aus den Brüdern Donnie und Richard Welsh bestand. Hinzukam, dass sich Belushi seit den Dreharbeiten zu „Ich glaub', mich tritt ein Pferd" in Eugene/Oregon für den Blues begeisterte: Eines Abends hatte er dort in einem Nachtclub den 25-jährigen Sänger und Harmoniker Curtis Salgado kennengelernt. Sie unterhielten sich stundenlang über Musik, dann sang Belushi mit Salgado auf der Bühne Floyd Dixons „Hey Bartender".

Ein wahrhaft gewaltiges Phänomen war geboren: The Blues Brothers ließen mit dem Album „Briefcase of Blues" (mit Steve Cropper und Donald Duck Dunn von Booker T. & The M.G.'s) den Electric Blues von Chicago und die Soul Music von Memphis wieder aufleben. 1980 wurde „The Blues Brothers" von John Landis zu einem der erfolgreichsten Kinofilme aller Zeiten.

Der Film erzählt von zwei Blutsbrüdern, die ihren Pakt geschlossen haben, indem sie ihre Mittelfinger mit einer Gitarrensaite von Elmore James einritzten, wie auf der Rückseite des Covers von „Briefcase of Blues" zu lesen war. Die beiden gehen auf göttliche Mission, um das Waisenhaus, in dem sie aufwuchsen und den Blues lieben lernten, zu retten. „The Blues Brothers" wurde weltweit zu einer Sensation. Legendäre Musiker wie Cab Calloway, Aretha Franklin, James Brown, John Lee Hooker und Ray Charles wirkten mit, viele weitere Stars hatten Cameoauftritte: Chaka Khan, Twiggy, Frank Oz, Joe Walsh (der Gitarrist der Eagles) und Steven Spielberg waren dabei.

Der Film schrieb Geschichte, auch weil noch nie zuvor bei Dreharbeiten so viele Autos zu Bruch gegangen waren. Sogar die offizielle Zeitung des Vatikans, "L'Osservatore Romano", erwähnte ihn lobend. Das war der Höhepunkt von John Belushis Karriere. Zwischen 1979 und 1981 spielte er in drei weiteren sehr erfolgreichen Komödien mit, „1941 – Wo bitte geht's nach Hollywood", „Die verrückten Nachbarn" und „Zwei wie Katz und Maus". Doch sein haltloses, selbstzerstörerisches Wesen trieb ihn schließlich seinem unumgänglichen Ende entgegen. Im Scherz hatte er gesagt, dass er mit 30 schon tot wäre, und tatsächlich rauchte und trank er hemmungslos und nahm außerdem Amphetamine, Kokain und Heroin. In seinen letzten Lebensjahren war er stark übergewichtig.

Er sagte einmal, seine Charaktere vermittelten die Botschaft, dass es völlig okay sei, alles zu vermasseln. Seiner Meinung nach müssten Leute weder perfekt sein noch sich an Regeln halten – das Wichtigste sei, sich zu amüsieren. Er fand, dass die meisten Filme heutzutage den Menschen das Gefühl gaben, nicht gut genug zu sein – seine aber nicht.

Belushis spektakulärer und dramatischer Tod kam in Hollywood, einem der dekadentesten Orte der Welt, an dem man keine Hemmungen zu kennen scheint. Am 5. März 1982 wollte ihn sein Fitnesstrainer, der Karate-Champion Bill Wallace, im Bungalow Nummer 3 des Hotels „Chateau Marmont" am Sunset Boulevard abholen, wo Belushi in den letzten Tagen gewohnt hatte. Aber er war tot.

Belushis letzte Nacht bleibt rätselhaft – seine Maßlosigkeit geriet außer Kontrolle, und er wurde zu einer Legende. Und doch überschattet die Geschichte vom Aufstieg und Fall Belushis sein außergewöhnliches komödiantisches Talent und die Tatsache, dass er ein exzellenter Sänger war.

138-139 The Blues Brothers bei Aufnahmen zu ihrem ersten Album, „Briefcase Full of Blues" (1978), als Begleitband in einer Show von Komiker Steve Martin in Los Angeles. Das Album stand auf Platz eins der American Billboard Charts, verkaufte sich zwei Millionen Mal und machte den Song „Soul Man" von Sam & Dave durch die Coverversion berühmt.

Während einer Party in seinem Bungalow, zu der auch der Autor Nelson Ryan und die Schauspieler Robin Williams und Robert De Niro gekommen waren, hatte Belushi wie wild getrunken und Drogen genommen. Auch Cathy Smith war dort gewesen; sie war Groupie und Sängerin – und die Lieblingsdealerin der Stars.

Ihre Karriere auf der dunklen Seite der Rockmusik hatte in den 1960er-Jahren mit Levon Helm von The Band begonnen, gefolgt von dem kanadischen Sänger Gordon Lightfoot. In den späten 1970ern versorgte sie Ron Wood und Keith Richards mit Heroin.

Belushi hatte Cathy Smith 1976 am Set von „Saturday Night Live" kennengelernt. In der Nacht vom 5. März 1982 rief er sie an und lud sie zu sich ins „Chateau Marmont" ein. Wenige Stunden später starb er an einem „Speedball", einer Mischung von Kokain und Heroin. Am 29. Juni 1982 gab Cathy Smith der Zeitschrift „National Enquirer" ein Interview mit dem Titel „Ich tötete John Belushi".

Sie gab darin zu, dass sie John Belushi den fatalen Speedball gespritzt hatte. Sie floh nach Kanada und lebte dort bis 1986. Dann wurde sie an die Vereinigten Staaten ausgeliefert. Sie bekannte sich der fahrlässigen Tötung schuldig und wurde zu 15 Monaten Gefängnis verurteilt.

John Belushi fand seine letzte Ruhe auf dem Friedhof Abel's Hill in Martha's Vineyard/Massachusetts. Dan Aykroyd, ganz in Schwarz gekleidet, führte die Beerdigung auf seinem Motorrad an. Belushis Freund James Taylor sang „That Lonesome Road", und auf seinem Grabstein steht: „Auch wenn ich gestorben bin, der Rock 'n' Roll lebt weiter."

140-141 10. März 1982: Dan Aykroyd bei John Belushis Beerdigung an der West Tisbury Congregational Church in Martha's Vineyard/Massachusetts. Belushi war drei Tage zuvor im Bungalow Nummer 3 des Hotels „Chateau Marmont" in Hollywood gestorben.

141 6. März 1982: Die „Chicago Tribune" meldet John Belushis Tod auf der Titelseite.

JAMES HONEYMAN-SCOTT

[4. November 1956 – 16. Juni 1982]

PETE FARNDON

[12. Juni 1952 – 14. April 1983]

Erfolg kann schnell vergehen. Das Rock-'n' Roll-Märchen um Chrissie Hynde, die Sängerin und Frontfrau der Pretenders, ist eng mit der tragischen Geschichte zweier Mitglieder ihrer Band verwoben: Gitarrist James Honeyman-Scott und Bassist Pete Farndon.

Es ging alles rasend schnell. Chrissie Hynde, die aus Ohio stammte, war 1973 nach London gekommen und arbeitete zunächst als Kellnerin, später dann als Journalistin für das britische Musikmagazin „NME" (New Musical Express) und schließlich als Verkäuferin in der Boutique SEX von Malcolm McLaren und Vivienne Westwood.

1978 gründete sie mit Martin Chambers, James Honeyman-Scott und Pete Farndon die Pretenders. Sie nahmen ein Demoband mit fünf Stücken auf, darunter die Coverversion eines Songs der Kinks, „Stop Your Sobbing". Da die Band zu dieser Zeit noch keinen Namen hatte, entschied sich Chrissie Hynde für The Pretenders, inspiriert von „The Great Pretender" von The Platters. „Stop Your Sobbing" wurde 1979 veröffentlicht und ein großer Erfolg.

Es folgte das Debütalbum „Pretenders" mit der Single „Brass in Pocket", und die Band wurde zur Nummer eins der britischen Charts.

1981, auf ihrer ersten Amerika-Tournee, lernte Chrissie dann ausgerechnet Ray Davies von den Kinks kennen und heiratete ihn. In der Zwischenzeit kam das zweite Album der Band, „Pretenders II", heraus. Während Chrissies Leben sich zu einem Rockmärchen entwickelte, verfiel Pete Farndon zunehmend. Er war heroinsüchtig und die Band konnte nicht mehr mit ihm zusammenspielen.

Nach dem letzten Konzert ihrer Welttournee in Bangkok trafen die Pretenders eine Entscheidung: Pete Farndon sollte die Band verlassen. Sein Freund James Honeyman-Scott musste ihm die schlechte Nachricht überbringen. James flog von Austin/Texas (wo er mit seiner Frau lebte) nach London und teilte Farndon am 14. Juni 1982 mit, dass er entlassen sei. Daraufhin verschwand Farndon zwei Tage lang spurlos. Dann erfuhr Chrissie Hynde per Telefon, dass im Haus eines Freundes die Leiche eines ihrer Bandmitglieder lag. „Ist es Pete?", fragte sie. „Nein, James", lau-

tete die Antwort. James Honeyman-Scott war infolge einer Kokain-Intoleranz an Herzversagen gestorben. Er war erst 25. Mit seinem einzigartigen Sound hatte er schon zu diesem Zeitpunkt viele Gitarristen beeinflusst, zum Beispiel Johnny Marr von The Smiths.

Nur ein knappes Jahr später, am 14. April 1983, war auch Pete Farndon tot. Seine Frau fand ihn in der Badewanne, wo er unter Heroineinfluss ertrunken war.

Das Märchen der Pretenders war in nur drei Jahren zur Tragödie geworden. Chrissie Hynde zog sich ein Jahr lang zurück und baute dann die Band wieder auf. Mit der Single „Back on the Chain Gang" waren die Pretenders auch zurück in den Charts. Anschließend veröffentlichten sie das Album „Learning To Crawl". In den Texten erzählte Chrissie ihr ganzes Leben. Sie handeln davon, wie schmerzlich es ist, eine Beziehung zu beenden, und von der Angst vor dem Erwachsenwerden – und davon, wie schwer es war, zwei Freunde und zwei Talente wie James Honeyman-Scott und Pete Farndon zu verlieren.

143 The Pretenders 1979 in London. Von links nach rechts: James Honeyman-Scott, Chrissie Hynde, Pete Farndon und Martin Chambers. Die Band wurde im März 1978 im englischen Hereford gegründet.

DENNIS
WILSON

„Brian Wilson *ist* die Beach Boys. Wir sind nur seine Boten. Er ist alles, wir sind nichts", sagte Dennis Wilson einmal. Dennis war die unbekannte Größe, aber auch das schwarze Schaf der Band, die immer von der Sonne Kaliforniens sang: die Beach Boys. Und er brachte es mit der Band, die seine Brüder Carl und Brian gegründet hatten, zu Reichtum und Ruhm.

Die Band verschaffte ihm auch den Zugang zu einem exzessiven Leben, das von Drogen- und Alkoholmissbrauch, einer bemerkenswerten Menge von Frauen (fünf Ehen und Scheidungen, zwei davon mit derselben Frau, und seine letzte Frau war die 19-jährige Shawn Marie Love, die uneheliche Tochter seines Cousins Mike Love) und gefährlichen Freundschaften bestimmt wurde. Ein Leben, das der Tragödie geweiht zu sein schien und tatsächlich schon mit 39 Jahren in Marina del Rey in Kalifornien endete. Das war das Schicksal des einzigen tatsächlichen Surfers unter den Beach Boys. Er hatte vorgeschlagen, die große Popularität des Surfens auszunutzen und den Sport zum Leitmotiv der Beach Boys zu erklären.

Das Surfen war massentauglich geworden, seit 1959 der Film „April entdeckt die Männer" mit Sandra Dee erschienen war. Als Brian und Carl Wilson zwei Jahre später mit ihrem Cousin Mike Love und Al Jardine in Hawthorne die Band The Pendeltons gründeten, wollten sie Dennis zunächst gar nicht dabei haben, weil seine Stimme nicht so gut war wie die der anderen. Doch Mutter Audree bestand darauf.

Als Erstes nahmen sie eine Coverversion des alten Folk-Stückes „Sloop John B" auf. Dann hatte Dennis die Idee, doch einen Song über diesen neuen Sport und den damit verbundenen Lebensstil zu schreiben, der an der kalifornischen Küste – wo Dennis fast seine ganze Freizeit verbrachte – so beliebt geworden war. Sie nannten den Song „Surfin'". Ihren ersten Auftritt hatten die Beach Boys dann an Silvester 1961 in einer Show von Ike und Tina Turner in Long Beach.

Im nächsten Jahr unterschrieben sie einen Vertrag mit Capitol Records und veröffentlichten ihr erstes Album „Surfin' Safari". Drei weitere Alben erschienen 1963: „Surfin' USA", „Surfer Girl" and „Little Deuce Coupe". Mit sechzehn Hit-Singles stellten sie in den folgenden zwei Jahren einen Rekord

auf, der sie zur wichtigsten Band der Vereinigten Staaten machte. Dennis Wilson spielte bis 1972 Schlagzeug für die Beach Boys, doch dann musste er wegen einer Verletzung an der Hand aufgeben und wurde durch Ricky Fataar ersetzt. Dennis verlegte sich auf das Klavier und schrieb einige Songs für das neue Beach-Boys-Album „Sunflower", darunter auch sein berühmtestes Stück „Forever".

Als erstes Bandmitglied brachte Dennis auch ein Soloalbum heraus, „Pacific Ocean Blue" (1977). Danach allerdings nahm seine Stimme durch zu viel Alkohol und sein exzessives Leben schnell Schaden. Und er hatte zu viele Frauen: Dennis war nämlich nicht nur der einzige Surfer in der Band, sondern auch der Attraktivste. Eine Reihe fragwürdiger Liebesaffären führten dazu, dass er finstere Gestalten kennenlernte und sich sogar mit ihnen anfreundete – wie zum Beispiel mit Charles Manson.

Im Frühling 1968 gabelte Dennis zwei Anhalterinnen auf, Ella Jo Bailey und Patricia Krenwinkel. Er nahm sie mit in sein Haus am Sunset Boulevard, schlief mit beiden und ging dann zu einer Plattenaufnahme. Als er zurückkam, hatten Charles Manson und seine sogenannte „Familie" das Haus besetzt und wohnten monatelang bei ihm – eine Zeit der Orgien und Experimente mit psychedelischen Drogen begann.

Dennis gab ein Vermögen aus, um dieses wilde Partyleben zu finanzieren, doch sonst schien es ihn nicht weiter zu beunruhigen. Er war so verschwenderisch, dass er zum Ende seiner Karriere hin kein Geld mehr von der Band erhielt. Außerdem half er Charles Manson, seinen Traum, ein Rockstar zu werden, zu verwirklichen. Er nahm ihn mit ins Aufnahmestudio der Beach Boys und ließ ihn bei Produzent Terry Melcher vorspielen – ein Reinfall. Zudem überredete er Brian Wilson, einen von Mansons Songs aufzunehmen: „Cease to Exist", der als „Never Learn Not To Love" erschien.

Doch die Freundschaft, die Manson und Wilson in diesem Sommer auf dem Sunset Boulevard geschlossen hatten, hielt nicht lange. Dennis fand die Anwesenheit der Manson-„Familie" in seinem Haus immer lästiger – und sie wurde gefährlich.

145 Dennis Wilson brachte den Rock 'n' Roll in die Beach Boys und er war der einzige echte Surfer in der Band: „Ich kann gar nicht verstehen, warum nicht jeder am Strand lebt, am Meer. Ich finde es sinnlos, in der dreckigen, potthässlichen Stadt herumzuhängen. Darum war ich so gerne ein Beach Boy und war so stolz darauf; ich liebte dieses Image. Am Strand zu leben macht glücklich."

Manson drohte schließlich an, Wilsons Freundin Croxey Adams zu vergewaltigen. Die Beach Boys nahmen „Never Learn Not to Love" in ihr Album „20/20" (1969) auf. Zudem wurde das Lied B-Seite der Single „Bluebirds Over the Mountain", die Platz 61 in den amerikanischen Charts erreichte.

Manson war sehr wütend darüber, dass der Name des Songs geändert wurde. Dennis Wilson hatte Angst vor ihm und löste das Problem ganz einfach, indem er seinen Mietvertrag kündigte und den Besitzern des Hauses die unschöne Aufgabe überließ, das Haus mitsamt der „Familie" zwangszuräumen. Manson ließ ihm daraufhin einen Brief mit einer hysterischen Drohung und einer Revolverkugel zukommen!

Am 9. August 1969 fand das Massaker am Cielo Drive statt (in der Villa, die Roman Polanski und Sharon Tate von Terry Melcher gemietet hatten – dem Mann, den Manson dafür verantwortlich machte, dass seine Musikkarriere gescheitert war). Nach diesem Tag verlor Dennis Wilson nie wieder ein Wort über seine seltsame Beziehung zu Manson und dessen „Familie".

In den 1970er-Jahren blieb er das schwarze Schaf der Beach Boys; gleichzeitig wurde sein Soloalbum „Pacific Ocean Blue" (1977) ein Riesenerfolg. Aber Dennis trank weiter und verprasste sein Geld, bis er schließlich pleite war. Auch an seinem Alkoholismus hing er fest.

Am 28. Dezember 1983 wurde er auf das Boot eines Freundes eingeladen, das in Marina del Rey vor Anker lag. Auch er hatte einmal ein Boot besessen, eine 19 Meter lange Yacht namens „Harmony", hatte sie aber verkaufen müssen. Gerade hatte er wieder einen seiner vielen Versuche, das Trinken aufzugeben, beendet und begann an diesem Morgen schon ganz früh zu trinken. Es war eine typische Party mit Freunden.

Um 15.00 Uhr wollte Dennis schwimmen gehen und sprang ins kalte Wasser. Er tauchte und kam mit einem gerahmten Foto von seiner Ex-Frau Karen Lamm wieder hoch, das er einige Jahre zuvor bei einem Streit auf der „Harmony" über Bord geworfen hatte.

Gegen den Rat seiner Freunde tauchte er noch mehrere Male nach unten, weil er noch weitere Dinge am Meeresgrund wiederfinden wollte. Beim letzten Mal tauchte er nicht wieder auf. Seine Leiche wurde am nächsten Morgen um 5.30 Uhr gefunden. Eine Kombination aus verschreibungspflichtigen Medikamenten, Alkohol und Kokain hatte seinen frühen Tod mit 39 Jahren verursacht. Der Beach Boy, der das Meer und das Surfen liebte, hatte im Wasser den Tod gefunden. Das bedeutete auch das Ende der Band.

146 Dennis Wilson 1976 bei einem Live-Auftritt mit den Beach Boys. Von 1972 bis 1974 wurde er aufgrund einer Handverletzung vorübergehend durch Ricky Fataar ersetzt. Nach dem Erscheinen der Kompilation „Endless Summer" kehrte er wieder ans Schlagzeug zurück.

147 oben Die Beach-Boys 1964 bei einem Konzert in Kalifornien. Von links nach rechts: Dennis Wilson, Al Jardine, Carl Wilson, Brian Wilson und Mike Love.

147 unten Der „Standard" titelt mit der Nachricht von Dennis Wilsons Tod: „Beach-Boys-Star ertrinkt nach Alkoholexzess im eiskalten Meer."

MARVIN
GAYE

[2. April 1939 – 1. April 1984]

Wir schreiben den 1. April 1984. Plötzlich erschüttert ein Schuss die Stille am Gramercy Place in Los Angeles. Ein irrationaler Gewaltausbruch beendet das Leben eines der größten Soul-Sänger der Welt, eines Mannes mit der Stimme eines Engels, der überirdisch gut aussah: Marvin Gaye. Er starb am Tag vor seinem 45. Geburtstag. Sein eigener Vater, Reverend Marvin Pentz Gay Sr., hatte ihn erschossen.

Dies war der Epilog zu einer Familientragödie, die kein Ende zu finden schien. Marvin Gaye war einer der talentiertesten und visionärsten Musiker überhaupt, eine feinsinnige Persönlichkeit, deren Leben unter keinem guten Stern stand. Als Künstler definierte er nicht nur den Soul mit seinen Songs neu, sondern er interpretierte ihn auch als kraftvollen Katalysator für gesellschaftliche Veränderung.

Und doch bewegte er sich in einem Spannungsfeld, ausgelöst durch die anhaltenden seelischen Qualen, die die schwierige Beziehung zu seinem Vater verursachte.

Sein Biograf Steve Turner schrieb später, dass Gaye wohl sterben wollte, es aber nicht schaffte, sich umzubringen. Deshalb habe er seinen Vater quasi dazu getrieben, ihn zu töten.

Was waren die Gründe für diese Geschichte, die sich liest wie eine griechische Tragödie? Marvin war das zweite von drei Kindern von Alberta und Reverend Gay Sr. und wurde am 2. April 1939 in Washington geboren. Sein Vater war ein strenggläubiger Geistlicher des House of God, einer religiösen Sekte, die Elemente aus dem orthodoxen Judentum mit der Pfingstkirchlerbewegung verband. Er war davon überzeugt, dass es zu seinem göttlichen Auftrag gehörte, seiner

Familie die Lehren des Alten Testaments zu vermitteln – notfalls mit Gewalt.

Außerdem war er Alkoholiker und trug oft Frauenkleider, wenn er jemanden aus seiner Familie bestrafte. Da Marvin sehr rebellisch war und diese totale Kontrolle nicht akzeptierte, wuchs er mit Gewalt und Schlägen auf. Er war musikalisch extrem begabt und sein Talent wurde offenbar, als er mit drei Jahren zum ersten Mal im Kirchenchor sang.

Seine Karriere begann in der Doo-Wop-Gruppe The Rainbows, mit der er die Single „Wyatt Earp" herausbrachte. 1958 stieß er zu Harvey Fuquas Band The Moonglows. Marvin zog nach Chicago, nahm einige Singles für Chess Records auf und tourte dann durch den Mittleren Westen. Bei einem Konzert in Detroit wurde Berry Gordy, der Gründer von Motown Records, auf ihn aufmerksam und nahm ihn 1961 unter Vertrag.

Marvin startete als Studio-Drummer für Smokey Robinson, doch schon bald überzeugte seine Stimme Gordy, ihn als Solokünstler bekannt zu machen. Sein erster Erfolg war „Stubborn Kind of Fellow" (1962). In der Folgezeit nahm Marvin 39 Hits auf, entweder solo oder zusammen mit Mary Wells oder Kim Weston, und wurde der Star bei Motown. Die Beziehung zu seinem Label wurde sogar noch enger, als er 1963 Berry Gordys Schwester Anna heiratete.

Er setzte seine strahlende Karriere mit Duetten mit Tammi Terrell und dem großen Erfolg „I Heard It through the Grapevine" (1968) fort, das den Höhepunkt des fantastischen Motown-Sounds bildete. Von außen betrachtet, zogen allerdings schon jetzt die ersten Schatten über seinem Erfolg auf. Marvin gefiel seine Rolle als Popsänger nicht.

Stattdessen wollte er die Sprache und den Stil des Soul in seine Musik einbringen, um den sozialen Wandel und die Realität seiner Zeit besser beschreiben zu können. Außerdem erschütterte ihn 1967 ein Vorfall bei einem Konzert in Virginia zutiefst: Tammi Terrell kollabierte auf der Bühne in seinen Armen.

Ihr Zusammenbruch war das erste Anzeichen eines Hirntumors, an dem sie schließlich am 16. März 1970 starb. Marvin Gaye machte die Trauer über den Tod seiner Partnerin schwer zu schaffen. Er wollte keine Duette mehr singen und gab keine Konzerte mehr. Stattdessen arbeitete er ganz allein an einem Album, das zu einem Meisterwerk der zeitgenössischen Popmusik wurde: „What's Going On" (1971). Dieses geniale Konzeptalbum durchbrach zum ersten Mal die Grenzen zwischen schwarzer und weißer Musik, indem es Elemente aus Jazz, Funk und Latin Soul kombinierte. Auch hinsichtlich seiner Themen – brisante soziale Probleme und Herausforderungen der Zeit – wurde es ein Vorbild. Marvin schrieb seine Songs aus der Perspektive seines Bruders Frankie, der gerade aus Vietnam zurückgekehrt war, und das Album befasste sich unter anderem mit Armut, Krieg und politischer Korruption.

Von diesem Moment an war jedem klar, dass Marvin Gaye zu den ganz Großen in der Musik gehörte. Doch sein Privatleben zerbrach. In seiner Ehe kriselte es und Marvin hatte eine Affäre mit der 17-jährigen Janice Hunter, der er „Let's Get It On" (1973) widmete. Seit seiner Scheidung ging es mit Marvins Leben bergab.

Marvin Gaye war zwar immer noch erfolgreich – mit einem Duettalbum mit Diana Ross und dem Album „I Want You" (1976) –, aber er hatte Geld-

Marvin Gayes erste Single „Let Your Conscience Be Your Guide" erschien im Mai 1961, seine letzte Single „Joy" (aus dem Album „Midnight Love") 1983. 2008 setzte ihn der „Rolling Stone" auf Platz 6 seiner Liste der größten Sänger aller Zeiten.

probleme und konnte den Unterhalt für seine Ex-Frau nicht bezahlen. Um seine Schulden begleichen zu können, musste er ein
weiteres Album aufnehmen. Auf „Here My Dear" (1978) beschreibt er die bittere Beziehung mit Anna.

Seine Drogenabhängigkeit kam erschwerend hinzu.
Besonders Kokain konsumierte der Sänger völlig ungezügelt.
Unbezahlte Steuern, Unterhaltszahlungen, vertragliche
Verpflichtungen, Streit mit Motown und Kokain – und über alldem
der Schatten seines Vaters, der ihn nie geliebt hatte und seinen
Erfolg als Angriff gegen sich empfand.

Genau diese Karriere hatte es Marvin nämlich ermöglicht, seine gesamte Familie finanziell zu unterstützen und damit seinen
Vater der Rolle als absolutistisches Familienoberhaupt zu enthe-
ben. Aber für Marvin selbst brachte diese Karriere immer mehr
Abhängigkeiten – er fiel der Paranoia und sexuellen Obsessionen
zum Opfer.

1979 blieb er nach einem Konzert auf Hawaii, weil er Angst hatte, er könne in den USA wegen Steuerhinterziehung ins Gefängnis
kommen. 1981 reiste er für eine Reihe von Konzerten nach Europa,
um seine Schulden bezahlen zu können. Im folgenden Jahr verließ er
Motown und unterschrieb einen Vertrag mit Columbia Records.

1982 schien sich das Blatt zu wenden, auch dank des Erfolgs von
„Sexual Healing" vom Album „Midnight Love". Mit diesem Song wurde
Marvin Gaye noch einmal zum Star. Im folgenden Jahr söhnte er sich
auf der Jubiläumsfeier von Motown mit Berry Gordy aus und bezauberte die
amerikanische Öffentlichkeit mit einer tiefbewegenden Interpretation der
Nationalhymne beim NBA All Star Game. Doch das waren seine letzten öffentlichen Auftritte. Von seinen Dämonen gejagt und immer stärker dem Kokain
verfallen, zog sich Marvin in das Haus seiner Eltern in Los Angeles zurück.

Vater und Sohn lebten zwar zusammen, aber sie hassten sich. Reverend
Gay bezeichnete seinen Sohn als Inkarnation des Bösen und Marvin seiner-
seits provozierte seinen Vater ununterbrochen – er gab ihm sogar eine

Pistole. Er blieb tagelang in seinem Zimmer, sah sich Pornos an und
schnupfte Kokain, während seine Fans vor dem Haus ausharrten und seinen
Namen riefen. Marvin Gaye wurde von einer mysteriösen Kraft immer tiefer
gezogen und er schien sich dafür entschieden zu haben, zu sterben, indem
er sich die Beziehung zu seinem Vater ein für alle Mal austrieb. Seine
Mutter Alberta sagte: „Sein Vater hat ihn nicht umgebracht. Marvin hat
Selbstmord begangen."

Die Tragödie nahm am Morgen des 1. April 1984 ihren Lauf. Sie begann
mit einer der üblichen Auseinandersetzungen. Marvin griff seinen Vater an und

schlug ihn. Seine Mutter konnte die beiden trennen und brachte ihren Sohn zurück in sein Zimmer. Kurze Zeit später betrat Reverend Gay mit der Pistole, die Marvin ihm gegeben hatte, das Zimmer. Er schoss zweimal auf seinen Sohn und Marivn ging zu Boden. Sein Vater wurde zu fünf Jahren auf Bewährung verurteilt und in einem Pflegeheim in Inglewood untergebracht. Der Richter entschied, dass das Opfer durch sein aggressives Verhalten seinen eigenen Tod provoziert hatte. „Ich mache meine Platten nicht zum Spaß", hatte Gaye 1982 in einem Interview gesagt.

„Das tat ich, als ich noch jung war, heute aber nicht mehr. Ich nehme sie auf, damit ich Menschen geben kann, was sie brauchen, was sie sich wünschen. Hoffentlich kann ich mit meinen Aufnahmen jemandem durch eine schwere Zeit helfen."

150 oben April 1984: Reverend Marvin Gay Sr. wird von der Polizei von Los Angeles in Handschellen abgeführt, nachdem er seinen Sohn erschossen hat.

150 unten „The Standard" gibt auf der Titelseite seiner Ausgabe vom 2. April 1984 Marvin Gayes Tod bekannt. Die Zeitung veröffentlichte auch eine Stellungnahme des Vaters, warum er seinen Sohn erschossen hatte.

150-151 Marvin Gaye 1982 in seinem Haus in Los Angeles.

CLIFF BURTON

[10. Februar 1962 – 27. September 1986]

Dörarp ist eine ländliche Kleinstadt in der Gemeinde Ljungby in Südschweden. Sie liegt an der Europastraße 4, der Autobahn, die von Finnland aus fast die gesamte Ostküste von Schweden hinabführt. Am 27. September 1986 wurde Dörarp zum Schauplatz einer Tragödie, die die wichtigste Thrash-Metal-Band der Welt traf: Metallica. Um 7.00 Uhr morgens kam ihr Tourbus von der Straße ab und überschlug sich in einem Graben. Bandmitglieder und Crew hatten nach einem Konzert am Vorabend in der „Solnahallen" in Stockholm alle geschlafen. Metallica waren auf Tournee für ihr drittes Album „Master of Puppets", das einen Wendepunkt in ihrer kreativen Herangehensweise bedeutete.

Eine Kaskade von kraftvollem Thrash Metal hatte ihnen Platz 29 in den US-Charts und ihre erste goldene Schallplatte eingebracht. Metallica waren bereit, die Welt des Heavy Metal zu erobern. Aber an jenem Morgen beendete ein sinnloser Unfall auf einer schwedischen Landstraße das Leben ihres Bassisten Clifford Lee „Cliff" Burton. Als der Bus sich überschlug, wurde Cliff aus dem Fenster geschleudert und unter dem Bus begraben. Er und Gitarrist Kirk Hammett hatten um die bequemste Schlafkoje gespielt. Cliff gewann mit einem unheilvollen Pik-Ass, das sein Schicksal besiegelte.

Cliff Burton wurde am 10. Februar 1962 in Castro Valley/Kalifornien geboren. Im Alter von 13, nach dem Tod seines Bruders, fing er an, Bass zu spielen: „Für ihn will ich der beste Bassist der Welt werden", sagte er seinen Eltern. Er übte bis zu sechs Stunden am Tag, entwickelte eine bemerkenswerte Technik und wurde 1982 Mitglied seiner ersten großen Band Trauma.

James Hetfield und Lars Ulrich, die Metallica ein Jahr zuvor gegründet hatten, entdeckten Cliff auf einem Konzert im Club „Whisky a Go Go" in Los Angeles.

Er war so talentiert, dass die Bandmitglieder ihn nicht nur fragten, ob er Ron McGoverns Platz einnehmen wolle, sondern seinetwegen sogar nach El Cerrito umzogen, denn Cliff wollte die San Francisco Bay Area nicht verlassen. Burton demonstrierte sein großes technisches Können auf „(Anesthesia) Pulling Teeth" vom ersten Metallica-Album „Kill 'Em All". Er schrieb außerdem sechs der acht Songs ihres nächsten Albums „Ride The Lightning", das der Band einen Vertrag mit Elektra Records einbrachte. Dort nahmen sie dann ihr wohl bestes Album auf: „Master of Puppets".

Zusammen mit Rocker Ozzy Osbourne machten sie sich auf eine lange Amerika-Tournee und landeten am 17. März 1986 zu ihrer „Damage Inc."-Tour in Europa, die mit dem Unfall in Dörarp endete. Sieben Krankenwagen brachten die Verletzten ins Krankenhaus von Ljungby, doch für Cliff Burton kam jede Hilfe zu spät.

War es ein Unfall, oder war der Fahrer abgelenkt gewesen? Kirk Hammett litt darunter, dass Cliff mit dem Pik-Ass das beste Bett im Bus gewonnen hatte, und betonte immer wieder, dass der Fahrer nach Alkohol gerochen hatte und die Straße nicht vereist gewesen sei. Die schwedische Polizei nahm den Fahrer unter dem Verdacht auf Totschlags fest, ließ ihn aber einige Tage später schon wieder laufen. Metallica setzten ihren Aufstieg in der Heavy-Metal-Sphäre mit dem neuen Bassisten Jason Newsted fort, und Cliff Burton, der der beste Bassist der Welt hatte werden wollen, wurde zu einer Legende.

153 Clifton Lee Burton 1986 während der Tournee zu Metallicas drittem Album „Master of Puppets" auf der Bühne. Lars Ulrich sagte über ihn: „Cliff Burton hatte genau die Wildheit, die Metallica zu einer guten Band machte."

154-155 Metallica 1985: Kirk Hammett, James Hetfield, Lars Ulrich und Cliff Burton. 1988 setzte die Band Cliff mit dem Instrumentalstück „To Live Is To Die" auf dem Album „...And Justice For All" ein Denkmal.

PETER
TOSH

„Es interessiert mich nicht, wo du herkommst. Wenn du schwarz bist, bist du Afrikaner." Peter Tosh war ein Krieger der Musik. Sein Künstlername war „Steppin' Razor", er war ein Reggae-Soldat, der in Jamaika und auf der ganzen Welt gegen die Ungerechtigkeit sang. Außerdem brachte Peter seinem Freund Bob Marley in Trench Town, im Ghetto von Kingston, das Gitarrespielen bei.

Winston Hubert McIntosh (so sein bürgerlicher Name) kam mit fünfzehn aus der ländlichen Gegend um Grange Hill nach Kingston. Er war der uneheliche Sohn einer Frau, die zu jung war, um sich um ihn zu kümmern, und wuchs bei seiner Tante auf. Tosh brachte sich selbst bei, Gitarre zu spielen, und bekam kostenlos Gesangsstunden bei Gesangslehrer Joe Higgs.

So begann die Geschichte der einflussreichsten Band Jamaikas, The Wailers. 1962 sangen Peter Tosh, Bob Marley und Bunny Wailer an den Straßenecken von Trench Town, inspiriert von Curtis Mayfields Band The Impressions. Dann trafen sie Junior Braithwaite, Beverley Kelso und Cherry Smith und gründeten 1964 The Wailing Wailers, deren Debüt die Ska-Single „Simmer Down" war.

1966 verbrachte Marley ein Jahr in den Vereinigten Staaten, wo er in einer Chrysler-Fabrik in Delaware arbeitete. Als er nach Jamaika zurückkam, hatten sich Tosh und Wailer der Religion der Rastafari zugewandt und unterstützten die Anliegen der Armen ihres Landes. Peter Tosh hatte bereits zwei Songs aufgenommen: „I'm the Toughest" und „Rasta Shook Them Up".

Doch der Ska war nicht mehr passend, um die politische Botschaft der Band zu vermitteln. Daher gründeten Tosh, Wailer und Marley zusammen mit den Brüdern Aston „Family Man" Barrett und Carlton Barrett eine neue Band und nannten sie The Wailers. Ihr Treffen mit dem legendären Produzenten Lee „Scratch" Perry brachte einen ganz neuen Sound hervor: den Reggae, der die jamaikanische Musik auf der ganzen Welt berühmt machte.

1973 unterschrieben The Wailers einen Vertrag mit Chris Blackwells Island Records und veröffentlichten „Catch a Fire" und „Burnin". Reggae wurde zur Stimme der Menschen, die für ihre Rechte kämpften, und Marley wurde zu einer der wichtigsten Figuren in der Musikgeschichte, der erste Superstar der Dritten Welt. Tosh blieb die militante Kraft an seiner Seite, ein Kämpfer gegen das Babylon-System (wie die Rastafaris die westliche Weltanschauung bezeichnen), das er selbst „Shit Stem" (eine Verballhornung von „System") nannte.

Seine seelischen Qualen waren mit denen Marleys vergleichbar. Die beiden verband ihr Talent und ein unbezähmbarer rebellischer Instinkt. Doch während Marley genial und spirituell war, war Tosh gewalttätig und unberechenbar. Seine Interpretation des Reggae war radikal, bis an die Zähne bewaffnet sozusagen, und ließ keinerlei Platz für Dialoge mit dem Babylon-System. Der Kern seiner Musik war nicht die universelle Botschaft, die Marley in „One Love" ausdrückte, sondern der Ruf nach Rebellion aus „Get Up, Stand Up". Und sein von Gewalt erfülltes Leben wurde zum Symbol für den Kampf eines Volkes, das sich noch nie den bestehenden Mächten beugen wollte.

Tosh gab sein Debüt als Solokünstler 1976 mit dem Album „Legalize It", das so explizit war, dass es sogar in Jamaika wegen seiner Botschaft zur Legalisierung von Drogen zensiert wurde. Tosh wurde zu einer Art Staatsfeind.

Das spektakulärste Beispiel seiner Kampfbereitschaft war das One Love Friedenskonzert am 22. April 1978, das Bob Marley organisiert hatte, um im Bürgerkrieg zwischen den Anhängern des Premierministers Michael Manley und denen der oppositionellen Jamaikanischen Arbeiterpartei von Edward Saga zu vermitteln. An diesem Abend standen die wichtigsten Reggae-Künstler Jamaikas auf der Bühne – von The Inner Circle bis zu Dennis Brown. Bob Marley war in einer Art Trance und schaffte es, dass die beiden Rivalen sich zum Lied „Jamming" die Hände reichten, in dem es heißt: „Wenn wir wollen, dass unsere Träume wahr werden, dann müssen wir zusammenstehen." Peter Tosh hingegen rauchte auf der Bühne einen Joint und griff beide Politiker mit heftigen Worten für ihre Unterdrückung der Sufferah (Sklaven, Leidenden) im Ghetto und ihr Verbot des Marihuanakonsums an, doch der Kampf hatte gerade erst begonnen.

Vier Monate später wurde Tosh auf dem Heimweg von der Skateland Dance Hall in Kingston festgenommen und von der Polizei halbtot geprügelt.

Da war sie wieder – Babylons Rache, die er ja nur zu gut kannte: Schon 1972, nach einer Polizeirazzia bei sich zu Hause, war er auf dem Boden des

157 Winston Hubert McIntosh, besser bekannt als Peter Tosh, im Jahr 1970. Nachdem er 1976 die Wailers verlassen hatte, gab Tosh „Legalize It"
heraus, gefolgt von „Equal Rights", „Bush Doctor", „Mystic Man", „Wanted Dread and Alive", „Mama Africa" und „No Nuclear War".

156/157)

Kingston Public Hospital wieder zu sich gekommen, umgeben von Polizisten, die den Ärzten verboten, sich um ihn zu kümmern. Toshs zweites Album „Equal Rights" (1977) war daher ein Manifest kämpferischer Musik und enthielt neben einer neuen Version von „Get Up, Stand Up" und der Hymne „Steppin' Razor" (ein Song von Joe Higgs, den er 1967 schon einmal aufgenommen hatte) mit „African", „Equal Rights" und „Apartheid" drei der allerstärksten Songs für soziale Gerechtigkeit in der Geschichte des Reggae.

Mick Jagger war als einer der ersten von Toshs Geist fasziniert und nahm ihn bei Rolling Stones Records unter Vertrag. Zwischen 1978 und 1981 brachte Tosh „Bush Doctor", „Mystic Man" und „Wanted Dread And Alive" heraus. Doch trotz der Unterstützung durch die Rolling Stones schaffte er es nur teilweise, ein größeres Publikum zu finden und gleichzeitig seinen Überzeugungen treu zu bleiben. Trotzdem hörte er nicht auf, seine Botschaft zu verbreiten: 1983 unterschrieb er einen Vertrag mit EMI, veröffentlichte das Album „Mama Africa" und ging auf – wie sich herausstellen sollte – seine letzte Tournee, die am 30. Dezember 1983 in Kingston endete.

Doch jeder Schritt in seiner Karriere war ein Kampf. Tosh wollte nicht, dass seine Platten in Südafrika vertrieben wurden, beschuldigte EMI, ihn nicht genug zu unterstützen, und kehrte der Musikszene für einige Jahre den Rücken zu. 1987 schien seine Karriere mit dem Album „No Nuclear War", das ihm einen Grammy Award als bester Reggae-Künstler einbrachte, noch einmal anzulaufen.

Zu diesem Zeitpunkt gestand Tosh, dass er pleite sei, und wollte auf Tournee gehen, um seine finanziellen Probleme zu lösen. Leider wurde dieser Plan durch eine weitere Nacht der Gewalt im Leben dieses rebellischen Musikers zunichtegemacht. Am 11. September 1987 feierte Peter seine Rückkehr nach Jamaika in seinem Haus im Kingstoner Stadtteil St. Andrew. Dabei waren unter anderem seine Frau Marlene Brown, die Musiker Carlton „Santa" Davis, Michael Robinson und einer seiner vielen Heiler, der Kräuterarzt Wilton Doc Brown.

Tosh erwartete noch zwei weitere Gäste: den DJ Jeff Dixon und dessen Frau Joy. Als es klingelte, öffnete Michael Robinson die Tür. Auf der Veranda standen drei bewaffnete Männer. Einer von ihnen war Dennis „Leppo" Lobban, ein Krimineller aus Kingston, dem Tosh schon oft zu einem Unterschlupf und Geld verholfen hatte. Er war ein Sufferah aus dem Ghetto, dem der Rastakrieger eine Chance gegeben hatte, sein Leben als „Sklave Babylons" hinter sich zu lassen.

Die Umstände jener unheilvollen Nacht sind rätselhaft. Wie um alles in der Welt kam Lobban darauf, seinen eigenen Freund anzugreifen? „Wo ist das Geld?", fragte er ihn wütend. Tosh antwortete, dass er kein Geld im Haus habe, und versuchte, Dennis zur Vernunft zu bringen. In diesem Moment klingelten Jeff und Joy Dixon an der Tür. Die Gangster ließen sie herein und richteten ihre Waffen auf sie. Von Tosh wollten sie weiter wissen, wo er das Geld versteckt habe.

Plötzlich eskalierte die Situation: Es fielen Schüsse, von denen einer Marlene Brown streifte und Joy Dixon im Gesicht traf. Lobban verlor die Kontrolle, richtete seine Pistole auf Tosh und tötete ihn mit zwei Schüssen in die Stirn. Die anderen beiden Diebe eröffneten das Feuer und erschossen Wilton Brown und Jeff Dixon. Marlene Brown gelang die Flucht. Sie verständigte die Polizei, doch es war bereits zu spät. Peter Tosh, der Krieger Steppin' Razor, starb im Alter von 43 Jahren.

Die Situation, die einer Exekution ähnelte, wurde immer rätselhafter. Dennis Lobban wurde am 17. Juli 1988 zum Tode verurteilt, obwohl er seine Unschuld beteuerte. Seine beiden Komplizen konnten nie identifiziert werden, kamen aber angeblich in einem Bandenkrieg um. Am 21. Juli wurde Lobbans Todesurteil in eine lebenslängliche Haftstrafe umgewandelt. Er behauptete weiterhin, er sei verleumdet worden und wäre in dieser Nacht gar nicht in St. Andrew gewesen.

Viele Fragen blieben offen, aber eins ist sicher: Der Tod des Staatsfeindes Peter Tosh in Jamaika kam vielen Leuten sehr gelegen.

159 Peter Tosh 1975 bei einem Konzert: „Ich bin beseelt von meiner Reise durch den Garten der Musik. Es ist ein großer, sehr großer Garten."

160-161 29. Juni 1981: Peter Tosh bei einem Konzert im Rainbow Theatre in London.

JACO

PASTORIUS

Talent und Qualen. Jaco Pastorius ist *das* Symbol dafür, wie eine psychische Krankheit die Kreativität eines Musikers steigern, aber auch sein Leben zerstören kann. Jaco begann mit 13 Jahren, Schlagzeug zu spielen, wie es auch sein Vater Jack, ein Drummer in einer Big-Band, tat. Alelrdings musste er es wenig später wieder aufgeben, weil er sich beim Football das Handgelenk verletzt hatte. Danach kaufte er sich für 15 Dollar seine erste Bassgitarre und fing an zu üben.

Als Drummer war er bereits in der Band Las Olas Brass in Oakland Park in Fort Lauderdale/Florida. 1969 kaufte er sich einen Fender Jazz-Bass und wurde damit später zu einer Musiklegende. Jaco Pastorius spielte als Studiomusiker für verschiedene Rhythm-and-Blues- und Jazz-Bands und arbeitete 1974 mit Pat Metheny an dessen Album „Bright Size Life" zusammen.

Mit seinem ersten eigenen Soloalbum schrieb er dann Geschichte: 1976 kam das Album „Jaco Pastorius" heraus und fortan galt Jaco als bester Bassist der Welt. Angesehene Musiker wie Herbie Hancock, Michael Brecker, Sam & Dave sowie Wayne Shorter spielten mit ihm zusammen. So stellte er sich auch Josef Zawinul von Weather Report vor: „Ich bin der beste Bassist der Welt." Zuerst wollte Zawinul ihm sagen, er solle die Tür von außen zumachen, doch nachdem er ihn spielen gehört hatte, wollte er ihn unbedingt bei den Aufnahmen von „Black Market" dabeihaben.

Dank Pastorius wurden Weather Report zu einer Jazz-Institution. 1981 verließ Jaco die Band, um seine Solokarriere wiederaufzunehmen, zeigte aber bereits erste Anzeichen seiner psychischen Erkrankung: Ein Jahre später, während seiner Japan-Tournee zu „Word of Mouth", rasierte er sich eine Glatze, malte sich das Gesicht schwarz an und warf seinen Bass in die Bucht von Hiroshima. Nach der Tournee wurde eine bipolare Störung bei ihm diagnostiziert (früher auch manische Depression genannt), die sich durch seinen Alkoholkonsum noch verschlimmerte. Jacos New Yorker Wohnung wurde zwangsgeräumt und er musste auf der Straße leben, bis er schließlich für einige Zeit ins Bellevue Hospital eingewiesen wurde. Anschließend kehrte er nach Florida zurück. In Fort Lauderdale lebte er immer wieder wochenlang auf der Straße. Die Musik war seine einzige Rettung – bis zum 21. September 1987: dem Tag, der sein letzter werden sollte.

Jaco wollte mit dem Trinken aufhören, wieder auftreten und sich mit seiner Freundin Teresa versöhnen. Er hatte sich von seinem Bruder Gregory etwas Geld geliehen und Teresa zum Abendessen in ein Thai-Restaurant eingeladen. „Wenn er nicht gestorben wäre", sagte Teresa später, „wäre ich zu ihm zurückgegangen." Zudem rief Jaco seinen Freund Carlos Santana an und bat ihn um Freikarten zu seinem Konzert im „Sunrise Music Theater". Alles schien gut zu laufen – doch dann gewannen seine Dämonen die Oberhand. Jaco sprang angetrunken auf die Bühne und wurde aus der Konzerthalle geworfen.

Inzwischen vollkommen betrunken, beleidigte er Teresa und zog dann in einen anderen Club weiter. Dort jammte er mit einigen Freunden, bis er auch dort vor die Tür gesetzt wurde. Er überredete seinen Freund Ricky Hurt, ihn in den „Midnight Bottle Club" in Wilton Manors zu bringen, um sich Gary Carters Band anzusehen. Doch weil er nicht eingelassen wurde, trat er angeblich eine Glastür ein und prügelte sich mit Luc Havan, einem Ordner des Clubs. Jaco trug unter anderem Brüche im Gesicht davon und wurde ins Krankenhaus gebracht.

Um 4.43 Uhr morgens kam der Krankenwagen mit Pastorius im Broward General Medical Center an. Die Ärzte teilten Jacos Vater Jack mit, dass sein Sohn wohl überleben, aber sein rechtes Auge verlieren würde. Auch der linke Arm würde gelähmt bleiben. Jaco Pastorius lag zehn Tage im Koma und kam nie wieder zu Bewusstsein. Luc Havan bekannte sich des Totschlags für schuldig und wurde zu 22 Monaten Gefängnis und fünf Jahren auf Bewährung verurteilt. Vier Monate später wurde er aus dem Gefängnis entlassen. Mit Jaco Pastorius verlor die Musikwelt einen der besten Musiker aller Zeiten.

163 John Francis Pastorius III. wurde am 1. Dezember 1951 in Norristown/Pennsylvania geboren und wuchs in Fort Lauderdale/Florida auf. Seine erste Bassgitarre kostete 15 Dollar: „Ich spiele mit meinem Instrument wie mit einer menschlichen Stimme. Ich spiele, als würde ich sprechen, ich mag Sänger."

164 und 165 Jaco Pastorius debütierte 1976 mit dem Album „Jaco Pastorius". Im gleichen Jahr stieg er bei Weather Report ein und nahm mit der Band die Alben „Black Market", „Heavy Weather", „Mr. Gone", „8:30", „Night Passage" und „Weather Report" auf.

CHET
BAKER
[23. Dezember 1929 – 13. Mai 1988]

Chesney Henry Baker Junior, besser bekannt als Chet Baker, war 59, wirkte aber sehr viel älter. Sein Gesicht war von seinem ausschweifenden Leben gezeichnet. Seit den 1950er-Jahren war er heroinsüchtig gewesen. 1978 suchte er Zuflucht in Europa, denn in den USA spielte die Trompete, die für so viele große Momente in der Geschichte des Jazz verantwortlich gewesen war, keine Rolle mehr. Chet Baker hatte mit Stan Getz, Charlie Parker und Gerry Mulligan gespielt, das bahnbrechende Album „Chet Baker Sings" veröffentlicht und den größten Teil seines Musikerlebens auf Tournee verbracht.

Doch das Heroin brachte ihm viel Ärger ein. In Italien saß er ein Jahr im Gefängnis, in Deutschland und Großbritannien hatte er Einreiseverbot.

1966, nach einem Konzert in San Francisco, wurde er von einer Diebesbande angegriffen, die ihm die Vorderzähne ausschlug, so dass er länger nicht Trompete spielen konnte und als Aushilfe an einer Tankstelle landete. In „Let's Get Lost" beschreibt Bruce Weber Chet Bakers physischen und persönlichen Verfall, doch dank seines außerordentlichen Talents gelangen dem Musiker mehrere Comebacks.

Zwischen 1978 und 1988 nahm er 40 Alben auf. Das letzte „My Favourite Songs Vol. 1-2: The Last Great Concert", erschien am 28. April 1988, nur zwei Wochen vor Bakers Tod. Elvis Costello verhalf ihm 1983 zum Comeback, als er ihn bat, auf der Single „Shipbuilding" mitzuspielen, die es in die Top 40 der britischen Charts schaffte. Bakers Japan-Tournee von 1987 wird allgemein als Höhepunkt seiner Karriere betrachtet.

Doch durch die Drogen litt er permanent an körperlichen und seelischen Qualen. Sie sind auch für sein mysteriöses Ende verantwortlich. Am 13. Mai 1988 hielt sich Chet Baker allein in seinem Hotelzimmer Nr. 210 im Hotel „Prins Hendrik" in Amsterdam auf. Er sprang aus dem Fenster, und sein Leben endete auf der Straße, da, wo er immer zu Hause gewesen war. Die niederländische Polizei fand Heroin und Kokain in seinem Zimmer und erklärte seinen Tod zum Unfall. Es gab keine Zeugen, also weiß niemand mit Sicherheit, ob es Selbstmord gewesen war oder nicht. Chet Baker wurde auf dem Friedhof Inglewood Park in Kalifornien beigesetzt. Mit seiner Musik und seinem Image eines Jazz-Künstlers, dessen Leben unter einem dunklen Stern stand, wird er für immer in die Musikgeschichte eingehen.

166-167 Chet Baker 1974 bei einem Auftritt im Club „Blue Note" in New York. Zu dieser Zeit erlebte der zerrissene Künstler eines seiner vielen Comebacks. Er hinterließ dem Jazz ein großes Vermächtnis und viele tiefgreifende Emotionen – schon von seinem ersten großen Erfolg „My Funny Valentine" an, das er 1952 mit dem Gerry Mulligan Quartett aufnahm.

168 und 169 Im Dokumentarfilm „Let's Get Lost" von 1988 erzählte der Fotograf Bruce Weber Chet Bakers Leben. Er interessierte sich für Baker, seit er in einem Plattenladen in Pittsburgh das Cover zum Doppelalbum „Chet Baker Sings And Plays with Bud Shank, Russ Freeman and Strings" aus dem Jahr 1955 gesehen hatte.

HILLEL

SLOVAK

„Hillel starb viel zu jung. Es hätte jeden aus unserer Szene treffen können. Wir machten riesige Fehler, doch wir machten sie aus Liebe, und durch einen solchen Fehler wurden wir einer weniger." Michael Balzary, besser bekannt als Flea, war schon mit zwölf Jahren Hillel Slovaks bester Freund, nachdem sie sich auf der Fairfax High School in Los Angeles kennengelernt hatten. Hillel brachte Flea bei, Bass zu spielen, und als Flea immer besser wurde, fragte Slovak ihn, ob er in seiner Band Anthym mitspielen wolle. Zusammen entdeckten sie die Musik, die Drogen und den Lebensstil des Rock 'n' Roll. 1983 gründeten sie mit Anthony Kiedis und Jack Irons die Band, die am allerbesten den verrückten Spirit Kaliforniens repräsentierte: die Red Hot Chili Peppers.

Später verließ Slovak die Peppers für eine Weile, um sich auf seine eigene Band What is this? zu konzentrieren, kehrte jedoch 1985 wieder zurück. Hillel Slovak war die Hauptfigur des wohl bekanntesten Songs der Red Hot Chili Peppers: In „Under The Bridge" erzählt Anthony Kiedis aus den Zeiten, in denen er mit Hillel unter Autobahnbrücken in den schlimmsten Stadtteilen von Los Angeles Heroin von mexikanischen Dealern gekauft hatte. Das Heroin raubte schließlich der Musikwelt nicht nur Hillels Talent, sondern auch den Gitarrensound, mit dem die Red Hot Chili Peppers auf den Alben „Freaky Styley" (1985) und „The Uplift Mofo Party Plan" (1987) so erfolgreich geworden waren.

„Hillel hat unseren Sound erfunden", sagte Anthony Kiedis einmal. Er trieb den nervösen und psychedelischen Funk-Sound voran, der zum Markenzeichen der Peppers wurde und an dem sich viele weitere Bands orientierten. Und Hillel Slovak erschuf das Image der Band. Bis 1987 war er selbst der „Skinny Sweaty Man" aus dem gleichnamigen Song des Albums „The Uplift Mofo Party Plan", ein brillanter Gitarrist, der die Bühne mit seinen bunten Kleidern und seinem ausgeflippten Tanzstil beherrschte. Ein Jahr später allerdings war er nur noch ein Schatten seines früheren Selbsts. Ironischerweise sorgte sich die Band sehr viel mehr um Anthony Kiedis' Drogenabhängigkeit, die viel auffälliger und gefährlicher wirkte. Dabei bemerkten die Musiker gar nicht, dass Hillel den gleichen Weg eingeschlagen hatte und nicht mehr umkehren konnte.

Als Erster machte sich ein Roadie Sorgen und rief gegen Ende ihrer Europatournee Hillels Bruder James an.

Bis zu diesem Zeitpunkt hatte niemand in seiner Familie etwas von Hillels Sucht geahnt. „Er wusste, dass er etwas dagegen tun musste, aber er tat es nicht", sagte James Slovak. „Heroin war zunächst eine kreative und befreiende Erfahrung, verwandelte sich dann jedoch in eine vierjährige Abhängigkeit, die völlig außer Kontrolle geriet." James versprach, ihrer Mutter Esther nichts zu verraten, und Hillel schwor, keine Drogen mehr zu nehmen. Er ging zum Arzt und nahm Medikamente ein. Anthony Kiedis und er wollten gemeinsam clean bleiben. Am 21. Januar 1988 schrieb Hillel in sein Tagebuch, dass er ein neues Leben beginnen wolle.

Doch in den folgenden Monaten legte die Band kurz vor Beginn der Arbeit an ihrem vierten Album noch eine Pause ein. Während diesesr Zeit isolierte Hillel sich immer stärker. Am 25. Juni, einem Samstag, kaufte er Heroin und schloss sich in seiner Wohnung in der Wohnanlage Malaga Castle in Hollywood ein. Irgendwann an diesem Tag muss er an einer Überdosis gestorben sein. Drei Tage später fand ihn sein Freund Keith Barry, nachdem ihn Hillels Nachbar Bob Forrest angerufen hatte.

Hillel lag auf dem letzten Gemälde, an dem er gearbeitet hatte. Um 8.00 Uhr abends gingen Barry und Forrest zu James Slovak, der einen Tag vor Hillels Tod noch mit ihm gesprochen hatte. „Sei vorsichtig, Heroin ist wie russisches Roulette", hatte James ihn gewarnt. „Ich weiß, Bruder", hatte Hillel geantwortet, „ich liebe dich." An der Beerdigung von Hillel Slovak am 30. Juni 1988 um 13.00 Uhr auf dem Jüdischen Friedhof im Mount Sinai Memorial Park nahmen neben Familie, Freunden und Kollegen auch Drogendealer teil. Nur Anthony Kiedis fehlte. Er konnte die Vorstellung nicht ertragen, dass sein Freund gestorben war und er ihm nicht helfen konnte. „Das hätte eigentlich mir passieren müssen", sagte er 1992 in einem Interview mit dem „Rolling Stone". „Ich wusste, dass Hillel innerlich nicht stark genug war. Seine Abhängigkeit hatte ihm seinen Lebenswillen und seinen Selbsterhaltungstrieb genommen", so Kiedis.

171 Die Red Hot Chili Peppers 1985 bei den Aufnahmen zu ihrem zweiten Album „Freaky Styley": (von links nach rechts) Anthony Kiedis, Cliff Martinez, Flea and Hillel Slovak. Slovak nahm noch ein drittes Album mit der Band auf: „The Uplift Mofo Party Plan" (1987). Flea sagte über Hillel, dass er eine Unmenge Talent habe und bei ihm eine Kreativität freisetze, derer er sich gar nicht bewusst war.

PETE

DE FREITAS

Der Videoclip „China Doll" von Julian Cope aus dem Jahr 1989 beschreibt vielleicht am besten das Leben von Pete de Freitas: Ein mysteriöser Motorradfahrer kommt in eine Stadt, erobert ein Mädchen und brennt dann mit ihr durch. Pete de Freitas war der dem Untergang geweihte Held der britischen Rockmusik der 1980er-Jahre – ein leidenschaftlicher Schlagzeuger und Motorradfan, dessen Lebensreise zu Ende war, als er mit seiner Ducati zu einem Studio in Liverpool raste und in einen fürchterlichen Unfall verwickelt wurde.

Vor seinem tragischen Ende war Pete die Seele einer der Bands gewesen, die ein musikalisches Genre mit einer eher düsteren Stimmung schuf.

Die Band Echo & The Bunnymen enstand 1978 auf der Bühne von Eric's Club in Liverpool, ins Leben gerufen von Sänger Ian McCulloch und Gitarrist Will Sergeant. Die beiden suchten auch den Namen aus, denn anfangs ließen sie sich von einem Drumcomputer begleiten, den sie Echo nannten. Im gleichen Jahr stieß auch Gitarrist Les Pattinson zur Band. Bei Zoo, einem Independent-Label in Liverpool, nahmen sie mit „The Pictures on My Wall" ihre erste Single auf.

1980 beschloss die Band, auf den Drumcomputer zu verzichten, und holte stattdessen Pete de Freitas als Schlagzeuger in die Band. Pete erwies sich als weitaus mehr als nur ein Drummer. Seine hypnotischen Trommelrhythmen und sein verstärkter Einsatz von Becken passten perfekt zum Hall von Will Sergeants Gitarre und wurden schnell zur tragenden Säule des eleganten und düsteren Albums „Crocodiles", das am 18. Juli 1980 erschien und Echo & The Bunnymen in die Top 20 der britischen Charts katapultierte. Den ganz großen Erfolg brachten dann „Heaven Up There" und „Porcupine".

Der erste große Hit von Echo & the Bunnymen war „The Killing Moon" (1984) vom Album „Ocean Rain", das die Band in Paris mit einem 35-köpfigen Orchester aufnahm. Es gilt allgemein als *das* Meisterwerk der Band.

Doch auf dem Höhepunkt ihres Erfolgs stieg Pete de Freitas aus. Er verbrachte zwei Jahre in New Orleans, wo er eine neue Band namens The Sex Gods aufbauen wollte und am Ende seinen Exzessen zum Opfer fiel. Unter anderem fuhr er zwei Autos und zwei Motorräder zu Schrott und stellte neue Rekorde in der Zügellosigkeit des Rock-'n'-Roll-Lebensstils auf (angeblich blieb er 18 Tage und Nächte wach). Dann kehrte Pete de Freitas ohne einen Cent nach Liverpool zurück und bat um eine zweite Chance.

Echo & The Bunnymen hatten in der Zwischenzeit mit David Palmer, dem Ex-Schlagzeuger von ABC, ein nach der Band benanntes Album eingespielt. Die Band wollte Pete zwar wieder aufnehmen, allerdings nur als Sessionmusiker gegen ein festes Gehalt. So nahmen sie das ganze Album noch einmal auf. Es erschien 1987 und erreichte Platz vier der britischen Charts. Trotzdem stieg Ian McCulloch ein Jahr später aus und de Freitas, Sergeant und Pattinson machten zu dritt weiter – bis zu jenem tragischen Unfall, der einen der besten Drummer seiner Generation das Leben kosten sollte.

173 Echo & The Bunnymen 1985, nach der Veröffentlichung ihres bekanntesten Albums „Ocean Rain": Ian McCulloch, Pete de Freitas, Les Pattinson und Will Sergeant. Als Pete 1989 bei einem Motorradunfall in der Nähe von Liverpool ums Leben kam, wurde auch er zum „Mitglied" im Club 27.

ANDREW
WOOD

[8. Januar 1966 – 19. März 1990]

Andrew Wood katapultierte Seattle auf die Rock-Landkarte. Er gehörte als Sänger zu einer Musikszene, die die Musik der 1990er-Jahre für immer verändern sollte. Er war ein extravaganter und zerbrechlicher Held, der Freddie Mercury verehrte, sich „Landrew the Love Child" nannte und Make-up und Kostüme im Kiss-Stil trug. Wäre sein Leben nicht schon im Alter von 24 ausgelöscht worden, hätte er gute Chancen gehabt, der erste Superstar aus Seattle zu werden.

Andrew Wood wuchs in Bainbridge Island/Washington auf und gründete mit 14 zusammen mit seinem Bruder Kevin seine erste Band, Malfunkshun. Rockstar zu werden, war sein Lebensziel. Er wurde Landrew the Love Child und folgte der Glam-Rock-Ästhetik nicht nur musikalisch, sondern auch indem er Leben und Kunst untrennbar miteinander verband.

Mit Drogen kam er den Rock-Göttern zwar etwas näher, doch diese Angewohnheit brachte ihn schon 1985, im zarten Alter von 19, in eine Entzugsklinik. Und obwohl Malfunkshun niemals ein Album veröffentlicht hatten, setzten sie Maßstäbe in Seattles Musikszene. Andrews unwiderstehliche Persönlichkeit faszinierte jeden; sie zog Musiker an, die dann den Grundstein für den sogenannten „Seattle-Sound" legten: von Green River bis Chris Cornell (ein früherer Mitbewohner von Andrew). Nachdem Green River sich aufgelöst hatten, gründete Andrew 1988 mit Jeff Ament und Stone Gossard von Green River eine neue Band, Mother Love Bone. Im Folgejahr brachten sie die EP „Shine" heraus und gingen ein Jahr lang auf Tournee. Dann kehrten sie nach Seattle zurück, um ihr erstes Album „Apple" aufzunehmen.

Nun begann Andrews Aufstieg. Doch während seiner Verwandlung zum Superstar musste er mit einem sehr gefährlichen Feind fertigwerden – dem Heroin. Um sich rechtzeitig vor Erscheinen des Albums davon zu befreien, begann er entschlossen mit einem Entzug. Doch nur wenige Tage vor dem geplanten Erscheinungstermin, am 16. März 1990, verabreichte er sich in seinem Haus in Seattle eine Überdosis. Nachdem er drei Tage im Koma gelegen hatte, teilten die Ärzte seinen Verwandten und Freunden mit, dass sie nichts mehr für ihn tun konnten. Am 19. März 1990 wurden die lebenserhaltenden Maschinen abgestellt. „Apple" erschien schließlich am 19. Juli 1990 und wurde als eines der wichtigsten Rockalben der 1990er-Jahre gefeiert. Aus Mother Love Bone enstand später eine Band, die einer der Superstars des Seattle-Rocks werden sollte: Pearl Jam.

174-175 Ein Foto von Mother Love Bone von 1990: Ganz links ist Andrew Wood. Sein Tod bedeutete das Ende der Band, brachte aber auch zwei neue bahnbrechende Grunge-Bands hervor. Sein früherer Mitbewohner Chris Cornell rief im Gedenken

174 Stevie Ray Vaughan nahm
fünf Alben auf, von denen insgesamt 11,5 Millionen Exemplare
verkauft wurden. Er gewann
sechs Grammy Awards. Eric
Clapton sagte über Vaughan:
„Es wird eine Menge Zeit vergehen, bis wir wieder etwas so
Ungewöhnliches zu hören bekommen werden."

STEVIE RAY
VAUGHAN

[3. Oktober 1954 – 27. August 1990]

Es gab nur einen Gitarristen, den man in seinen Fähigkeiten, Rock und Blues miteinander zu kombinieren, mit Jimi Hendrix verglich: Jimmy Vaughans „kleinen" Bruder Stevie Ray Vaughan. Schon als Kind hatte er Stunden mit seiner Gitarre verbracht und Note für Note die Platten nachgespielt, die Jimmy mit nach Hause brachte – ganz besonders die von Hendrix, Buddy Guy, Muddy Waters und B.B. King. Mit nur zehn Jahren spielte Stevie schon bei Texas Storm, der Band seines Bruders, und gründete bald seine eigene Band, Blackbird.

Die Vaughans waren stark vom Blues beeinflusst. Mit 15 zog Jimmy von zu Hause aus. Stevie verdiente weniger als einen Dollar in der Stunde als Tellerwäscher, schmiss dann die Schule und zog mit Blackbird nach Austin/Texas. So begann seine Karriere als Blues-Musiker. In den 1980ern wurde er einer der bekanntesten Interpreten dieses Genres.

Seine neue Band Double Trouble war eine Institution in der texanischen Blues-Szene und wurde 1982 auf das Montreux Jazz Festival eingeladen. Dort wurden zwei ganz besondere Gäste auf Stevies Talent aufmerksam: David Bowie und Jackson Browne. Nachdem Bowie Stevie hatte spielen hören, fragte er ihn, ob er nicht an seinem Album „Let's Dance" mitarbeiten wolle. Browne bot ihm sein Studio in Los Angeles an, wo Double Trouble in weniger als einer Woche ihr erstes Album „Texas Flood" aufnahmen. Die fast gleichzeitige Veröffentlichung von „Let's Dance" (Nummer eins der amerikanischen und britischen Charts) und „Texas Flood" im Jahr 1983 trieb Stevies Karriere voran. Seinen Ruf als großer Blues-Musiker verstärkte er noch mit zwei weiteren Double-Trouble-Alben: „Couldn't Stand the Weather" von 1984 und „Soul to Soul" (1985).

Trotzdem lief nicht alles glatt. Auf den endlosen Tourneen mit Double Trouble geriet Stevie in einen Teufelskreis. Er wurde stark abhängig von Alkohol und Kokain – so stark, dass es schien, als würde auch er dem Fluch der Rockmusik zum Opfer fallen. Er nahm täglich ungefähr sieben Gramm Kokain und jede Menge Whisky und Wodka zu sich. Doch das Schicksal hatte etwas anderes mit ihm vor. 1986 ging Vaughan in eine Entzugsklinik in Atlanta. Er verließ sie wie neugeboren.

„In Step" (1989) markierte den Beginn seines neuen drogen- und alkoholfreien Lebens und wurde zu seinem bis dato größten Erfolg: Es erreichte Platz 33 der US-Charts und gewann einen Grammy Award als bestes Blues-Album. Dieses Comeback wurde im März 1990 noch verstärkt, als Stevie zusammen mit seinem Bruder Jimmy das Album „Family Style" aufnahm. Tragischerweise konnte dieses Album nur noch posthum erscheinen.

Im August 1990 traten Double Trouble als Vorgruppe bei zwei Konzerten von Eric Clapton im „Alpine Valley Music Theatre" in East Troy/Wisconsin auf. Der zweite Abend am 26. August endete mit einer spektakulären Jam-Session. Eric Clapton stellte Jimmy und Stevie als „die beiden besten Gitarristen der Welt" vor. Gemeinsam spielten sie eine sehr lange Version von „Sweet Home Chicago", an der auch Robert Cray und Buddy Guy mitwirkten. Im Saal knisterte es gewaltig. Hinter der Bühne fragte Eric Clapton Stevie dann, ob er mit ihm in einer Reihe von Konzerten in der Royal Albert Hall in London auftreten wolle, aber Stevie war müde und wollte zurück in sein Hotel in Chicago. Eric Clapton bot ihm seinen Hubschrauber an, eine viersitzige Bell 206, die von Jeff Brown geflogen wurde.

Der Tourneemanager Peter Jackson sagte Stevie, dass der Hubschrauber bereits für ihn, Jimmy und dessen Frau Connie reserviert sei. Da die Wetterbedingungen nicht die besten waren, wollten sie schnellstmöglich aufbrechen. Doch als sie zum Hubschrauber kamen, hatten schon drei Mitglieder aus Eric Claptons Entourage die Plätze besetzt: Bodyguard Nigel Browne, Claptons Agent Bobby Brooks und Assistent Colin Smythe. Stevie fragte seinen Bruder, ob er den letzten freien Platz haben könne, weil er unbedingt nach Chicago zurück müsse. Jimmy war damit einverstanden und wollte auf den nächsten freien Hubschrauber warten.

Die Bell 206 hob in dichtem Nebel ab und krachte nach nur wenigen Minuten gegen einen Berg. Alle Insassen kamen ums Leben. Dem Polizeibericht nach hatte Jeff Brown den Berg aufgrund des Nebels nicht sehen können, obwohl er ein sehr erfahrener Pilot gewesen war. Stevie Ray Vaughan war 35 Jahre alt. Sein Bruder Jimmy setzte ihm zusammen mit anderen im Song „Six Strings Down" ein musikalisches Denkmal.

„GITARRIST STEVIE RAY VAUGHAN STIRBT IN WISCONSIN"

[Star Tribune]

178-179 Stevie Ray Vaughan und seine Band Double Trouble. Von links nach rechts: Bassist Tommy Shannon und Drummer Chris Leyton. Der dramatische Hubschrauberunfall passierte nach einem unvergesslichen Konzert mit Eric Clapton in Wisconsin, wie der „Star Tribune" berichtet.

180 Stevie Ray Vaughan mit seiner Fender Stratocaster. Sein Lieblingsmodell, das er 1974 erwarb, stammte aus dem Jahr 1963.

181 2. Juli 1987: Stevie Ray Vaughan bei einem Auftritt im Community Center in Sacramento/Kalifornien.

STEVE
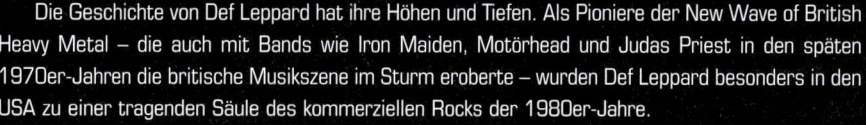
CLARK

[23. April 1960 – 8. Januar 1991]

Die Geschichte von Def Leppard hat ihre Höhen und Tiefen. Als Pioniere der New Wave of British Heavy Metal – die auch mit Bands wie Iron Maiden, Motörhead und Judas Priest in den späten 1970er-Jahren die britische Musikszene im Sturm eroberte – wurden Def Leppard besonders in den USA zu einer tragenden Säule des kommerziellen Rocks der 1980er-Jahre.

Während ihrer langen Karriere mussten die Musiker viele Widerstände überwinden, an erster Stelle Alkoholmissbrauch und -entzug. 1984 hatte Schlagzeuger Rick Allen auf der Autobahn einen tragischen Unfall und verlor dabei seinen linken Arm. Zwei Jahre später wurde Ricks Rückkehr auf dem Monsters-of-Rock-Festival in Castle Donington frenetisch gefeiert – er saß an einem speziellen elektronischen Schlagzeug, das er mit den Füßen bedienen konnte, und spielte darauf genauso gut wie vorher mit beiden Händen.

Rick war ein Symbol für den unerschütterlichen Geist von Def Leppard. Die Band war 1977 in Sheffield entstanden, als Rick Savage und Pete Willis, die beide in einer Band namens Atomic Mass spielten, den gerade einmal 18-jährigen Gitarristen Joe Elliott kennenlernten. Joe erfand dann den Namen Deaf Leopard (der später in Def Leppard geändert wurde). Obwohl er zunächst eigentlich Gitarre spielen wollte, wurde er schließlich zum Sänger, als die Band ihre ersten Auftritte in den Rock-Pubs von Sheffield hatte. Im folgenden Jahr stießen der 15-jährige Rick Allen und Steve Clark als neuer Gitarrist zur Band.

Steve, Sohn eines Taxifahrers aus einem Vorort von Sheffield, fing schon mit elf an, Gitarre zu spielen. Als er bei Def Leppard vorspielte, überraschte er die Band mit einer kompletten Version von „Freebird" von Lynyrd Skynyrd. Man nannte ihn „The Riffmaster"; zusammen mit Pete Willis erfand er den Def-Leppard-Sound. Doch Steve machte auch beim Alkoholkonsum gemeinsame Sache mit Pete. Nach den ersten beiden Alben der Band – „On Through The Night" (1980) und „High'n'Dry" (1981) – musste Pete die Band verlassen, weil er zu viel trank, und wurde durch Phil Collen ersetzt.

Mit seiner Gitarre führte Steve Def Leppard zu den Welterfolgen von „Pyromania" (1983), das sich sechs Millionen Mal verkaufte, und „Hysteria" (1987), das sowohl die Charts in Großbritannien als auch in den USA anführte. Aufgrund von Rick Allens fürchterlichem Unfall dauerte es drei Jahre, bis die Band „Hysteria" aufnehmen konnte: Statt ihn zu ersetzen, beschlossen die anderen Bandmitglieder, so lange zu warten, bis er einhändig wieder Schlagzeug spielen konnte.

Nach „Hysteria" wollten Def Leppard keine Zeit verlieren und so schnell wie möglich ihr fünftes Album „Adrenalize" aufnehmen. Das Problem war Steve Clark, denn er war immer häufiger betrunken. Die Band versuchte, ihm auf jede erdenkliche Weise zu helfen, doch 1989 kollabierte Steve nach einem Auftritt in Minneapolis und seine Kollegen steckten ihn in eine Entzugsklinik. Danach baten sie den Gitarrentechniker Malvin Mortimer, rund um die Uhr auf Steve aufzupassen.

Aber all das nützte nichts und im August 1990 musste Steve die Band für sechs Monate verlassen. Seine Freunde schienen resigniert zu haben und zu glauben, dass ihm nicht zu helfen war. Am 7. Januar 1991 verbrachte Steve den Abend zusammen mit seinem Freund Daniel Van Alphen im Pub. Am nächsten Tag fand ihn seine Freundin Janie Dean tot auf dem Sofa in seiner Wohnung. Sein Blut enthielt Spuren von Valium, Kodein, Morphium und Alkohol. Der „Riffmaster" war erst 30 Jahre alt. Sechs Songs auf Def Leppards neuem Album stammten von ihm.

DEAD

[16. Januar 1959 – 8. April 1991]

EURONYMOUS

[22. März 1968 – 10. August 1993]

Dieses Kapitel beschreibt eine der verstörendsten Episoden der Rockgeschichte überhaupt. Falls es eine Heavy-Metal-Hölle gibt, dann muss sie sich in Norwegen befinden. Hier folgt die Geschichte der Band Mayhem, die zu den Erfindern des norwegischen Black Metal gehört – einer Musikrichtung mit zutiefst beunruhigenden Platten, brutalen Auftritten, Satanismus und Wahnsinn. Mayhem war eine Band, die sich schließlich in Mord und Selbstmord selbst zerstörte.

Mayhem wurden 1984 von Gitarrist Øystein Aarseth, besser bekannt unter dem Künstlernamen „Euronymous", gegründet und veröffentlichten ihr erstes Album, „Deathcrush", 1987. Damit bezogen sie gegenüber anderen skandinavischen Metalbands einen deutlichen Standpunkt, denn nach Euronymous machten sich diese „schuldig", den Todeskult nicht überzeugend genug zu vertreten.

Die 1.000 Exemplare von „Deathcrush" waren in Norwegen schnell ausverkauft. Das Album war das Debüt der Band, die sich 1988 noch einmal neu aufstellte: Neu dazu kamen Drummer Jan Axel Blomberg (Künstlername „Hellhammer") und Sänger Per Yngve Ohlin, eine dunkle Gestalt, die sich „Dead" nannte.

Tatsächlich hatte Dead schon immer mit dem Tod gespielt. Als Junge wurde er in der Schule verprügelt und erlitt innere Blutungen, die ihn fast das Leben kosteten. Seit damals verkündete er immer wieder, dass er eigentlich schon tot sei. Er bemalte sein Gesicht schwarz und weiß und vergrub seine Kleidung in der Erde, bevor er sie anzog, damit er wie eine Leiche aussah und auch so roch. Außerdem erklärte er, dass in seinen Adern kein Blut mehr fließe. Als er sich bei Mayhem bewarb, schickte er der Band eine gekreuzigte Maus

zusammen mit seinem Demoband. Dead hatte das Gefühl, nicht von dieser Welt zu sein, und wurde sogar von seinen Mayhem-Kollegen mit Angst betrachtet.

Seine extreme Interpretation der Black-Metal-Ästhetik trug allerdings zum Erfolg der Band bei und stachelte einige ihrer Fans zu Gewalttaten an. Die norwegische Presse schrieb, dass es Angriffe auf Kirchen gab und dass sich ein „seltsames Phänomen" unter der Jugend des Landes ausbreitete. Black Metal wurde zu einer Modeerscheinung und eroberte Norwegen. 1990 zogen Mayhem in ein altes Haus in den Wäldern um Oslo und arbeiteten dort an dem Album „De Mysteriis Dom Sathanas" (1994), das als Manifest des Black-Metal-Genres gilt. Die morbiden Texte hatte Dead ab 1987 geschrieben. Doch seine Karrieren endete schon, bevor sie richtig begann.

Am 6. April 1991 nahm sich der Junge mit der Todessehnsucht im Haus der Band das Leben. Er schnitt sich die Pulsadern und die Kehle auf und schoss sich dann noch selbst in den Kopf. Seine letzte Nachricht war: „Tut mir leid wegen dem ganzen Blut. Macht's gut." Dieser sinnlose Akt hinterließ sein Werk unvollendet und erschuf weitere verstörende Legenden um seine Person. Als Euronymous Deads Leiche fand, rief er nicht etwa sofort die Polizei, sondern rannte in den nächsten Laden, kaufte eine Kamera und machte Fotos von der Leiche. Eines von ihnen landete auf dem Cover des Live-Bootlegs „Dawn of the Black Hearts" (1995).

Außerdem gab es Gerüchte, er habe Teile des Gehirns seines Freundes gekocht und gegessen. Fragmente des Schädels wurden angeblich in Edelsteine umgewandeltn, die die anderen Bandmitglieder trugen und die sie im Angedenken

an Dead auch anderen Black-Metal-Bands schenkten. Um das Album fertigstellen zu können, fand Euronymous einen neuen Sänger, den Ungarn Attila Csihar, und einen Bassisten: Kristian Varg Vikernes (Künstlername „Count Grishnackh"), der außerdem noch seine eigene Ein-Mann-Band Burzum hatte.

Doch das Album konnte immer noch nicht veröffentlicht werden, denn der Wahnsinn ging weiter. Varg Vikernes war schon einmal festgenommen und angeklagt worden, weil er eine Kirche anzünden wollte. Zusammen mit Euronymous plante er außerdem, den Nidarosdom in Trondheim in die Luft zu sprengen, der auf dem Cover des Albums zu sehen ist. Die beiden schienen sich blendend zu verstehen, jedenfalls bis zum Jahr 1993. Dann fuhr Varg Vikernes am 10. August 500 Kilometer weit von Bergen zu Euronymous nach Oslo.

Er wollte offene Fragen bezüglich der Burzum-Aufnahmen klären und war nicht glücklich mit dem Management der Deathlike Silence Productions, ihrem Independent-Plattenlabel in Oslo. Vielleicht gab es auch noch andere Gründe, warum die beiden in einen heftigen Streit gerieten. Varg zückte ein Messer und stach 23 Mal auf Euronymous ein. Als er später von der Polizei verhört wurde, behauptete er, er habe aus reiner Notwehr gehandelt und dass die vielen Wunden von Glasscherben stammten, in die Euronymous während des Kampfes gefallen sei.

Varg wurde zu 21 Jahren Gefängnis verurteilt; zudem fand die Polizei 136 Kilo Sprengstoff in seinem Haus. Die norwegische Hölle hatte ihre Opfer gefordert. Als „De Mysteriis Dom Sathanas" schließlich erschien, enthielt das Album noch Deads Texte, die Bass-Passagen von Varg Vikernes und die Gitarrenaufnahmen von Euronymous.

185 Dead und Euronymous auf dem Cover des Bootleg-Albums „A Tribute to Black Emperors", das Mayhem 1997 veröffentlichten. In einem Interview sagte Euronymous, dass sein Freund Selbstmord begangen habe, weil er die Trivialität der Öffentlichkeit und die vielen falschen und rein kommerziellen Black-Metal-Bands nicht mehr ertragen konnte.

„DEAD HATTE DIE NASE VOLL VON DEN GANZEN WARMDUSCHERN, SCHICKIMICKIS UND FALSCHEN BLACK-METAL-LÄDEN DER WELT, ALSO BESCHLOSS ER, SEIN IRDISCHES LEBEN ZU BEENDEN."

[Euronymous]

A TRIBUTE TO THE BLACK EMPERORS

JOHNNY THUNDERS

[15. Juli 1952 – 23. April 1991]

Schon 1991 war Johnny Thunders eine Art Fossil – eine frühere Größe der Rockmusik mit den typischen Problemen, die ein exzessives Leben mit sich brachte. Seine Geschichte war die einer ganzen Generation von Straßenkindern aus Queens/New York, die in den frühen 1970ern den Punk als Lebensstil erfanden – mit allen damit verbundenen Risiken.

Seine musikalische Karriere begann er 1967 als Johnny Volume (sein tatsächlicher Name war John Anthony Genzale Junior) mit Johnny and the Jaywalkers. In den folgenden Jahren ging Johnny oft ins „Nobody's", einen Club in der Bleecker Street, in dem er Arthur Kane und Rick Rivets kennenlernte und in deren Band Actress eintrat. 1971 stießen noch drei andere Musiker – Sylvain Sylvain (der Rick Rivets ersetzte), Billy Murcia und David Johansen – zur Band, die sich dann The New York Dolls nannte. Weihnachten 1971 gaben sie ihr erstes Konzert im Endicott Hotel, einer früheren Luxusherberge, die in den 1960er-Jahren in ein Obdachlosenheim umgewandelt worden war und nun ein Auffangbecken für Kriminelle und Drogenabhängige war.

Die Mitarbeiter des Hotels ließen die Band auftreten, als Gage erhielten sie ein kostenloses Abendessen. So begann die Geschichte einer der dekadentesten Bands der 1970er-Jahre, die eine Form des Hardrocks entwickelte, die schon Elemente von Punk und Heavy Metal vorwegnahm. Die New York Dolls spielten fast überall in New York – vom Mercer Arts Center bis zum Transvestitenschuppen „Club 82" im East Village. Doch obwohl sie zu einer Kultband wurden, verschreckten sie die Plattenlabel mit ihrem unangepassten und vulgären Lebensstil.

Ab 1972 musste die Band bitter für ihre Exzesse bezahlen: Während ihrer ersten Großbritannien-Tournee ertrank Schlagzeuger Billy Murcia, bevor er auch nur irgendetwas mit der Band aufgenommen hatte. Er war erst 21. 1973 ersetzte Jerry Nolan Murcia und die New York Dolls veröffentlichten ihr Debütalbum „New York Dolls", das es allerdings nur auf Platz 116 der US-Charts schaffte.

Die Band spaltete und verärgerte die Gemüter der Leute. In einer Meinungsumfrage der Zeitschrift „Creem" wurden die New York Dolls 1973 sowohl zur besten als auch zur schlechtesten Band des Jahres gewählt. Im folgenden Jahr ließ die Band sich von George Morton produzieren – er hatte schon die Shangri-Las und andere Frauenbands der 1960er berühmt gemacht. Doch das Ergebnis „Too Much Too Soon" schnitt in den Charts noch schlechter ab. Mit ihrem letzten Versuch, erfolgreich zu werden, betrauten sie Malcolm McLaren, der das Talent hatte, publikumswirksam zu schockieren.

Doch obwohl diese Strategie bei den Sex Pistols hervorragend funktioniert hatte, scheiterte sie bei den New York Dolls: McLaren steckte die Bandmitglieder in rote Lederoutfits und schickte sie auf eine Minitournee mit fünf Konzerten in den fünf Stadtbezirken von New York, wo sie vor einer riesigen sowjetischen Flagge spielten. Begleitet wurden sie von einer neuen Band namens Television. Thunders beschloss zu dieser Zeit, die New York Dolls zu verlassen. Bis heute gehören ihre ersten beiden Platten zu den wichtigsten Kultalben der Rockgeschichte. Sie sind das Vermächtnis einer Band, die sich der eigenen Zerstörung verschrieben hatte.

1975 gründete Johnny zusammen mit Jerry Nolan, Walter Lure und Richard Hell (der die Band nach nur wenigen Monaten wieder verließ und durch Billy Rath ersetzt wurde) The Heartbreakers. Bei dieser Band verhielt er sich sogar noch hemmungsloser als bei den Dolls. Am 1. Dezember 1976 landeten The Heartbreakers in London. Sie hatten kein Rückflugticket, keine Arbeitsgenehmigung, dafür aber eine gefährliche Sucht nach Heroin und Groupie und Junkie Nancy Spungen.

Damit begann die „Anarchy"-Tournee, eine Serie von Konzerten mit The Clash, den Sex Pistols und Damned. Die Tour machte den Punk zwar in ganz Großbritannien bekannt, zerstörte nach Meinung vieler aber auch etliche englische Bands, die zu jung und zu naiv waren und mit dem Heroinkonsum der Heartbreakers und dem verrückten Benehmen von Nancy Spungen, die ursprünglich mit Jerry Nolan nach London gekommen war, sich dann aber in Sid Vicious verliebte, nicht umgehen konnten.

The Heartbreakers verbrachten das ganze Jahr 1977 in Großbritannien, nahmen dort ihr einziges Album „L.A.M.F." auf, gingen auf eine weitere Tournee und lösten sich dann aufgrund ihrer Exzesse und interner Rivalitäten und Streitigkeiten auf. Johnny blieb in London, spielte „So Alone" ein und organisierte unter dem Namen Johnny Thunders Rebels and The Living Dead außerdem eine Serie von Konzerten im Club „Speakeasy". Neben ihm wirkten dabei unter anderem die ehemaligen Sex Pistols Sid Vicious, Steve Jones und Paul Cook, Phil Lynott von Thin Lizzy, Steve Marriott von den Small Faces und Chrissie Hynde von den Pretenders mit. Nach „So Alone" schien Johnny sein haltloses Leben leid zu sein, denn er kehrte in die USA zurück, heiratete und gründete eine Familie.

187 Johnny Thunders wurde zur Ikone der New Yorker Punk-Szene. 1971 gründete er die New York Dolls, 1975 die Heartbreakers. Drei Jahre später debütierte er mit „So Alone" als Solokünstler. Sein letztes Album war „Copy Cats" (1988). „Viele Leute lieben mich, viele Leute hassen mich – dazwischen gibt es nichts. Das finde ich gut."

188 und 189 Johnny Thunders und die New York Dolls. Mit ihrem Make-up und ihren Outfits waren sie Vorboten der Glamrock-Zeit, doch musikalisch gesehen schuf die Band eine neue Form des Hardrocks, die den Weg für Punk und Heavy Metal ebnete. Thunders sagte: „Die Dolls waren eine Lebenseinstellung. Wenn auch sonst nicht viel, als Lebenseinstellung waren sie toll."

Doch dann zog Johnny nach Detroit und lernte dort Wayne Kramer von MC5 kennen. Gemeinsam gründeten sie Gang War. Sein Versuch, mit seiner Frau Julie ein friedliches, normales Leben zu führen, währte nur kurz. 1979 kehrte Johnny mit Gang War auf die Bühne zurück, doch zwei Jahre später saß er ohne einen Cent wieder in New York. Aber irgendwie schaffte er es immer wieder, sich aufzurappeln.

1982 setzte er seine Rock-'n'-Roll-Reisen fort. Häufig trat er in London (wo er wegen Drogenbesitzes festgenommen wurde) mit seinen Freunden in der britischen Punk-Szene auf.

Seinen 30. Geburtstag feierte Johnny mit einem Konzert im „Irving Plaza" in New York. Anschließend flog er mit seiner neuen Freundin Susanne Blomqvist nach Schweden, um The Heartbreakers noch einmal für Tourneen durch Europa und Japan zusammenzutrommeln. Auch in den folgenden Jahren trat er ununterbrochen auf. Er hatte kein Zuhause und war nicht in der Lage, mit Susanne ein stabiles Leben aufzubauen. Er reiste viel und spielte regelmäßig in Skandinavien, Großbritannien und den USA, mit immer wechselnden Bands (zu einer der letzten gehörten auch Jerry Nolan und Glen Matlock von den Sex Pistols). Seine einzigen Aufnahmen aus dieser Zeit waren „Que Sera Sera" und „Copy Cats", eine Sammlung von Coversongs, die er zusammen mit Patti Palladin einspielte.

Seine Abenteuer und Exzesse wurden zum Stoff von Legenden. Ein Arzt in London behandelte seine Heroinsucht mit Methadon, und in den folgenden Jahren flog Johnny alle zwei Monate zu Arztterminen nach England. Die letz-ten vier Monate seines Lebens verbrachte er wie gehetzt: 1991 spielte Johnny mit seiner neuen Band in Paris und Japan, reiste dann nach Thailand und flog anschließend über London nach Deutschland, um seinen letzten Song aufzunehmen, eine Coverversion von „Born To Lose" mit den Toten Hosen. Am 22. April flog er nach New Orleans und checkte im Zimmer Nr. 37 des „St. Peter Guest House" ein.

Er war 38 Jahre alt und bemühte sich ernsthaft, vom Heroin loszukommen. Doch er hütete auch ein Geheimnis: Er hatte Leukämie.

Am 23. April 1991 fand man ihn in Embryonalstellung tot unter einem Tisch. Der Polizei war klar, dass Johnny an einer Überdosis gestorben sein musste. Für sie war er nur einer der vielen Süchtigen, die nach New Orleans kamen, um dort zu sterben und so verfolgten sie den Fall nicht weiter. Doch sein Tod warf einige Fragen auf. Seiner Biografin Nina Antonia zufolge war die Konzentration von Drogen in seinem Blut nicht hoch genug gewesen, um ihn umzubringen. Außerdem waren Johnnys Pass, seine Kleidung und seine Brieftasche aus dem Zimmer verschwunden.

Seine Freunde glaubten, dass er umgebracht wurde, um an seinen Methadonvorrat zu kommen. Doch die Polizei nahm den Fall nie wieder auf. Der Sänger Willy De Ville, der im Zimmer nebenan wohnte, erzählte der Presse, dass Johnny Thunders mit der Gitarre in der Hand gestorben sei – offensichtlich eine Lüge, mit der er Thunders Respekt zollen wollte. Doch eins ist sicher: Nur wenige andere Musiker lebten für den Rock 'n' Roll, wie Johnny Thunders es getan hatte.

FREDDIE
MERCURY

[5. September 1946 – 24. November 1991]

„Das Wichtigste, Schätzchen, ist doch, ein tolles Leben zu leben. Solange es fantastisch ist, interessiert es mich nicht, wie lange es dauert." Freddie Mercury repräsentierte die extravagante Kreativität von Queen. Er war ein Weltstar, der in jeder Phase seiner 20-jährigen Karriere den Geist seiner Zeit repräsentierte. Freddie Mercury lebte im London der späten 1960er-Jahre, betrat in der Glam-Ära die Bühne und erreichte in den frühen 1970er-Jahren, als er sein Meisterstück „Bohemian Rhapsody" schrieb, einen Gipfel an Virtuosität.

Mitte der 1970er-Jahre brachte er Queen zum Hardrock und in den 1980ern zum Pop. Er arbeitete mit elektronischen Klängen und Videoclips und spielte mit höchstem persönlichem Engagement. Die Fusion aller Kunstformen führte ihn auf völlig neuen Boden. Mit seinen einzigartigen Fähigkeiten als Lead-Sänger machte er Queen zu einer der erfolgreichsten Live-Bands der Rockgeschichte – und lebte sein Leben absolut am Limit. Auf die Frage, ob er den Ruhm auch genieße, antwortete er: „Ich kenne nichts anderes. Für mich ist das normal. So, als würde ich jeden Tag im Lotto gewinnen."

Freddie Mercury verblüffte die Menschen gerne. Er liebte es, zu singen, Spaß zu haben und der größte Star der Welt zu sein. Doch er bezahlte einen hohen Preis für seinen Lebenshunger: „Wenn ich das hier nicht gut machen würde, wüsste ich nicht, was ich sonst machen sollte … Ich kann nicht kochen und ich wäre eine lausige Hausfrau. Ich will lieber weiter Erfolg haben, schöne Songs schreiben und mich verlieben."

1987 wurde bei Freddie Mercury HIV diagnostiziert. Er beschloss, seiner Krankheit mit Arbeit zu begegnen – und das tat er bis zu seinem Tod. In seinen letzten Jahren pendelte er zwischen

don und seiner Villa in Montreux mit Blick auf den See. Sie lag nur einen Steinwurf entfernt von den Mountain Studios, dem Studio der Band, in dem Queen ihre letzten beiden Alben „The Miracle" und „Innuendo" sowie Songs für das nach Freddies Tod erschienene Album „Made in Heaven" aufnahmen.

Freddie umgab sich mit einigen wenigen engen Freunden: Stylistin Diana Mosley, seine persönlichen Assistenten Peter Freestone und Joe Fanelli, seine erste große Liebe Mary Austin und sein Partner Jim Hutton. Er sagte ihnen offen, dass sie sich auf das Schlimmste gefasst machen mussten – und danach so weiterleben sollten, wie sie es immer getan hatten. Bis zum Schluss blieb sich Freddie Mercury mit seinem extravaganten und bombastischen Lebensstil treu.

In Montreux kaufte er eine weitere Wohnung und richtete sie sorgfältig ein, obwohl er wusste, dass er dort nicht mehr leben würde. Peter Freestone berichtete später, dass Freddie akzeptiert hatte, dass er sterben würde, und dass er selbst sich einen alternden Freddie Mercury auch nur schwer vorstellen konnte. In Montreux – einem Ort, der unter normalen Umständen furchtbar langweilig gewesen wäre – hatte Freddie zu einer Gelassenheit gefunden, nach der er sein Leben lang gesucht hatte. Dort schrieb er seine letzten beiden Stücke. „A Winter's Tale" und „Mother Love" wurden zu Abschiedsworten seiner poetischen Seele, die melancholisch, aber furchtlos an einem Leben hing, das von Minute zu Minute mehr dahinschwand.

In seinem Londoner Haus widmete er sich zum ersten Mal seit seiner Zeit am Ealing Art College wieder der Kunst. Er malte abstrakte Aquarelle, aber auch Porträts von seinen Katzen. Seinen Abgang gestaltete er so spektakulär und

letzte Queen-Single hieß „The Show Must Go On" seinen letzten Auftritt hatte er in dem Musikvideo zu „These Are the Days of Our Lives", in dem er zerbrechlich und fast ätherisch wirkt, als stehe er kurz davor, sich aufzulösen. Er hatte seine Szenen darin allein aufgenommen und schaffte es sogar noch, seinem Publikum in der letzten Sequenz ein „Ich liebe euch noch immer" zuzuflüstern.

Und dann verschwand er auf seine typisch theatralische Art. Am 23. November 1991 ließ er Folgendes bekanntgeben: „Nach den kolossalen Spekulationen in der Presse in den letzten 14 Tagen möchte ich heute bestätigen, dass ich HIV positiv bin und AIDS habe. Ich empfand es als korrekt, dies zunächst als meine Privatsache zu betrachten, um die Privatsphäre derer zu schützen, die mich umgeben. Doch jetzt sollen meine Freunde und Fans auf der ganzen Welt die Wahrheit erfahren und ich hoffe, dass sie mich, meine Ärzte und alle anderen auf der Welt im Kampf gegen diese schreckliche Krankheit unterstützen. Meine Privatsphäre war immer etwas sehr Besonderes für mich. Ich bin bekannt dafür, dass ich keine Interviews gebe. Ich bitte um Verständnis, dass ich es auch in Zukunft so halte."

Am nächsten Tag – es war Sonntag, der 24. November 1991 – starb Freddie Mercury um 19.00 Uhr an einer akuten Lungenentzündung. Er war erst 45 Jahre alt. Am 27. November wurde er nach einer privaten Trauerfeier im Beisein seiner Eltern und einiger Freunde, darunter auch Elton John, eingeäschert. Die Zeremonie folgte den Riten des Zarathustrismus, der Religion seiner Eltern. Musikalisch untermalt wurde sie von Aretha Franklins Version von „You've Got a Friend" und der Arie „D'amor sull'ali rosee" aus Verdis Oper „Der Troubadour" gesungen von Montserrat

175 oben Freddie Mercury mit Queen auf der „Live Killers"-Tournee.

175 unten 25. November 1991: Die Titelseite der „Sun" gibt Freddie Mercurys Tod bekannt.

Freddie hinterließ einen großen Teil seines Vermögens der AIDS-Forschung und AIDS-Hilfe, besonders dem Terence Higgins Trust. Queen veröffentlichten eine Gedenksingle mit „Bohemian Rhapsody" und „These Are the Days of Our Lives", die sofort auf Platz eins der Charts stieg und sich 100.000 Mal in nur einer Woche verkaufte. Insgesamt erbrachte sie einen Gewinn von über einer Million Pfund. Angeblich kennt nur Mary Austin den Verbleib von Freddie Mercurys Asche. In Großbritannien erinnert kein Grab oder Denkmal an ihn.

An Freddies Geburts- und Todestag versammeln sich seine Fans vor seinem früheren Haus „Garden Lodge", in dem heute Mary Austin lebt. Das einzige Denkmal für Mercury wurde von Irena Sedlecka geschaffen; es steht in Montreux, am Ufer des Genfer Sees. Ende 1991 gaben Queen ein offizielles Statement ab: „Wir haben das großartigste und meistgeliebte Mitglied unserer Familie verloren. Wir empfinden überwältigende Trauer darüber, dass er nicht mehr bei uns ist, dass er – auf der Höhe seines Schaffens – fallen musste, doch vor allem sind wir sehr stolz darauf, wie er gelebt hat und wie er gestorben ist. Es war ein Privileg für uns, diese magische Zeit mit ihm teilen zu dürfen. Sobald wir können, möchten wir sein Leben so feiern, wie er es gewöhnt war."

Dieser Wunsch erfüllte sich mit einem der beeindruckendsten Events der 1990er-Jahre, dem Freddie-Mercury-Tribute-Konzert im Londoner Wembley-Stadion. Brian May, Roger Taylor und John Deacon hatten persönlich Kontakt zu verschiedenen Musikern und Bands aufgenommen und kamen am 27. März 1992 in Shepherd's Bush in London im Studio zusammen, um zum ersten Mal ohne Freddie zu spielen. Anschließend zogen sie in die Bray Studios in Berkshire und warteten dort auf ihre Gäste.

Die Gästeliste las sich sehr beeindruckend: David Bowie, Annie Lennox, Guns N' Roses, Metallica, Extreme, Def Leppard, Elton John, George Michael, Robert Plant, Mick Ronson, Tony Iommi, Ian Hunter, Bob Geldof, Seal, Lisa Stansfield, Paul Young, Zucchero und Liza Minnelli. Am 20. April 1992 trafen sich die internationalen Rock- und Popstars dann im Wembley-Stadion, um die Kunst und das Leben von Freddie Mercury zu feiern. 100.000 Menschen blickten fasziniert auf die große Bühne, über der ein fast 13 Meter hoher Phoenix thronte.

Erst nach über sieben Stunden Musik gingen die Lichter auf der Bühne wieder aus. Über das Fernsehen hatten mehr als eine Milliarde Zuschauer auf der ganzen Welt das Konzert verfolgt. Brian May schrieb über Freddie: „Die Musik und seine Freunde bedeuteten Freddie alles, ihnen hatte er sich mit Leib und Seele verschrieben. Freddie, seine Musik, seine faszinierende kreative Energie – all das wird niemals vergessen werden." Doch die eindeutigsten Worte zu seiner unglaublichen Karriere kamen von Freddie Mercury selbst: „Wenn ich noch mal von vorne anfangen müsste? Ja, warum nicht – ich würde nur wenig anders machen."

192-193 London, 11. Juli 1986: Freddie Mercury im Wembley-Stadion. Nach nur drei Stunden waren die 80.000 Tickets ausverkauft. Als er einmal zum Thema Ruhm befragt wurde, sagte Mercury: „Ich kenne es nicht anders. Für mich ist das ganz normal, so als würde ich jeden Tag im Lotto gewinnen.""

DAILY Star

BRITAIN'S BRIGHTEST NEWSPAPER

MONDAY, NOVEMBER 25, 1991   Only 25p ...

FREDDIE MERCURY: LAST TRAGIC HOURS

AIDS KILLS THE KING OF ROCK

Music world is in mourning for Queen's superstar singer

FREDDIE'S NIGHTMARE Pages 2-3

DEATH OF A SUPERSTAR: The final curtain for pop's brilliant but tragic Freddie

● TRAGIC rock star Freddie Mercury finally lost his agonising two-year battle against AIDS last night.

He died at his £4 million London home a gaunt shadow of the flamboyant singer who had taken the pop world by storm.

● Freddie, 45, had confessed at the weekend that the years of one-night stands had caught up with him — and that he was HIV positive.

The final curtain was one the Queen singer had long feared. He was a self-confessed bi-sexual and three of his former gay lovers had died of AIDS.

● It was a lonely end for Freddie, who always claimed to be one of the loneliest men in the world. The whole rock world was in mourning last night over the loss of a true superstar.

---

zu „The Works". Er sagte einmal: „W... so erfolgreich sind, Schätzchen? Natürlich mein Charisma!"

195 top 25. November 1991: Die Titelseite des „Daily Star" verkündet den AIDS-Tod des Rockstars.

195 oben 27. November 1991: Elton John und Brian May auf Freddie Mercurys Beerdigung.

197 Der Frontmann hinterließ mit seiner gigantischen Persönlichkeit eine Lücke in der Band, die nie wieder gefüllt werden konnte. Der „Independent" wusste das nur zu gut, als er fragte, wer sich jemals trauen würde, Freddie Mercurys Krone zu tragen.

„WER WIRD ES WAGEN, FREDDIE MERCURYS KRONE ZU TRAGEN?"

[The Independent]

KURT COBAIN

[20. Februar 1967 – 5. April 1994]

„Ich wünschte, ich könnte jemanden um Rat fragen, jemanden, der mir nicht das Gefühl gibt, dass ich widerlich bin, weil ich mein Herz ausschütte und versuche, ständig all die Verunsicherungen zu erklären, die mich jetzt schon seit 25 Jahren quälen." In seinen Tagebüchern kann man in Kurt Cobains Seele lesen – Hunderte handgeschriebener Seiten in Spiralblöcken, auf Hotelnotizblöcken und sogar auf Speisekarten. Die Gedanken, die er auf seinen Tourneen aufschrieb, ähneln Fotografien verwirrter und unsortierter Stimmungen, beschreiben dabei aber doch sehr klar eine besondere Sensibilität, die sich mit einer schwierigen und schwer verständlichen Welt nicht identifizieren konnte. Das war schon immer so bei ihm gewesen.

Kurt wurde in Aberdeen/Washington geboren – ein Ort, den er als Holzfäller-Ghetto bezeichnete und der sich durch einen Mangel an Kultur auszeichnete. Er fühlte sich dort niemals akzeptiert: nicht von seinen Eltern, die sich scheiden ließen, als er sieben Jahre alt war, nicht von seinen Schulfreunden, die ihn hänselten, weil er einen schwulen Freund hatte, und auch nicht von der Gesellschaft, die fand, dass er einfach nur „normal" sein sollte.

Seine Tante schenkte ihm seine erste Gitarre und die ersten drei Beatles-Alben. Dann lernte er den Punk und den Classic Rock kennen, die ihn zu einem alternativen Stil und neuen Betrachtungsweisen brachten. Er machte gerne Musik, ging auf Konzerte, schrieb und malte. Doch aufgrund seiner Freundschaft mit Buzz Osborne und Dale Crover von den Melvins entschied er sich dafür, Musiker zu werden. Punkrock war für ihn gleichbedeutend mit Freiheit und einem Weg, Aberdeen zu vergessen.

Als Kurt kurz vor dem Abschluss die Schule schmiss, setzte ihn seine Mutter vor die Tür. Er versuchte, einen Job zu finden, und wurde Roadie bei den Melvins. 1985 gründete er mit Krist Novoselic seine eigene Band Nirvana. Novoselic war ebenfalls dem Punkrock verfallen und hatte Kurt im Proberaum der Melvins kennengelernt. Sie hörten sich mehrere Drummer an und entschieden sich schließlich für Chad Channing. Nirvanas erste Platte war „Bleach", ein rohes, lärmendes Album, das die Band 1989 in nur 40 Stunden aufgenommen hatte. Es erschien bei Sub Pop Records, dem Independent-Label, das den Seattle-Sound bekannt gemacht hatte.

Der Albumtitel bezieht sich auf ein amerikanisches Plakat zur AIDS-Prävention, das Drogenkonsumenten empfahl, ihre Nadeln mit Bleiche zu desinfizieren. Kurt glaubte, dass diese Substanz die Menschheit retten würde. „Zum ersten Mal probierte ich Heroin 1987 in Aberdeen aus", schrieb er in sein Tagebuch.

„[…] Als ich von unserer zweiten Europa-Tournee mit Sonic Youth zurückkam, beschloss ich, täglich Heroin zu nehmen, denn eine chronische Magenerkrankung, unter der ich schon seit fünf Jahren leide, hat mich buchstäblich an den Punkt getrieben, an dem ich mich umbringen will. […] Da ich mich sowieso wie ein Junkie fühle, kann ich auch gleich einer werden."

Im April 1990 machten sich Nirvana in den Smart Studios in Madison/Wisconsin, mit Produzent Butch Vig an die Arbeit an ihrem zweiten Album. In der Zwischenzeit hatte sich einiges verändert: Nirvana hatten Sub Pop Records verlassen und einen Vertrag bei Geffen Records unterzeichnet. Die Plattenfirma wollte, dass die Band ihre Aufnahmen in den Sound City Studios in Van Nuys/Kalifornien machte.

Chad Channing war am Schlagzeug durch Dave Grohl ersetzt worden, der der Band Energie und Präzision gab; seine Arrangements machten den herben, zornigen Nirvana-Sound viel mitreißender. Das war der Sound von „Nevermind", einem echten Hardcore-Punkrock-Album, das sofort eine ganze Generation in seinen Bann zog. Für sie war das Album ein Mainstream-Pop-Album, und das veränderte die Musik der 1990er unwiederbringlich.

„Nevermind" erschien am 24. September 1991 und verkaufte sich in nur zwei Wochen 400.000 Mal. Im Januar 1992 löste es in den amerikanischen Billboard Charts Michael Jacksons „Dangerous" auf Platz eins ab. Das berühmte Cover des Albums stellt sich offen gegen den Materialismus der modernen Gesellschaft – auch etwas selbstironisch, denn die Band ließ mit diesem Album ihren Independent-Status hinter sich.

Cobain fragte sich oft, wie es zu „Neverminds" Erfolg gekommen war, allerdings ohne eine Antwort zu finden. Er vermutete, dass das Album besser war als der meiste andere Müll, der zu dieser Zeit produziert wurde. In einer Zeit, in der Kommerzialität im Vordergrund stand, proklamierten Nirvana die Rückkehr zur Reinheit und Aggressivität des Rocks, mit einfachen, harten Akkorden und einer ehrlichen Stimme: das Konzept von Musik als authentisches Ausdrucksmittel und Sublimierung von Schmerz und Leid.

Doch für Kurt Cobain sollte eine solche Sublimierung nicht mehr möglich sein. Erfolg ist eine Maschinerie, die einen Menschen zerstören kann. Er war nicht darauf vorbereitet, dass Millionen neugieriger Leute in sein Privatleben eindrangen und er sich immer fehl am Platz fühlte: „Ich fühlte mich dazu gezwungen, ein einsiedlerischer Rockstar zu werden."

199 Kurt Cobain gründete Nirvana zusammen mit Krist Novoselic 1987 in Aberdeen/Washington. 1989 brachte die Band ihr erstes Album „Bleach" heraus, dem „Nevermind" (1991) und „In Utero" (1993) folgten. „Nevermind" verkaufte sich über 30 Millionen Mal.

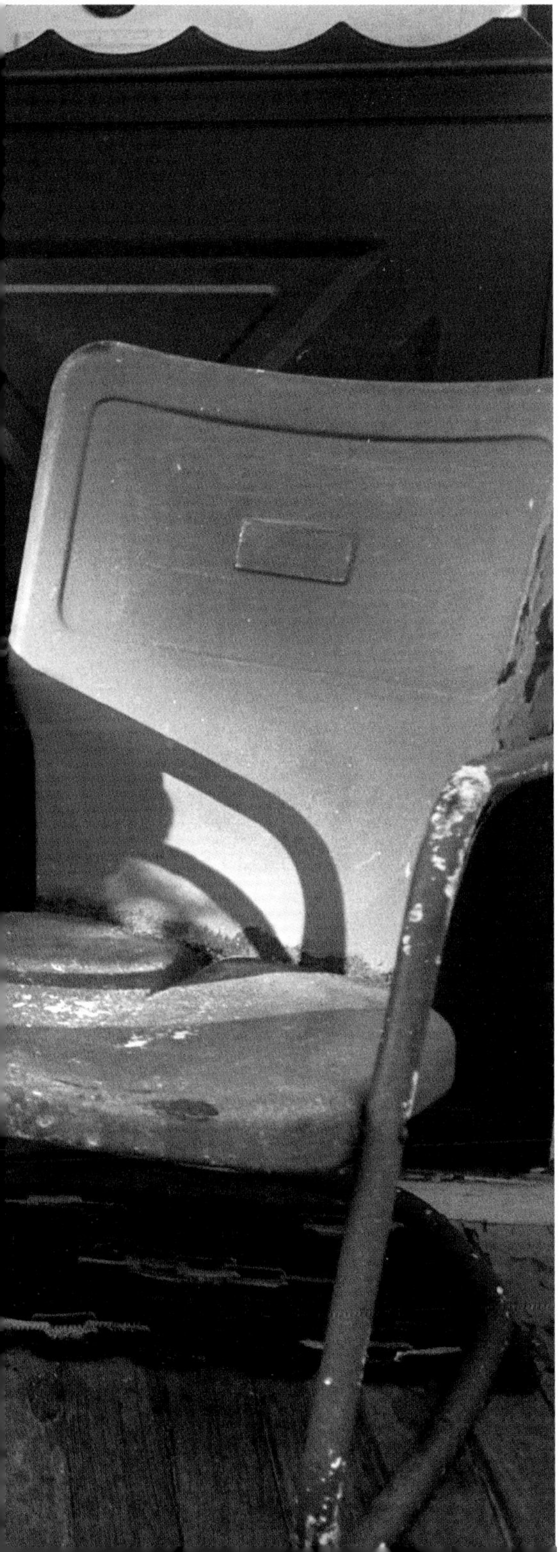

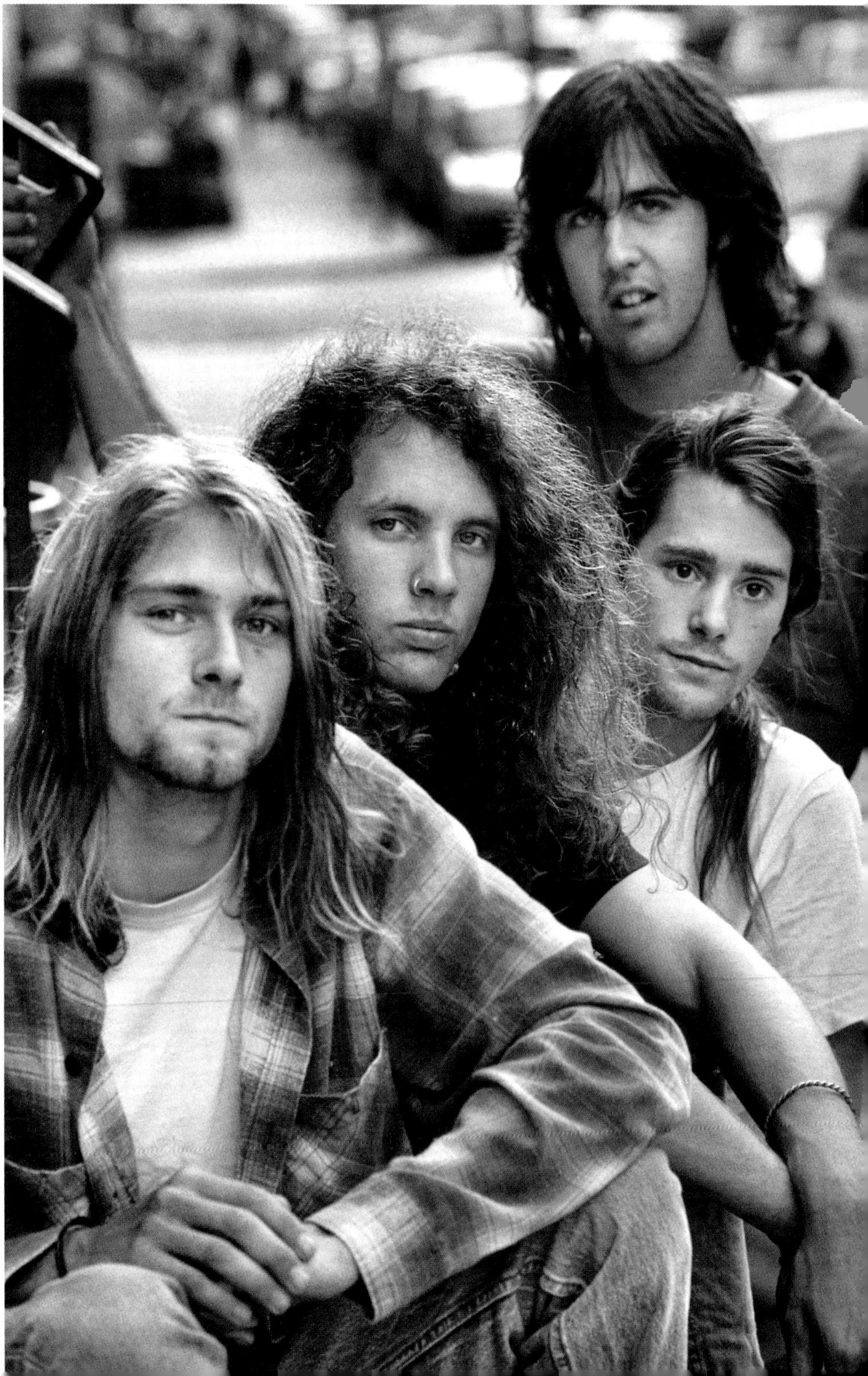

202-203 Kurt Cobain beim Unplugged-Konzert, das am 18. November 1993 in den Sony Music Studios in New York für MTV aufgezeichnet wurde. Das Album „MTV Unplugged" erschien am 1. November 1994, sieben Monate nach Cobains Tod. Es führte die amerikanischen Charts an und verkaufte sich fünf Millionen Mal.

203 oben Ein Foto, das Geschichte schrieb: Kurt Cobains Leiche, fotografiert von Tom Reese für die „Seattle Times".

Die Kritiker betrachteten die Songs von Nirvana als Spiegel einer verstörten und hoffnungslosen Generation ohne Ideale, die leicht depressiv werden konnte. Doch Cobain sagte, dass er seinen Texten nie irgendeinen realen Sinn aufdrücken wollte, und bezeichnete sie als „einen großen Haufen von Widersprüchen". Für ihn war seine Musik gar kein Symbol seiner Generation und sollte es auch nie sein. Sie gehörte einfach nur dazu. Er hatte nur das Schreien Tausender Jugendlicher vertont, die waren wie er. Die Musik war Ausdruck seiner persönlichen Existenzangst, die von anderen geteilt wurde, und hatte darum etwas Universelles. „Ich spreche nur für mich", sagte er.

„Es ist nur so, dass es da eine ganze Menge Leute gibt, die sich für das, was ich zu sagen habe, interessieren. Manchmal macht mir das Angst, weil ich ja genauso durcheinander bin wie die meisten anderen Menschen auch." Der Erfolg von „Nevermind" war zugleich der Anfang von Cobains Ende. Kurt war im Räderwerk des Showbusiness gefangen. Er fühlte sich wie ein reiner Künstler, den man zum Ausverkauf zwang, benutzt und missbraucht. Nicht umsonst trägt einer der Songs auf Nirvanas drittem Album „In Utero" den Titel „Rape Me".

Die Band nahm das Album in nur zwei Wochen in einem ruhigen Studio in Cannon Falls/Minnesota auf. Produziert wurde es von Steve Albini, dem Produzenten von „Surfer Rosa", einem bedeutenden Album von Cobains Lieblingsband The Pixies. Das Album wurde zu einer Art Handbuch für den Geist der Indie-Musik, allerdings gespielt von Superstars. Nirvana bezahlten die Aufnahmesessions aus eigener Tasche und verrieten den Managern von Geffen Records nichts davon, bis das Album komplett fertig war. Kurt wollte ihm außerdem einen verstörenden Titel geben: „I Hate Myself and I Want to Die".

„In Utero" erschien am 13. September 1993. Cobain sagte: „Sicherlich verkaufen wir davon nicht einmal ein Viertel so viel, aber damit fühlen wir uns absolut wohl, weil wir diese Platte so lieben." Tatsächlich aber erreichte „In Utero" Platz eins der Charts und verkaufte sich fünf Millionen Mal. Die Erfolgsmaschinerie ließ keine Flucht mehr zu. Cobain konnte es nicht mehr ertragen, Musik zu produzieren, die aus seinen ureigenen tiefsten Gefühlen kam, dann aber zusehen zu müssen, wie sie zu einem Massenprodukt wurde.

Das letzte Nirvana-Konzert fand am 1. März 1994 in München statt. Vier Tage später fiel Kurt im Hotel „Excelsior" in Rom durch eine Kombination aus Rohypnol und Champagner ins Koma. Unfall oder Selbstmordversuch? Es gab nichts, das ihn noch an das Leben band, nicht einmal Frances Bean, die gemeinsame Tochter mit seiner Frau Courtney Love. Die turbulente Beziehung von Love und Cobain war ein Lieblingsthema der Medien und zu diesem Zeitpunkt bereits von Gewalt und Leid geprägt.

Am 25. März 1994 überredeten Courtney und ihr Freund Dylan Carlson Kurt zu einem Entzug. Am 30. März ging Kurt in das „Exodus Recovery Center" in Los Angeles, hielt es dort aber nur zwei Tage aus. Er lief davon und flog nach Seattle. Dann verschwand er. Courtney engagierte einen Privatdetektiv, um ihn zu finden. Kurt war zu seiner Villa am 171 Lake Washington Boulevard East gefahren, die in einem Upper-Class-Wohnviertel am Stadtrand von Seattle lag. Dort versteckte er sich im Gewächshaus über der Garage und schoss sich mit einem Gewehr vom Typ Remington M-11 in den Kopf.

Am Morgen des 8. April 1994 fand ihn ein Elektriker, der die Alarmanlage des Hauses reparieren sollte. Dem Gerichtsmediziner zufolge war Cobain schon seit drei Tagen tot. Neben ihm lag ein Zettel, den er an Boddah, einen imaginären Freund aus seiner Kindheit gerichtet hatte – ein letzter Pinselstrich am Porträt seiner verstörten Seele. Kurt schrieb, dass er schon seit vielen Jahren keine Freude mehr beim Hören oder Schreiben von Musik empfunden habe.

Er fühlte sich schuldig und wollte seine Fans nicht länger belügen, indem er so tat, als würde es ihm Spaß machen: „Ich habe es gut, sehr gut, und ich bin dankbar dafür, aber seit ich sieben war, habe ich einen Hass auf alle Menschen entwickelt. Es scheint so einfach für die Leute zu sein, mit ihrem Leben zurechtzukommen und Empathie zu empfinden. Ich schätze, es liegt daran, dass ich die Menschen im Grunde liebe und sie mir so leid tun. Ich danke euch allen aus den tiefsten Tiefen meiner brennenden Magengrube, der es ständig schlecht ist, für eure Briefe und euer Interesse in den letzten Jahren. Ich habe wohl doch zu viel von einem sprunghaften, launischen Baby! Ich empfinde keine Leidenschaft mehr, und ihr wisst ja: Es ist immer besser, zu verbrennen, als langsam zu verlöschen."

205 „Ich träume gerne davon, dass die junge Generation eines Tages vernünftig genug sein wird, sich zu solidarisieren. Ich würde gerne schleichend unausweichliche Möglichkeiten schaffen, die durch nichts begründet sind als meine authentische Aufrichtigkeit. Ich mag Aufrichtigkeit. Mir fehlt Aufrichtigkeit. Dies sind keine weisen Worte, sondern ein Haftungsausschluss für meinen Mangel an Bildung, meinen Mangel an Inspiration, meine nervtötende Suche nach Zuneigung und meine schändliche Nachlässigkeit vielen gegenüber, die ungefähr mein Alter haben. Es ist noch nicht mal ein Gedicht. Es ist einfach nur ein Riesenhaufen Scheiße. Genau wie ich."

Kurt Cobain.

SHANNON
HOON

[26. September 1967 – 21. Oktober 1995]

Richard Shannon Hoon schrieb seinen ersten Song „Change" 1985, als er erst 18 Jahre alt war: „And when you feel your life ain't worth living/You've got to stand up and take a look around you/Then a look way up to the sky. [...] When life is hard, you have to change." – „Und wenn du glaubst, dass dein Leben nicht lebenswert ist/Dann musst du aufstehen und dich umsehen/Und dann schau nach oben in den Himmel. [...] Wenn das Leben schwer ist, musst du dich verändern."

Shannon Hoon war ein Junge aus Indiana und sang in einer Band namens Styff Kytten. Seine Schwester Anna war seit der Schulzeit mit Axl Rose befreundet, dem Sänger von Guns N' Roses.

Dieser erste Song und diese Freundschaft verhalfen Shannon zu seiner Rockmusik-Karriere. 1989 zog Shannon Hoon nach Los Angeles. Eines Nachts spielte er auf einer Party „Change" und lernte so zwei andere Musiker kennen. Brad Smith und Rogers Stevens fragten ihn, ob er mit ihnen zusammenspielen wolle. Das war die Geburtsstunde von Blind Melon, einer der vielversprechendsten Bands in der Indie-Rockmusik der 1990er-Jahre.

In der Zwischenzeit hatte auch Shannon sich mit Axl Rose angefreundet, der ihn während der Aufnahmen der beiden Guns N' Roses-Alben „Use Your Illusion I + II" ins Studio einlud. Shannon begleitete Rose bei einigen Songs und erschien auch im Videoclip zu „Don't Cry", eine der beliebtesten Singles des Jahres.

Die Bühne war frei für Blind Melon – die Band sollte die neue Sensation in der amerikanischen Indie-Rockmusik werden. Aber es gab ein Problem: Shannon Hoon war stark drogenabhängig. Er mischte Halluzinogene und Marihuana, um seiner psychedelischen Inspiration zu folgen, doch er nahm auch Heroin und Kokain.

Und der Erfolg schien seine Probleme noch zu verschlimmern. 1992 zogen Blind Melon in ein Haus in Durham/North Carolina und nahmen ihr erstes Album auf: „Blind Melon", das mit „No Rain" begann. Der Song erzählt eine surreale Geschichte von Einsamkeit und Erlösung, die die Öffentlichkeit der Generation X faszinierte und das Album auf Platz drei der US-Charts brachte. Sofort nach Erscheinen des Albums ging die Band auf eine zweijährige Tournee.

Und Shannon geriet völlig außer Kontrolle. Bei einem Auftritt als Vorgruppe von Lenny Kravitz in Orlando im Oktober 1993 rauchte er auf der Bühne Marihuana. In Vancouver wurde er festgenommen, weil er ins Publikum pinkelte. 1994 beendete er das Woodstock-II-Festival total zugedröhnt mit Acid und warf einen Teil des Schlagzeugs ins Publikum. Im gleichen Jahr griff er bei den Billboard Music Awards einen Ordner an.

Verhaftungen, Exzesse, Selbstzerstörung – Hoon ging den Weg des psychedelischen Rockstars und schien sich nicht bremsen zu können. Jedenfalls nicht, bis seine Tochter Nico Blue geboren wurde. Blind Melon standen nun kurz vor der Veröffentlichung ihres zweiten Albums „Soup", und Shannon fasste den Entschluss, keine Drogen mehr zu nehmen. Er nahm an einem Entzugsprogramm teil und engagierte danach einen persönlichen Drogenberater, der Tag und Nacht auf ihn aufpasste.

Es sah so aus, als ob er es schaffen würde, doch dann musste die Band für „Soup" wieder auf Tournee gehen. Hoons Drogenberater war absolut dagegen, aber die Band fuhr trotzdem. Und so endete Shannons Karriere im Alter von 28, am Morgen des 21. Oktober 1995, in New Orleans. Blind Melon sollten dort im Club „Tipitina's" auftreten. Ein Roadie wollte Shannon im Tourbus für den Soundcheck wecken. Aber Shannon wachte nicht mehr auf – er hatte versehentlich eine Überdosis Kokain genommen. Sein Drogenberater war einige Tage zuvor gefeuert worden.

Der Junge aus Indiana fand seine letzte Ruhe auf einem Friedhof in Dayton. Auf seinem Grabstein ist der Text seines ersten Songs „Change" eingraviert.

208 7. Oktober 1995: Blind Melon live im „Shoreline Amphitheater" in Mountain View/Kalifornien. Ein paar Tage später wurde Shannon Hoon vor einem Auftritt im „Tipitana's" in New Orleans tot im Bus der Band gefunden, wie die „New York Times" berichtet.

209 Blind Melon 1993: Rogers Stevens, Shannon Hoon, Glen Graham, Brad Smith und Christopher Thorn.

„SHANNON HOON STARB AM SAMSTAG IM BAND-BUS AUF EINEM PARKPLATZ IN NEW ORLEANS."

[The New York Times]

JEFF BUCKLEY

1994 erschien mit „Grace" ein Album, das sofort in die Rockgeschichte einging. Es war das großartige Debüt eines extrem gutaussehenden und ruhelosen Sängers: Jeff Buckley.

Jeff Buckleys Geschichte gehört zu denen, die einen glauben lassen, dass es in der Welt der Rockmusik tatsächlich so etwas wie Schicksal gibt und dass echte Kunst auch vor der reinen Existenz nicht halt macht. Jeff Buckley war der Sohn von Tim Buckley, einem talentierten Sänger der 1960er-Jahre, der eine unglaubliche Stimme mit einem Spektrum von Folk über psychedelische Musik bis hin zu Jazz gehabt hatte.

Tim Buckley war 1975 mit nur 28 Jahren gestorben, zerstört von Exzessen und ständiger innerer Unruhe. Sein Sohn Jeff hatte seine Stimme und sein Talent geerbt, aber auch sein kurzes Leben schien verflucht. Erst mit acht Jahren, im Frühling 1975, traf Jeff seinen Vater zum ersten Mal.

Tim war nicht bei der Geburt seines Sohnes am 17. November 1966 in Anaheim/Kalifornien dabei gewesen. Er hatte einige Monate zuvor seine Frau Mary Guibert verlassen, um sich auf seine Karriere zu konzentrieren. Also wuchs Jeff in Orange County bei seiner Mutter und deren neuem Partner Ron Moorhead auf. Kurz nachdem Tim Buckley seinen Sohn zum ersten Mal getroffen hatte, starb er an einer Überdosis Drogen.

Jeff Buckley bekam seine erste Gitarre, eine Gibson Les Paul, als er 13 war. Er beschloss, Musiker zu werden, denn er war vom Erbe seines Vaters besessen. Am 26. April 1991 sang er zum ersten Mal in der Kirche St. Ann's in Brooklyn, der gleichen Kirche, in der Lou Reed und John Cale 1989 zum Gedenken an Andy Warhol aufgetreten waren.

Für Jeff war dies ein wirklich besonderer Anlass, ein Abend im Angedenken an seinen Vater. Von Gitarrist Gary Lucas begleitet, ging Jeff auf die Bühne und sang ein Lied, das sein Vater für ihn und seine Mutter geschrieben hatte: „I Never Asked To Be Your Mountain". Das Publikum war übewältigt von dieser Offenbarung reinen Talents: „Ich bedauerte, dass ich nicht auf der Beerdigung meines Vaters gewesen war, dass ich ihm nie irgendetwas mitteilen konnte", sagte Jeff.

„Mit diesem Konzert erwies ich ihm die letzte Ehre." Tatsächlich vertrieb der Abend die dunklen Wolken über der Beziehung zu seinem Vater und unterstützte ihn auch in seiner beruflichen Entwicklung. 1993 gab Jeff Buckley sein Debüt mit der Live-EP „Live at Sin-é", die bei einem seiner Auftritte im Café „Sin-é" am St. Mark's Place in New York aufgenommen worden war. Die Platte enthielt vier Songs – genug, um die ganze Welt mit seiner Stimme zu bezaubern, besonders mit dem Song „Eternal Life" und einer zehnminütigen Coverversion von Van Morrisons „The Way Young Lovers Do".

Ein Jahr später veröffentlichte Jeff Buckley sein erstes Album. „Grace" enthielt zehn sehr poetische Songs, die zu einem Meilenstein der Rockmusik der 1990er-Jahre wurden.

Jeff Buckley umgab eine geheimnisvolle Aura. Er hatte eine engelsgleiche Stimme und eroberte das Publikum mit seinem Charisma und seinem zerbrechlichen, romantischen Wesen. Aber er war ruhelos und von Angst getrieben.

Obwohl er eine lange, triumphale Welttournee bewältigt hatte, schaffte er es nicht, ein neues Album zusammenzustellen. Und was noch schlimmer war: Er hatte Probleme mit seiner Band. Zusammen mit Tom Verlaine von der Band Television begann er 1996 mit der Arbeit an einem neuen

Album namens „My Sweetheart The Drunk", aber er war nicht zufrieden mit den Aufnahmen.

Er zog nach Memphis/Tennessee und wollte dort noch einmal neu anfangen. Jeden Abend spielte er im „Barristers", einer Bar im Zentrum von Memphis, wo er neue Songs ausprobierte, die er selbst mit einem Vierspurrekorder aufgenommen hatte. Als er schließlich zufrieden war, bat er seine Band und Andy Wallace, den Produzenten von „Grace", nach Memphis zu kommen, um das Album fertigzustellen. Die Aufnahmen sollten am 30. Mai 1997 beginnen.

Doch das Schicksal lauerte schon auf Jeff Buckley. Am Abend des 29. Mai 1997 war er mit seinem Freund Keith Foti am Wolf River Harbour, einem Stauwasserkanal des Mississippi, unterwegs. Nachdem sie ein bisschen durch die Gegend gefahren waren, wollte Jeff einen Spaziergang am Fluss machen. Sie hatten eine Gitarre und ein tragbares Radio bei sich. Um 21.00 Uhr hatte Jeff auf einmal Lust, schwimmen zu gehen. Keith sah ihm dabei zu, wie er ins Wasser sprang.

Jeff war vollständig angezogen und sang den Refrain aus Led Zeppelins „Whole Lotta Love". Ein Schiff fuhr vorbei und erzeugte eine Welle. Keith räumte das Radio und die Gitarre weg, damit sie nicht nass wurden. Als er wieder zu Jeff hinsehen wollte, war er verschwunden. Der Fluss hatte ihn verschlungen. Man fand seine Leiche einige Tage später, am 4. Juni 1997, im Mississippi.

Eine Autopsie erwies, dass Jeff Buckley, 30 Jahre alt, ertrunken war. In seinem Blut wurden keine Spuren von Alkohol oder Drogen gefunden, es war einfach ein Unfall gewesen. Ein Fluch. „Nun, meine Zeit ist gekommen", hatte er auf „Grace" noch gesungen, „Ich habe keine Angst vor dem Sterben. Meine schwächer werdende Stimme singt von der Liebe …"

211 Ein starkes Porträt von Jeff Buckley, der einmal erklärte: „Wenn ich keine Musik machen würde, würde ich total verrückt werden. Oder […] ich würde mir etwas anderes suchen. Irgendetwas Künstlerisches. Aber die Musik ist das, was meiner Seele am besten entspricht."

MICHAEL
HUTCHENCE

[22. Januar 1960 – 22. November 1997]

„Suicide Blonde" war der Song, der das wilde, hoffnungslose Leben von Michael Hutchence, dem Sänger und Songwriter von INXS, einfach auf den Punkt brachte. Seine „Suicide Blonde" war Paula Yates, die hübsche Fernsehmoderatorin, die, wie er, verdammt zu sein schien und ihn 1985 für die TV-Sendung „The Tube" interviewte. 1985 standen INXS an einem Wendepunkt ihrer Karriere. Die Band war 1977 im australischen Sydney als The Farriss Brothers gegründet worden.

INXS traten zuerst in den Rock-Pubs in Sydney auf und nahmen 1980 ihr Debütalbum „INXS" auf. „Underneath the Colours" (1981) brachte ihnen den Erfolg in ihrer Heimat; das Folgealbum, „Shabooh Shoobah" ebnete den Weg für die Band in den USA. Drei Jahre später gelang INXS mit „Kick" eine kleine Sensation: Das Album stieg bis auf Platz drei der US-Charts und verkaufte sich zehn Millionen Mal. Es enthielt mit „Need You Tonight" den allergrößten Hit der Band. Hutchence wurde ein Superstar und war mit Kylie Minogue zusammen.

Für ihr nächstes Album ließen sich INXS drei Jahre Zeit. Dann erschien „X" und erreichte in den britischen Charts Platz zwei und in den USA Platz fünf. Außerdem enthielt es die Single „Suicide Blonde". Michael Hutchence selbst sagte einmal, dass Kylie Minogue ihn zu diesem Song inspiriert habe, als sie sich für eine Filmrolle die Haare blond färbte.

Schleichend war die „Suicide Blonde" schon zu einem Teil seines Lebens geworden, auch wenn er noch Zeit für eine Beziehung mit dem Model Helena Christensen hatte. Mit Helena hatte er auch ein Erlebnis, das sein weiteres Leben stark beeinflussen sollte: Als die beiden einen Club in Kopenhagen verließen, stießen sie mit einem Taxi zusammen. Der Fahrer und Michael gerieten in einen Streit, bei dem Michael zu Boden ging und sich einen Schädelbruch zuzog.

Dadurch verlor er seinen Geruchssinn und teilweise auch seinen Geschmackssinn. Viele Freunde und Bekannte sagten, dass dies seine Depressionsschübe und sein zunehmend gewalttätiges Verhalten auslöste. Während der Aufnahmen zu „Full Moon, Dirty Hearts" (1993) bedrohte Michael den Bassisten Gary Beers mit einem Messer. Der Regisseur Richard Lowenstein erzählte, dass Michael einmal weinend in seinen Armen gelegen und geschluchzt hatte: „Ich kann meine Freundin nicht mehr riechen und schmecken!"

Vor allem der Geruchssinn soll sehr stark mit unseren Gefühlen verbunden sein, er soll unser Leben im Grunde prägen. 1994 war Michael in Paula Yates' provozierender neuer Fernsehshow „Big Breakfast" zu Gast. Die beiden verliebten sich Hals über Kopf ineinander. Paula war allerdings noch mit Bob Geldof verheiratet, mit dem sie drei Töchter hatte. 1995 trennte sie sich von ihrem Mann, ein langer Sorgerechtsstreit wegen der Kinder folgte.

Natürlich war die Presse an Paulas Beziehung zu Michael interessiert und wollte mehr über diese Dreieckskonstellation erfahren. Der Druck und der Stress wurden für Michael unerträglich. 1995 bekam er das Antidepressivum Prozac verschrieben. Im folgenden Jahr wurde Paula Yates von Bob Geldof geschieden und brachte Michaels Tochter Heavenly Hiraani Tiger Lily Hutchence auf die Welt.

1997 feierten INXS ihr 20-jähriges Bestehen mit einer dreimonatigen Jubiläumstournee durch Australien. Michael Hutchence landete am 18. November in Sydney und checkte unter dem Decknamen Mr. Murray River im Zimmer Nr. 524 des Hotels „Ritz Carlton" ein. Paula Yates und Tiger Lily konnten nicht kommen, denn Geldof ließ seine Töchter Pixie und Peaches nicht fahren, damit sie nicht so viel in der Schule verpassten.

Das Gericht sollte klären, ob die Mädchen zumindest in den Weihnachtsferien nach Australien fliegen durften. Michael Hutchence sehnte sich sehr nach seiner kleinen Tochter, die er seit vier Monaten nicht mehr gesehen hatte, und es belastete ihn, dass er in den Medien und in der Öffentlichkeit so dargestellt wurde, als hätte er eine Familie zerstört.

Am 21. November 1997 aß Michael um 19.30 Uhr mit seinem Vater zu Abend. Er erzählte ihm von seinen Problemen, schien aber nicht deprimiert zu sein. Um 23.00 Uhr besuchten ihn seine Ex-Freundin Kym Wilson und ihr neuer Freund Andrew Rayment im Hotel und trafen ihn in Gesellschaft von zwei Frauen an. Sie waren die Letzten, die ihn lebend sahen.

Michael wollte in sein Zimmer, um nachzusehen, ob es etwas Neues aus London gebe. In der Zwischenzeit hatte er einen Anruf von seiner Managerin Martha Troup erhalten, die eine Geschäftsidee mit ihm besprechen wollte, sobald auch sie in Sydney war.

Michael, Kym und Andrew tranken noch etwas und sprachen über Michaels Schauspielkarriere. Beide hatten den Eindruck, dass Michael besorgt und frustriert war, aber nicht verzweifelt. Er erzählte ihnen, dass dies seine letzte Tournee mit INXS sein würde. Morgens um 4.30 Uhr rief Michael in London an, aber die Leitung war besetzt.

Um 4.40 Uhr telefonierte er mit seinem Freund Nick Cave. Kurz vor 5.00 Uhr brachen Kym und Andrew auf. Sie tauschten ihre Telefonnummern aus und sagten Michael, er solle sie anrufen, falls er irgendetwas brauche. Um 5.00 Uhr morgens wurde ein Hotelgast im Nebenzimmer von lauten Schreien geweckt. Paula hatte Michael am Telefon gesagt, dass die Anhörung wegen der Kinder auf den 17. Dezember verschoben worden war und dass sie England bis dahin nicht verlassen wollte. Michael war am Boden zerstört. Ein paar Minuten später rief Bob Geldof an. Es war ein schlimmes Telefonat.

213 oben 1977 gründete Michael Hutchence in Sydney INXS. Der Name war ein Vorschlag von Gary Morris, dem Manager von Midnight Oil, als Tribut an die britische Band XTC und die australische Marmeladenmarke IXL. Gesprochen wird er „in excess", also „exzessiv".

214 6. November 1990: Michael Hutchence auf der Bühne der Frankfurter Festhalle bei der Tournee zu „X". dem siebten Album der Band.

215 INXS 1997 bei einem Konzert.

Bob erklärte, dass das Gericht diese Entscheidung gefällt habe und nicht er, und versuchte, Michael zu beruhigen und ihm die Situation zu erklären. Er schlug sogar vor, sich zu treffen.

Doch Michael legte auf. Um 6.00 Uhr morgens rief er seine Ex-Freundin Michele Bennett an und hinterließ ihr eine Nachricht. Er schien betrunken zu sein. Um 9.40 Uhr versuchte Michael, Martha Troup in ihrem Büro zu erreichen, aber sie nahm nicht ab. Er sagte auf ihrem Anrufbeantworter, dass er die Nase voll habe. Um 9.54 Uhr wurde Michele wach und rief ihn zurück. Michael erzählte ihr, dass er sehr erschöpft sei, aber nicht schlafen könne. Er wusste nicht, wie er die für diesen Tag angesetzten Proben mit INXS schaffen sollte, und brach sogar in Tränen aus.

Michele bat ihn, auf sie zu warten – sie sei auf dem Weg ins Hotel und gleich da. Sie hatte ein Buch dabei, denn sie hatte Michael schon oft beim Einschlafen geholfen, indem sie ihm etwas vorlas. Seine letzte Nachricht hinterließ Michael an der Rezeption des Hotels. Darin ließ er den Tourneemanager Jon Martin wissen, dass er später nicht zu den Proben kommen würde. Um 10.40 Uhr klopfte Michele an seine Zimmertür – keine Antwort. Sie versuchte, im Zimmer anzurufen, aber Michael nahm nicht ab. Michele glaubte, er sei schließlich doch eingeschlafen, und schob ihm einen Zettel mit ihrer Handynummer unter der Tür durch.

Dann ging sie in ein Café, um auf seinen Anruf zu warten – den sie nie erhielt. Um 11.50 Uhr öffnete ein Zimmermädchen Zimmer Nr. 524, um dort sauberzumachen. Michael Hutchence kniete nackt auf dem Boden. Er hatte seinen Gürtel um den automatischen Türschließer gelegt und sich erhängt. Die Polizei fand flaschenweise Alkohol, Spuren von Kokain, viele Medikamente und eine offene Ampulle Prozac im Badezimmer. Im Polizeibericht hieß es „Tod durch Selbstmord". Aber stimmte das auch?

Paula Yates hatte ihre Zweifel daran: Michael war sexuell sehr abenteuerlustig gewesen und liebte extreme erotische Experimente, so auch autoerotische Atemkontrolle. Yates hielt seinen Tod für einen Unfall, denn sie war davon überzeugt, dass Michael Tiger Lily und sie niemals verlassen hätte. Doch keiner der Zeugen und Ärzte, die an der Untersuchung beteiligt waren, teilte diese Hypothese: In seinem Zustand sei er sicher nicht zu erotischen Spielchen aufgelegt gewesen, hieß es. Niemand weiß, was wirklich in Zimmer Nr. 524 passierte.

Paula Yates, die „Suicide Blonde", starb am 17. September 2000. Sie wurde tot in ihrem Haus in Notting Hill/London gefunden.

Michael Hutchence war ihr Leben gewesen. Ohne ihn sah sie keinen Grund, weiterzuleben. In ihrem Zimmer fand man Alkohol, Medikamente und Heroin. Hatte sie versehentlich eine Überdosis genommen oder hatte sie sich umgebracht? Auch das konnte nie geklärt werden. Nach ihrem Tod beantragte Bob Geldof mit Erfolg das Sorgerecht für die kleine Tiger Lily.

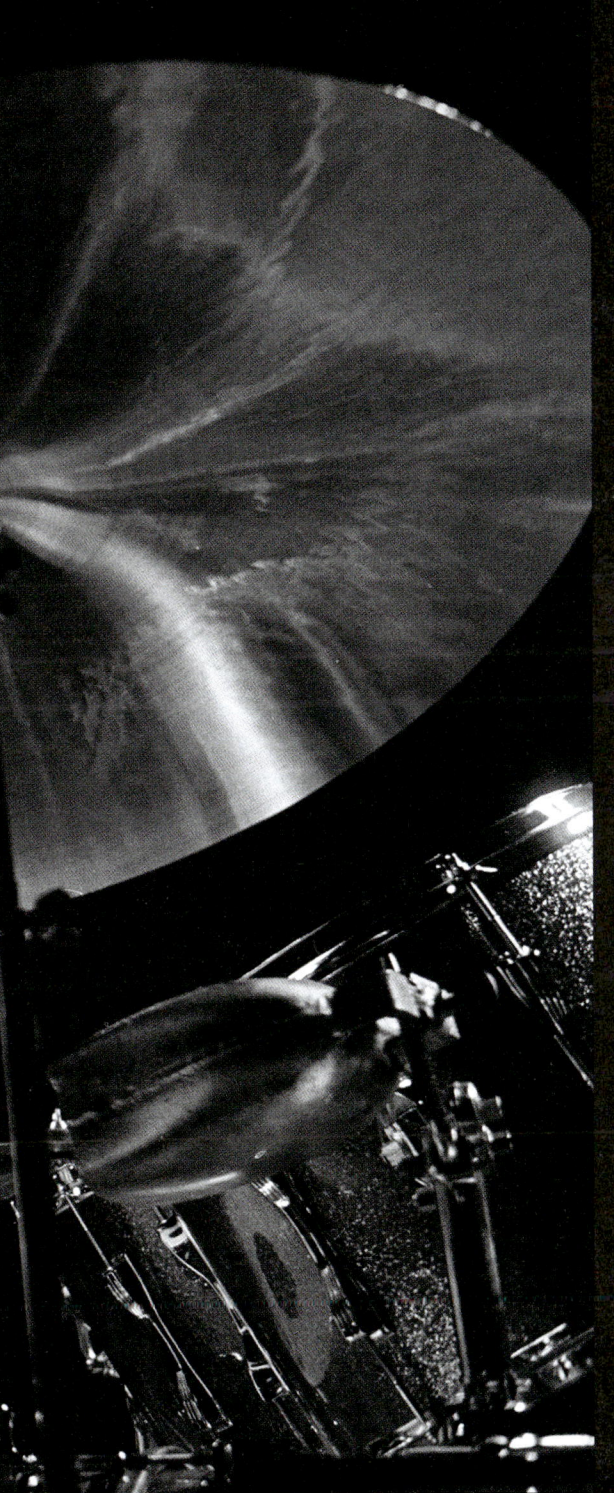

COZY
POWELL

[19. Dezember 1947 – 5. April 1998]

Bis heute ist Cozy Powells Rekord, in weniger als einer Minute die meisten Trommeln anschlagen zu können, ungebrochen – eine tolle Leistung, die ihm in der BBC-Sendung „Record Breakers" gelang. Sie zeigt am besten, wie frenetisch er die Rolle des Schlagzeugers lebte und wie energiegeladen und schnell er spielte. Das Problem war nur, dass Cozy Powell alles im Leben auf diese Weise anging – extrem schnell und ohne eine einzige Pause. Und das besonders, wenn er im Auto saß.

Colin Flooks wurde 1947 im englischen Cirencester geboren und legte sich schon mit 15 den Künstlernamen Cozy Powell zu. In seiner Heimat spielte er in einer Band namens The Corals. Obwohl Cozy noch so jung war, beherrschte er schon ein spektakuläres Drum-Solo. Damit begann seine fantastische Karriere als Studiomusiker, in der er mit sämtlichen großen Namen der britischen Rockmusik zusammenspielte.

Seine erste wichtige Arbeit (nach Aufnahmen mit The Sorcerers, The Ace Kefford Stand und Big Bertha sowie einem Auftritt auf dem Isle-of-Wight-Festival mit Tony Joe White) übernahm er 1970: Er wurde Schlagzeuger der Jeff Beck Group und nahm mit ihr zwei Alben auf, „Rough and Ready" und „Jeff Beck Group". Doch am meisten zeigte sich das Rock-Publikum von seiner ersten Solo-Instrumental-Single „Dance with the Devil" beeindruckt, die 1973 bis auf Platz drei der englischen Single-Charts stieg.

Von da an war Cozy Powell immerzu auf der Suche nach Bands, mit denen er spielen konnte, und wurde zu einem der angesehensten und gefragtesten Instrumentalisten der britischen Rockszene. Nach zwei Jahren in seiner eigenen Band Cozy Powell's Hammer stieg er 1975 bei der Band Rainbow ein, die von Ritchie Blackmore geleitet wurde. Gemeinsam nahmen sie fünf Alben auf und traten am 16. August 1980 als Headliner auf dem ersten Monsters-of-Rock-Festival in Castle Donington auf. In den 1980er-Jahren wechselte Cozy Powell ständig von einer Band zu anderen.

Er spielte zusammen mit der Michael Schenker Group, mit Whitesnake, Keith Emerson und Greg Lake in der Emerson, Lake & Powell Band (ein Pop-Rock-Revival des Progressive-Rock-Trios Emerson, Lake & Palmer) und mit Black Sabbath. Dann gesellte er sich für die Solo-Alben, „Back to the Light" und „Another World" zu Brian May von Queen, der gerade die neue Brian May Band gegründet hatte, und ging mit ihm 1993 auch als Vorgruppe von Guns N' Roses auf Tournee. Anschließend spielte er mit Ex-Fleetwood-Mac-Mitglied Peter Green auf den Alben der Peter Green Splinter Group.

Seine letzte Aufnahme war die Single „The Light Inside" von Colin Blunstone. Jon Lord, der Keyboarder von Deep Purple, sagte einmal: „Mit Cozy Powell zusammenzuspielen ist für jeden Musiker wie ein Tritt in den Hintern."

Die Liste der großen Rockbands, mit denen er gespielt hatte, schien ebenso unendlich wie seine Sehnsucht nach Auftritten und sein Zwang, so schnell wie möglich Auto zu fahren. Am 15. April 1998 raste Cozy Powell mit seinem Saab 9000 die Autobahn M4 in der Nähe von Bristol hinunter. Er hatte gerade die Aufnahmen zu seinem vierten Soloalbum „Especially for You" abgeschlossen und wollte zusammen mit Brian May auf Tournee gehen.

Aber er raste und hatte sich nicht angeschnallt. Außerdem war er angetrunken und telefonierte auch noch mit seiner Freundin – eine ganze Reihe fataler Fehler. Er verlor die Kontrolle über seinen Wagen und überschlug sich. Cozy Powell war sofort tot. Nachdem er auf über 70 Alben mitgespielt hatte – und einige noch posthum erschienen –, war für einen der besten britischen Rockdrummer das Rennen für immer gelaufen.

216-217 Cozy Powell 1976 mit Rainbow. Der Schlagzeuger spielte von 1975 bis 1980 bei Ritchie Blackmore's Rainbow. Sein letztes Konzert war das erste Monsters-of-Rock-Festival in Castle Donnington am 16. August 1980.

218 Cozy Powell posiert 1974 vor Graham Hills Auto auf der Rennbahn von Zandvoort in Holland. „Ich fahre genauso Auto, wie ich Schlagzeug spiele: wie ein Irrer."

Page 30

THE HEAVY METAL STAR WHO SAID: 'I DRIVE LIKE I DRUM ... MADLY'

Rock drummer Powell dies in car crash

By KATE GINN

SEVENTIES rocker Cozy Powell has been killed in a car crash.

The 50-year-old drummer died when his car smashed into barriers on the M4 near Bristol, it emerged last night.

Powell had a passion for fast cars and motorbikes, and a love of speed.

He once told an interviewer: 'I drive like I drum – madly.'

The career of Cozy Powell – real name Colin – reads like a roll call of many of the biggest rock bands of the era.

He was a member of Rainbow, Black Sabbath, Whitesnake and Emerson, Lake & Powell. He also appeared with Donovan, Gary Moore and Brian May of Queen.

In 1973, Powell had a number three chart solo hit with Dance With The Devil. He recently made a comeback playing with Peter Green, founder of Fleetwood Mac.

From the age of 14, Powell rode motorbikes, often in races. He later switched to cars, saying 'they're a bit safer' and competed in saloon car championships, turning professional for a year.

'When I get in a car, all I can think of is getting to that chequered flag first,' he said.

The man who admitted 'getting kicks from living dangerously' once insured his body for £1million after a series of stunts, including jumping a motorbike over his drum kit.

Six years ago he suffered minor injuries when his racehorse Pin collapsed and died on top of him, pinning him against a car.

Powell, who lived in Berkshire, was married but split up with his wife Madeline. The couple did not have any children.

His musical career began in 1965 as a member of The Sorcerers. By 1971 he had established his reputation as one of the country's leading drummers. He formed his own band, Bedlam, then joined Rainbow for four albums before moving on to the Michael Schenker Group and Whitesnake.

By the Nineties he was playing with and producing Black Sabbath. In 1991, he turned up on Comic Relief's number one single The Stonk with comedians Hale & Pace.

Other solo hits included The Man In Black and Na Na Na. Record producer Mickie Most led the tributes last night, praising Powell's musical skills and his great character.

'He was one of the best drummers we've ever had in this country,' he said.

'He was a great guy and a fantastic musician.

'Like me he loved fast cars and motorcycles, but unfortunately maybe he loved them too much.'

Cozy Powell: Switched from motorbikes to cars because 'they're a bit safer'

219 oben und unten Cozy Powell spielte auf über 70 Alben und mit allen Großen der englischen Rockszene. Als er mit seinem Saab 9000 auf der M4 tödlich verunglückte, hatte er gerade die Aufnahmen für sein viertes Soloalbum „Especially For You" abgeschlossen.

LAYNE

[22. April 1967 – 5. April 2002]

STALEY

Layne Staley stammte aus Kirkland im kalten und verregneten Washington. Er war ein gutes Beispiel dafür, dass der Rock 'n' Roll auch aus Leid entstehen konnte. Staleys Geschichte ist eine Geschichte von Angst und Qualen, die sich schon durch zwei Generationen gezogen hatte und mit dem Tod eines jungen Mannes endeten. Kaputte Familien und diese Existenzangst, wie sie Douglas Coupland in seinem Buch „Generation X" beschreibt, bildeten die Grundlage für die Grunge-Ästhetik und -Stimmung in diesem Staat im Nordwesten der USA.

Grunge brachte die Rockmusik zurück zu ihren Wurzeln. Die Musikrichtung dominierte die 1990er-Jahre, entzündete aber auch ein Feuer, das kurz und heftig aufloderte und viele talentierte junge Musiker das Leben kostete. Auch Layne Staley spürte instinktiv, dass er der Dunkelheit versprochen war.

Schon seit seiner Kindheit trug er einen beinahe unerträglichen Schmerz in sich. Sein Vater Phil Staley hatte die Familie verlassen, als Layne erst sieben Jahre alt war. Seine Mutter heiratete wieder und so wurde aus Layne Staley eine Zeit lang Layne Elmer, nach seinem Stiefvater Jim Elmer. Man erzählte ihm, dass sein Vater gestorben sei, aber das stimmte nicht. Später fand Layne dann heraus, dass sein Vater lebte und ein heroinsüchtiger Alkoholiker war.

Die Musik war für Layne ein Ventil für seine Ängste. Mit zwölf begann er, Schlagzeug zu spielen, und beschloss dann, Sänger zu werden. Er arbeitete in den Proberäumen der Music Bank in Seattle und lebte mit seinem Freund Jerry Cantrell, mit dem er 1987 seine Band Alice in Chains gründete, in einem leer stehenden Studio.

Ebenso zur Band gehörten Drummer Sean Kinney und Bassist Mike Starr. Alice in Chains stürmten die Grunge-Szene und waren auf Anhieb erfolgreich: Ihr erstes Album „Facelift" (1990) verkaufte sich allein in den USA zwei Millionen Mal, der Nachfolger, „Dirt" stieg auf Platz sechs in die Charts ein und erhielt 1992 Vierfach-Platin.

„Genau zu diesem Zeitpunkt, nach 15 Jahren, entschied sich mein Vater, zurückzukehren", erzählte Layne in seiner Biografie „Angry Chair". „Er hatte in einer Zeitschrift mein Foto gesehen und behauptete, dass er seit sechs

Jahren keine Drogen mehr genommen hätte und clean sei. Also warum zur Hölle war er dann nicht schon früher zurückgekommen?" Aber das war nur eine weitere Lüge. Die beiden gerieten in einen unglaublich selbstzerstörerischen Teufelskreis: Layne versuchte gerade, sich von seiner Sucht zu befreien, aber sein Vater kam zu ihm, um high zu werden. So fingen die beiden an, sich gemeinsam Heroin zu spritzen. Trotz des großen Erfolgs von „Dirt" gingen Alice in Chains nicht auf Tournee, um das Album zu bewerben. Mike Starr verließ die Band und wurde durch Mike Inez ersetzt, und Layne Staley befand sich im freien Fall. Er schuf jedoch immer noch großartige Songs.

1994 brachten Alice in Chains ihre zweite Akustik-EP heraus. „Jar of Flies" stürmte sofort auf Platz eins der Charts – die erste Nummer eins für Alice in Chains und die erste EP, der dies gelang, überhaupt. Im Jahr darauf erschien das Album „Alice in Chains", das fast ausschließlich von Layne geschrieben worden war. Es verkaufte sich zwei Millionen Mal und stieg ebenfalls direkt auf Platz eins ein.

Doch seine Suchtprobleme und seine Depressionen, die sich nach dem Tod seiner früheren Verlobten Demri Lara Parrott im Oktober 1996 massiv verschlimmerten, machten es Layne unmöglich, auf Tournee zu gehen: „Sie [die Drogen] haben bei mir jahrelang funktioniert", sagte er in einem Interview mit dem „Rolling Stone", „aber jetzt wenden sie sich gegen mich – und ich gehe durch die Hölle." Seine letzten Jahre verbrachte er in Leid und Einsamkeit.

1999 isolierte Layne sich völlig und verbrachte Monate alleine, ohne Kontakt zu anderen. Sean Kinney rief ihn regelmäßig dreimal pro Woche an, aber Staley hob nicht ab. Stundenlang schrie Sean vor Laynes Tür herum, doch sein Freund machte nie auf. Gelegentlich ging Layne ins „Rainbow", eine Bar in der Nähe seiner Wohnung. Er bestellte nie etwas zu trinken, sondern saß nur still an einem kleinen Tisch.

Seine Freunde ließen ihn immer länger allein. Dann starb er, ebenfalls allein. Seine Mutter Nancy McCullum erhielt am 19. April 2002 einen Anruf von seinen Steuerberatern: Seit über zwei Wochen hatte Layne kein Geld mehr von seinem Konto abgehoben.

221 Layne Staley 1990, ungefähr zu der Zeit, als „Facelift", das Debütalbum von Alice in Chains, erschien. 1994 und 1995 sprangen „Jar of Flies" und „Alice in Chains" jeweils von Null auf Platz eins der amerikanischen Hitparaden.

222 Layne Staley bei einem Auftritt am 7. Juli 1991. Auf der nächsten Seite berichtet die „New York Times" darüber, wie sehr die Gesundheit des Künstlers durch seine Drogenabhängigkeit gelitten hatte.

223 Alice in Chains: Mike Starr, Jerry Cantrell, Layne Staley und Sean Kinney.

„WENN DAS LEID DEN KÜNSTLER LANGSAM AUFFRISST" [The New York Times]

Sie rief die Polizei, die die Tür seiner Wohnung im Universitätsviertel aufbrach. Dort machten sie einen grausigen Fund: Layne war schon zwei Wochen lang tot. Er lag auf der Couch und der Fernseher lief noch. Überall lagen Farbsprühdosen herum, und auf dem kleinen Tisch befanden sich zwei Crack-Pfeifen und eine kleine Menge Kokain. Ein Speedball, eine Mischung aus Kokain und Heroin, hatte ihn das Leben gekostet.

Ein fürchterliches Ende. Total vereinsamt – zumindest bis der Fernsehsender VH1 in der Sendung „Celebrity Rehab" ein Interview mit Mike Starr ausstrahlte, dem ersten Bassisten von Alice in Chains. Mike hatte Layne am 4. April 2002 als Letzter lebend gesehen. Es ging ihm schrecklich, doch er wollte nicht, dass Mike einen Krankenwagen rief. Sie gerieten in Streit, dann ging Mike Starr weg. Die letzten Worte, die er von Layne hörte, waren: „Nicht so. Bitte geh nicht so." Am folgenden Tag war Layne tot. Mike Starr konnte sich nie verzeihen, dass er keinen Krankenwagen gerufen hatte, um seinen Freund zu retten. Er selbst starb am 8. März 2011 an einer versehentlichen Überdosis verschreibungspflichtiger Medikamente.

224 Dee Dee Ramones richtiger Name war Douglas Colvin. Er war der produktivste Komponist der Ramones und schrieb sogar noch Songs für die Band, nachdem er sie verlassen hatte. Sein berühmtestes Stück ist „53rd & 3rd", die zweite Single aus dem Debütalbum der Ramones namens „Ramones".

DEE DEE RAMONE

[18. September 1951 –
5. Juni 2002]

Der mexikanische Künstler Arturo Vega wurde in Chihuahua geboren. Er entdeckte den Rock 'n' Roll 1955, mit acht Jahren, als er in einem texanischen Radiosender einen Song von Elvis Presley hörte. Von diesem Moment an begann er, zu reisen, und folgte diesem Klang.

Im „Summer of Love" ging er nach San Francisco, 1967 dann nach Monterey, um dort Jimi Hendrix zu sehen, und 1971 landete er in New York. Er suchte an der Lower East Side nach einer Wohnung und fand ein Loft an der Ecke der Bowery und der 2nd Avenue. Arturo baute die ehemalige Plastikblumenfabrik zu einem Studio um. Die Tür stand immer offen und eines Tages kam ein Junge names Douglas Colvin herein: „Er wollte eigentlich einen Freund im Obergeschoss besuchen, aber dann kam er herein und sagte: ‚Hi, ich mag deine Musik.'"

Dieser Junge sollte später als Dee Dee Ramone berühmt werden. Zu dieser Zeit entstand gerade der Punk, ein Genre und ein gesellschaftliches Phänomen, das in New York seinen Anfang fand und von dort aus die Welt eroberte. Arturo Vegas Loft wurde zum Hauptquartier von Dee Dee Ramones Band, The Ramones. Es war der Ausgangspunkt einer Revolution mit schwarzen Lederjacken, bizarren Frisuren und kurzen Songs, die in nur zwei Minuten eine noch nie dagewesene Wut auf den Punkt brachten.

Vega sagte später, dass die Ramones aus einer gefährlichen und elenden Welt stammten und spielten, was sie eben spielen konnten – aber sie hatten zwei besondere Qualitäten: Geschwindigkeit und Intensität. Vega sah den Punk als Antwort auf eine schleichende Selbstgefälligkeit, der sich die Rockmusik in den 1970er-Jahren ergeben hatte. Der Punk führte die Rockmusik letztlich wieder zurück zu ihren revolutionären Wurzeln, indem er zur Stimme einer neuen Generation wurde, die wesentlich desillusionierter und wütender war als ihre Vorgänger.

Douglas Colvin war der Sohn eines amerikanischen Soldaten und einer Deutschen. Seine Kindheit verbrachte er auf einem Militärstützpunkt in Berlin. Beide Eltern waren starke Alkoholiker und ließen sich scheiden, als Douglas 15 war. Seine gefährliche Drogensucht begann schon früh. Bereits als Jugendlicher stahl er Dinge aus den Lagerhallen der Militärbasis und tauschte Gasmasken (die er auch sammelte), Helme und alte Waffen gegen Drogen, vor allem Morphium.

Sein Vater steckte ihn in eine Militärschule in München, doch nach der Scheidung nahm seine Mutter Douglas und seine Schwester Beverly mit nach New York. Sie lebten in Forest Hills in Queens. Dort lernte Dee Dee John Cummings und Thomas Erdelyi, die in einer Band namens The Tangerine Puppets spielten, kennen und Jeffrey Hyman, den Sänger der Glam-Rock-Band Sniper. Die drei wurden zu Johnny, Tommy und Joey Ramone.

Joey Ramone zufolge war Forest Hills eine Mittelschichtgegend voller reicher Snobs und ihrer rotznasigen Kinder, die ständig herumheulten. Diese Gören waren überall und unerträglich. Erst führten sie sich auf, wollten dann aber nicht für ihre Taten geradestehen – man hätte sie umbringen können, so Joey. Genau zu dieser Zeit schrieben sie den Song „Judy is a Punk".

Der Punk-Aufstand der Ramones begann in Forest Hills, zog dann weiter in Arturo Vegas Loft (Joey und Dee Dee zogen sogar bei dem mexikanischen Künstler ein) und nahm auf der Bühne des „Performance Studio" in Manhattan Gestalt an – dort gab die Band am 30. März 1974 ihr erstes Konzert.

Es war Dee Dees Idee gewesen, allen Mitgliedern der Band den Nachnamen Ramone zu geben. Er war aus dem Pseudonym „Paul Ramon" entstan-

den, das Paul McCartney auf den Beatles-Tourneen im Hotel verwendet hatte. Nach ihrem Auftritt im „Performance Studio" fingen die Ramones an, im „CBGB" (Country, BlueGrass and Blues) zu spielen, einem Musikklub mit der Adresse Bowery 315, der Hilly Kristal gegründet hatte. Dank der Ramones gilt der Club als „Wiege" des Punk.

Zwischen August und Dezember 1974 spielte die Band dort 74 Mal (die Auftritte dauerten im Durchschnitt nicht länger als 20 Minuten). Im Folgejahr unterzeichneten sie in Arturo Vegas Loft ihren ersten Plattenvertrag bei Sire Records. Arturo entwarf auch das legendäre Bandlogo, inspiriert vom offiziellen Siegel des amerikanischen Präsidenten. Zwischen 1976 und 1977 veröffentlichten die Ramones drei bahnbrechende Alben des amerikanischen Punk: „Ramones", „Leave Home" und „Rocket to Russia". Damit begann eine Geschichte, die noch weitere elf Alben hervorbrachte – von „Road to Ruin" (1977) über „End of the Century" (1980), das sie mit Phil Spector aufnahmen, bis hin zu „¡Adios Amigos!" (1995).

Dee Dee Ramone war bis 1989 der Bassist der Band, schrieb viele ihrer Songs und wurde zum Symbol jener „schwarzen Seele", die den Punk-Sound der Ramones so verzweifelt und brutal realistisch machte. Indem er bei jedem Stück auf der Bühne mit „Eins, zwei, drei, vier" den Takt anzählte, machte er sich zu einem starken und zugleich tragischen Symbol.

Dee Dee war das Idol von Sex Pistol Sid Vicious, er wetteiferte mit Johnny Thunders um den Punk-Thron und genau wie dieser zerstörte er sein Leben durch ungelöste Drogenprobleme. Seine Autobiografie „Poison Heart: Surviving the Ramones" ist das hyperrealistische Tagebuch einer verlorenen Seele hinter dem Rockstar-Mythos, eines Rebellen dem seine Gründe ausgegangen waren, und der täglich mit seiner Heroinabhängigkeit rang

Dee Dee Ramone verließ die Band 1989 nach den Aufnahmen zu „Brain Drain" und wurde durch C.J. Ramone ersetzt: „Ich konnte nicht mehr, ich war total genervt", sagte er. Sein Leben bestand nur noch aus Tourneen und Alben, die Ramones waren reich geworden, hatten aber nie einen Cent ausgegeben und keinen einzigen Tag Urlaub gehabt. Außerdem hatte er die Nase voll von Johnny, der Dee Dee behandelte, als wäre er seine Mutter.

Die glückliche Ramones-Family zermürbte sich langsam selbst mit Rivalitäten und Streitigkeiten. Dee Dee begann eine Solokarriere, die immer irrationaler wurde. 1987, als er noch bei den Ramones spielte, trat er auf dem Album „Standing in the Spotlight" unter dem Namen Dee Dee King auch als Rapper in Erscheinung. Anschließend machte er mit GG Allins Murder Junkies und The Chinese Dragons weiter.

Sein erfolgreichstes Projekt nach den Ramones entstand 1994 in Amsterdam: Dee Dee Ramone I.C.L.C. (Inter-Celestial Light Comune – Intergalaktische Gemeinde des Lichts). Zur Band gehörten außerdem der holländische Schlagzeuger Danny Arnold Lommen und der New Yorker Bassist John Carco, den Dee Dee bei den Anonymen Alkoholikern kennengelernt hatte. Am 17. April 1994 brachten I.C.L.C. das Album „I Hate Freaks Like You" heraus (auf dem auch Nina Hagen sang) und gingen dann auf eine zehnmonatige Tournee durch 22 Länder.

Als Dee Dee nach einem Gig in Argentinien nach seiner Gitarre suchte, die verloren gegangen oder gestohlen worden war, lernte er die 16-jährige Barbara Zampini, einen großen Ramones-Fan kennen, die er später heiratete. Nach der Trennung von I.C.L.C. kehrte er zu den Ramones zurück und schrieb „Born to Die in Berlin", den letzten Song auf „¡Adios Amigos!".

226 The Ramones 1976 in New York: Dee Dee Ramone, Tommy Ramone, Joey Ramone und Johnny Ramone.

Auch beim letzten Konzert der Band am 6. August 1996 im „Palace" in Los Angeles war er dabei. Danach rief er mit seiner Frau Barbara (die Bass spielte) und Schlagzeuger Marky Ramone eine Coverband der Ramones namens The Ramainz ins Leben.

Die letzten Jahre seines Lebens verbrachte er in fieberhafter Hetze. Dee Dee veröffentlichte noch zwei weitere Soloalben – „Zonked!" (1996) und „Hop Around" (2000) –, versuchte sich als Schauspieler (im Film „Bikini Bandits") und Künstler und ging mit der Dee Dee Ramone Band auf Tour. Barbara Zampini blieb bis zum Schluss an seiner Seite.

Am 18. März 2002 wurden die Ramones in die Rock and Roll Hall of Fame aufgenommen und traten zusammen auf die Bühne: Johnny dankte den Fans und Präsident George W. Bush, Tommy erinnerte an Joey, der im Vorjahr gestorben war, Marky sprach von Tommys Einfluss auf seine Trommeltechnik. Und Dee Dee danke sich selbst.

Das war der letzte Scherz dieses verfluchten Punk-Helden. Er war gerade 50 geworden und glaubte, er hätte es geschafft. Aber es kam ganz anders. Am 5. Juni 2002 fand seine Frau ihn tot in ihrem Haus in Hollywood. Er war an einer Überdosis Heroin gestorben. Die lange Liebe zwischen Douglas Colvin und den Drogen, von der er in seinem krudesten und tiefgründigsten Song „Chinese Rock" erzählte, endete auf die einzige mögliche Weise. Eigentlich hätte Dee Dee zu einem letzten Auftritt noch einmal im „Ventura Theater" in Los Angeles auf der Bühne stehen sollen. Auf dem unteren Teil seines Grabsteins auf dem „Hollywood Forever Cemetery" steht. „Okay ... Ich muss jetzt gehen."

227 Dee Dee Ramone auf der Bühne des „CBGB" in New York, der Geburtsstätte des amerikanischen Punks. Die Ramones spielten hier am 16. August 1974 zum ersten Mal.

ELLIOTT
SMITH

An seinem 34. Geburtstag beschloss Elliott Smith, in Zukunft auf bestimmte Dinge zu verzichten: Alkohol, Koffein, rotes Fleisch, raffinierten Zucker und vor allem Psychotropika, die er bis dahin in großen Mengen gegen seine Depressionen und seine Drogenabhängigkeit geschluckt hatte. Seine letzten Jahre waren sehr schwer für ihn. Er zeigte offensichtliche Anzeichen von Paranoia und erzählte jedem, dass ihn ein weißer Lieferwagen verfolge und Mitarbeiter seines Labels Dream Works bei ihm eingebrochen seien, um seine Songs zu stehlen.

Er rauchte eine Menge Crack und Heroin und konnte nicht mehr live auftreten. Bei einem Konzert mit der Band Wilco am 2. Mai 2002 an der Northwestern University in Chicago konnte er über eine Stunde lang keinen einzigen Song zu Ende singen. Als Entschuldigung gab er an, dass seine linke Hand eingeschlafen sei. Einige Monate später wurde er in Los Angeles bei einem Konzert der befreundeten Band Flaming Lips verhaftet.

Die Polizei hatte ihn für einen Obdachlosen gehalten und über Nacht eingesperrt.

Smith wollte sich in einer Entzugsklinik helfen lassen, stand aber die Behandlung nicht bis zum Ende durch. Doch am 6. August 2003 beschloss Elliott, sein Leben in Ordnung zu bringen.

Er arbeitete an seinem neuen Album „From a Basement on the Hill" und hatte mit zwei ausverkauften Konzerten im „Henry Fonda Theater" in Hollywood seinen Ruf als Live-Künstler wiederhergestellt. All das schien auf einen persönlichen Durchbruch hinzudeuten.

Doch so war es nicht immer gewesen. 1994 hatte Elliott Smith sein erstes Album „Roman Candle" veröffentlicht, gefolgt von „Elliott Smith" und „Either/Or". Als Grunge gerade besonders angesagt war, schrieb Elliott lieber feine, poetische und unvergessliche akustische Songs – und er hatte Erfolg damit. Als Gus Van Sant ihn bat, am Soundtrack für seinen Film „Good Will Hunting" mitzuwirken, schrieb Elliott den Titel „Miss Misery", der später als bester Originalsong für den Oscar nominiert wurde. Bei der Oscar-Zeremonie trug er ihn in einem weißen Anzug, leicht nervös, vor.

Obwohl der Oscar an „My Heart Will Go On" von Céline Dion vom „Titanic"-Soundtrack ging, war Smith trotzdem sehr zufrieden. Zu dieser Zeit unterzeichnete er auch einen Vertrag mit DreamWorks, einem großen Plattenlabel, was ihm ein sehr viel breiteres Publikum garantierte.

Nur seelisch ging irgendetwas schief bei ihm. Er hatte einen schweren Depressionsschub und sprach sogar von Selbstmord. Auf einer Reise nach North Carolina steuerte er seinen Wagen in eine Schlucht; glücklicherweise bremste ein Baum seinen Sturz. Eine Zeit lang fand er neue Kraft und komponierte wieder. Am 25. August 1998 erschien sein erstes Album bei DreamWorks: „XO" verkaufte sich 400.000 Mal.

Für den Soundtrack von „American Beauty" steuerte er eine Coverversion des Beatlessongs „Because" bei und 2000 veröffentlichte er „Figure 8", das von den Kritikern gelobt wurde und es in die britischen Charts schaffte. Alles sah im Grunde sehr gut aus.

Doch plötzlich war das Heroin wieder ein Thema, es folgten schwere Paranoia-Anfälle, katastrophale Konzerte und schließlich seine Festnahme.

Doch trotzdem war sich Elliott Smith an seinem Geburtstag sicher, dass nun eine neue Lebensphase begonnen hatte, und fing an, an seinem nächsten Album zu arbeiten. Es schien sich alles gut zu entwickeln – bis zum 21. Oktober 2003, als man einen Krankenwagen in die Lemoyne Street im Viertel Echo Park in Los Angeles schickte. Elliotts Verlobte Jennifer Chiba litt unter Todesangst und hatte sich nach einem Streit im Badezimmer eingesperrt.

Sie hörte einen Schrei, und als sie aus dem Badezimmer kam, stand Elliott mit einem Messer in der Brust vor ihr. Sie zog das Messer heraus und ließ es zu Boden fallen. Elliott verstarb um 1.36 Uhr im Angeles County University Medical Center. In seinem Haus hatte er auf dem Tisch eine Nachricht hinterlassen: „Es tut mir so leid. Ich liebe euch, Elliott. Gott, vergib mir."

Bei der Autopsie fand man weder Alkohol noch Drogen oder andere illegale Substanzen in seinem Blut, jedoch Spuren von verschreibungspflichtigen Antidepressiva. Der Fall ist bis heute ungeklärt: Die Polizei stufte Elliotts Tod nie offiziell als Selbstmord ein. Doch das rätselhafte Ende hilft nicht über den Verlust dieses stillen Helden hinweg, eine der feinsinnigsten und talentiertesten Persönlichkeiten der Rockmusik der 1990er-Jahre.

229 In der Hochphase des Grunge verbuchte Elliott Smith Erfolge mit fünf Alben zarter Akustik-Songs: „Ich würde nicht sagen, dass meine Musik deprimierend ist. Aber sie ist ein bisschen traurig – das muss sie sein, damit das Glücksgefühl darin besser zum Tragen kommt."

228/229)

DIMEBAG

DARREL

Auf der Bühne zu sterben, nachdem er dort mit äußerster Wut und Leidenschaft gelebt hatte: Das war das Schicksal von Darrell Lance Abbott, dem legendären Gitarristen der Metalband Pantera. Darrell gründete die Band 1981 zusammen mit seinem Bruder Vinnie Paul, der Schlagzeug spielte. Er nannte sich Diamond Darrell und betrat in den 1980er-Jahren mit einer Reihe von Independent-Alben die amerikanische Glam-Metal-Bühne.

Als 1987 Sänger Phil Anselmo zur Band stieß, veränderten Pantera ihren Stil drastisch. In dieser Blütezeit des Thrash Metal passten Pantera mit dem Album „Power Metal" (1988) ihren Sound diesem Trend an. „Nicht diese magischen Klamotten machen die Musik, sondern wir", sagte Vinnie Paul.

1990 war die Verwandlung komplett. Nachdem die Band schon Dutzende Absagen von großen Plattenlabels bekommen hatte, konnte sie nun mit „Cowboys from Hell" bei Atco Records ihre erste Platte veröffentlichen. Zu diesem Zeitpunkt waren Glam- Metal und die 1980er-Jahre Geschichte: Pantera nahmen es mit dem kompletten Metal-Genre auf und wurden neben Veteranen wie Metallica, Slayer, Anthrax und Megadeth zu einer der wichtigsten Bands in der Szene.

Der Unterschied lag jetzt in Darrells kraftvollem und komplexen Gitarrenspiel, Vinnies rasendem Trommeln und der wütenden Stimme von Phil Anselmo, der Melodien im Prinzip ignorierte und mit einer Hardcore-Reibeisenstimme sang. Einzigartig war auch ihre Interpretation des Metal-Kanons, vor allem bei Live-Auftritten. Mit „Vulgar Display of Power" (1992), ihrem zweiten Album bei Atco, und „Far Beyond Driven" (1994), das von

Null auf Platz eins der Charts schoss, untermauerten sie diese Veränderung. Damals legte sich Darrell auch den Künstlernamen Dimebag Darrell zu. Vier Jahre verbrachten sie größtenteils auf Tournee, auch in Japan und Südamerika. Pantera waren zur wichtigsten amerikanischen Metal-Band geworden.

Doch auf dem Gipfel ihrer Popularität setzte ein selbstzerstörerischer Prozess ein: Zwei Monate nach dem Erscheinen von „The Great Southern Trendkill" (1996) starb Anselmo nach einem Konzert in Texas um ein Haar an einer Überdosis Heroin. Angeblich wollte er mit Heroin die Rückenschmerzen bekämpfen, die er von den Konzerten immer bekam. Diese absurde Ausrede brachte das Fass zum Überlaufen. Die Spannungen innerhalb der Band explodierten.

Dimebag Darrell konnte diese dunkle Seite von Phil Anselmo, der sich in der Zwischenzeit von der Band distanziert hatte und sich auf verschiedene Soloprojekte konzentrierte, nicht ertragen. Erst 2000 nahmen Pantera mit „Reinventing the Steel" ihr nächstes – und letztes – Album auf. Auf dem Beast Festival in Yokohama/Japan am 28. August 2001 traten die Mitglieder von Pantera zum letzten Mal zusammen auf.

Für Dimebag Darrell war das ein herber Schlag, aber er wollte nicht so schnell aufgeben und war bereit für einen Neubeginn. In nur einem Jahr gründeten er und sein Bruder Vinnie die Band Damageplan, die die Transformation des Metal an dem Punkt wieder aufgreifen wollte, an dem Pantera ausgestiegen waren.

Die Brüder wollten nach vorne schauen und ihre Möglichkeiten maximal ausschöpfen. 2004 bachten Damageplan ihr erstes Album „New Found Power" heraus, das in den USA in die Top

50 kam. Eine Tournee folgte. Der Zorn und die Lust, zu spielen, waren ungebrochen. Und doch endete Dimebag Darrells Karriere auf sinnlose Weise am 8. Dezember 2004 in Columbus/Ohio.

Er starb auf der Bühne eines Clubs namens „Alrosa Villa". Im Publikum befand sich ein Mann mit einer Pistole: Nathan Gale, ein Armeeveteran, der unter Schizophrenie litt. Er war davon überzeugt, dass Darrell das Ende seiner Lieblingsband Pantera herbeigeführt hatte und ihm sogar seine eigenen Songs gestohlen hatte und diese nun mit Damageplan spielte. Gale drängelte sich ganz plötzlich durch die Menge nach vorne und sprang auf die Bühne.

Er ging auf Dimebag Darrell zu und tötete ihn mit drei Schüssen in den Kopf. Jeff Thompson, der Sicherheitschef des Clubs, warf sich auf Gale, doch Gale schoss immer weiter. Er gab 15 Schüsse ab, tötete Thompson, Erin Halk, einen weiteren Mitarbeiter des Clubs, und den Zuschauer Nathan Bray, der versuchte, Dimebag Darrell auf der Bühne zu helfen. Der Tontechniker John Brooks versuchte, Gale aufzuhalten, wurde jedoch dreimal getroffen und dann als Geisel genommen.

In diesem Moment trafen sieben Polizisten im Club ein. Einer von ihnen, James Niggemeyer, schlich sich von hinten an Gale heran. John Brooks versuchte, sich zu befreien. Dadurch wurde Gale abgelenkt und Niggemeyer konnte ihm mehrmals in den Kopf schießen. Der Attentäter ging zu Boden. In seiner Waffe waren noch 35 Kugeln übrig.

Diese wahnsinnige Nacht forderte vier Todesopfer, 15 Menschen wurden verletzt. Dimebag Darrell starb auf der Bühne, während er das tat, was er am meisten liebte: Musik machen. Er fand in den Moore Memorial Gardens in Arlington/Texas seine letzte Ruhe.

231 Dimebag Darrell gründete Pantera 1981 mit seinem Bruder Vinnie Paul. Er veröffentlichte neun Alben mit der Band, von „Metal Magic" (1983) bis „Reinventing the Steel" (2000). 2003 schloss er sich mit Vinnie Paul, Pat Lachman und Bob Zilla zu Damageplan zusammen.

232-233 Dimebag Darrell 1997 live mit Pantera. Sein Solo im Lied „Floods" auf dem Album „The Great Southern Trendkill" (1996) wurde von der Zeitschrift „Guitar World" auf Platz 15 der 100 besten Solos aller Zeiten gewählt.

233 oben und unten rechts Nathan Gales Führerschein. Am 8. Dezember 2004 gab Gale während eines Damageplan-Konzerts in Columbus/Ohio fünfzehn Schüsse ab und tötete Dimebag Darrell und drei andere Menschen, wie die Zeitschrift „Spin" auf der Titelseite berichtet. Die 15 verletzten Zuschauer wurden von Ärzten versorgt.

„AMOKLAUF IN OHIO: DIMEBAG DARRELL UND DREI WEITERE PERSONEN IN NACHTCLUB ERSCHOSSEN"

[Spin Magazine]

OHIO DRIVER LICENSE   8002-026-19-01

BOB TAFT, GOVERNOR
Franklin R. Callender, Registrar BMV

NATHAN M GALE
111 1/2 E 5TH ST
MARYSVILLE, OH 43040

LICENSE NO.   S.S. NUMBER (optional)
RP526621

BIRTH DATE   ISSUE DATE
09/11/1979   09/23/2004
EXPIRES ON
09/11/2008

Sex   HT   WT   Hair   Eyes
M   6-05   255   BLN   HAZ
Endorse   Class Type   Two Part
  D   R
Restr
B

234 Michael Jackson 1993. Im Laufe seiner Karriere gewann er 13 Grammy Awards. Mit 13 Singles führte er die US-Charts an. „Thriller" (1982) verkaufte sich 110 Millionen Mal, häufiger als jedes andere Album in der Musikgeschichte. Über die „Heal The World Foundation" spendete Jackson über 300 Millionen Dollar an Hilfsprojekte für Kinder in Not.

MICHAEL JACKSON

[29. August 1958 – 25. Juni 2009]

Michael Jacksons Tod am 25. Juni 2009 bedeutete das Ende einer Ära, das Ende einer Vorstellung und den Beginn einer neuen. Seine Trauerfeier am 7. Juli 2009 im Staples Center in Los Angeles wurde weltweit übertragen und hatte allein in den USA 31 Millionen Zuschauer. Am 24. August erklärte der Gerichtsmediziner von Los Angeles, dass Michael ermordet worden sei – aber seine letzten Stunden bleiben ein Rätsel.

Die Medien nahmen jede Facette seines Lebens unter die Lupe. Das Ergebnis war das Porträt eines zerbrechlichen Mannes, den das Spektakel seines eigenen Lebens überwältigte. Michael Jackson war ein Wunderkind, das zum größten, aber auch umstrittenen Star heranwuchs. Wie sein Leben warf auch sein Tod viele Fragen auf. Wer war der echte Michael Jackson? Er selbst sagte einmal, dass man natürlich anders war, wenn man ab dem Alter von fünf Jahren permanent vor 100 Millionen Menschen gelebt habe.

Sein rätselhaftes Leben begann 1963 in Gary/Indiana. Zum Spaß gründeten fünf der Jackson-Geschwister eine Band. Schon bald nahm die Familie an Talentshows teil, zunächst als Ripple & Waves Plus Michael, später als The Jackson 5. Michael war der Jüngste, aber auch der Talentierteste. Doch hinter der Band stand ein bedrohlicher, autoritärer und vielleicht sogar krimineller Mensch: ihr Vater Joseph Walter Jackson, genannt „Joe". Er wollte das Talent seiner Kinder bis zum Äußersten ausbeuten, koste es, was es wolle.

Im Wohnzimmer seiner Familie verwandelte sich Michael Jackson langsam in eine Unterhaltungsmaschine. Der Vater, den Michael

später einmal als Genie, aber auch als brutal bezeichnete, zwang ihnen eiserne Disziplin auf: Michaels große Nase, sein Gesang, seine Bühnenpräsenz – jede Regung, jede Eigenschaft dieses kleinen Kindes wurde von seinem Vater beurteilt und korrigiert, manchmal auch mit Gewalt.

Michael kapselte sich von anderen ab, wurde nicht erwachsen und baute seine Kontakte zur Außenwelt, seine Beziehungen ausschließlich über sein Talent auf.

Etwa zu dieser Zeit erschien auch Berry Gordy Junior, der Chef von Motown Records, auf der Bildfläche. Am 13. August 1967 gewannen The Jackson 5 einen Wettbewerb im „Apollo Theater" in New York. Dort wurde Gladys Knight auf sie aufmerksam und besorgte ihnen einen Termin bei Motown. Als Gordy sie James Browns „I Got the Feelin'" singen hörte, war ihm sofort klar, dass er auf Gold gestoßen war.

Michaels Leben wurde zu einem Popmärchen: „Offiziell" wurden die Jackson 5 von Diana Ross entdeckt. Jeder ihrer Schritte sollte das Publikum begeistern. Sogar Michaels Alter wurde gefälscht. Als ihr Debütalbum „Diana Ross Presents The Jackson Five" erschien, war er elf, sein Alter wurde aber mit sieben angegeben. Die ersten vier Singles „I Want You Back", „ABC", „The Love You Saved" und „I'll Be There" waren Nummer-eins-Hits in den US-Charts, und die Jackson 5 entwickelten sich zu einem perfekten kommerziellen Produkt in der Popgeschichte. 1975 trennten sie sich von Motown, folgten der Discowelle und brachten ihre beiden besten Alben heraus: „Destiny" (1978) und „Triumph" (1980).

Zu diesem Zeitpunkt hatte Michael die Familienband schon hinter sich gelassen; er wollte die Welt alleine erobern. Während Madonna ihre Epoche eher interpretierte, schien Michael Jackson seiner Zeit immer einen Schritt voraus zu sein und

fügte ihr Elemente hinzu, die nur in seiner Vorstellung existierten. „Michael war unglaublich kreativ", so Quincy Jones, der ihn zum größten Popstar der Welt gemacht hatte. Die beiden hatten sich 1977 am Set von „The Wiz" kennengelernt, einer Musical-Version von „The Wizard of Oz".

Aus ihrer Zusammenarbeit entstand 1979 „Off the Wall", das Platz drei der US-Charts erreichte und Michael seinen ersten Grammy einbrachte. Quincy Jones schuf einen erwachsenen Sound, der Michaels Talent noch förderte. Das Wunderkind war zu einem Star geworden.

Aber war Michael auch glücklich? Zu dieser Zeit veränderte sich sein Aussehen auf unerklärliche Weise.

Michael behauptete, dass er sich beim Tanzen die Nase gebrochen hätte, und ließ sich zum ersten Mal operieren. Obwohl „Off The Wall" ein großer Erfolg war, war Michael noch nicht zufrieden. Aus dieser Unzufriedenheit entstand „Thriller", das bestverkaufte Album der Musikgeschichte. Quincy Jones erkannte, dass die Discozeit vorbei war, und wollte Michael zur Rockmusik bringen. So wurde die Single „Beat It" mit ihrem Solo von Eddie Van Halen geboren. Michael spielte mit dem Mysteriösen, dem Horror und seiner eigenen Paranoia und verwandelte all dies in fantastische Songs.

Das „Thriller"-Video bedeutete für das Musikgeschäft einen Wendepunkt. Als erster Afroamerikaner liefen Michaels Musik und seine Videos ständig auf MTV, und die „New York Times" kommentierte, dass es „in der Welt der Popmusik auf der einen Seite nur Michael Jackson und auf der anderen Seite alle anderen" gab. Auf der Gala zu Motowns 25. Jubiläum am 25. März 1983 war Michaels Transformation komplett: Zum ersten Mal zeigte er den Moonwalk, einen Tanzschritt, den er drei Jahre zuvor von dem Tänzer Jeff Daniel gelernt hatte.

Der Primaballerina Carla Fracci zufolge verflüchtigte sich in seinen Tanzschritten die physische Präsenz in eine absolute Leichtigkeit und Unfassbarkeit. Michael Jackson hatte sich zu einem bewegten Bild stilisiert.

Einerseits waren die 1980er von Michaels Triumph geprägt, andererseits wurde er zunehmend zu einem Gefangenen seines eigenen Erfolgs. Er hatte sich verändert: Er versprühte nicht mehr diese wunderbare, unbekümmerte Leichtigkeit, und das war beunruhigend. Er hatte aber immer noch dieses magische Händchen, das auch in „We Are the World" und „Bad" deutlich wird.

Mit Quincy Jones suchte er nach einem rockigen, aber zugleich düsteren Sound. Zudem bat er Martin Scorsese, das „Bad"-Video mit ihm in der New Yorker U-Bahn zu drehen. „Bad" erschien am 31. August 1987 und stieg sofort auf Platz eins in den Charts. Mit den 123 Konzerten seiner „Bad"-Welttournee kehrte Michael auf die Bühne zurück.

Doch dann lief irgendetwas schief. Durch die Krankheit Vitiligo wurde seine Haut immer blasser. Die Ärzte wurden zu seinen ständigen Begleitern, sein Leben war geprägt von Schönheitsoperationen, Magersucht und seinem bizarren Verhalten. Angeblich kaufte er das Skelett des Elefantenmenschen und schlief in einer Sauerstoffüberdruckkammer. Zwar ernannte ihn Elizabeth Taylor zum „King of Pop", doch allgemein war er eher als „Wacko Jacko" (der durchgeknallte Jackson) bekannt.

1991 gelang ihm sein erstes Comeback. Er veröffentlichte „Dangerous", gab 67 Konzerte und bezauberte das Publikum mit seinem Video zu „Black or White". Er war bleicher, er war merkwürdiger, aber er war immer noch Michael Jackson.

Doch die Welt um ihn herum hatte sich verändert. „Dangerous" stieg an die Spitze der Billboard Charts, wurde aber schnell von Nirvanas „Nevermind" überholt. Der King stand zwar noch aufrecht und gab Oprah Winfrey vor 90 Millionen Zuschauern ein historisches Fernseh-Interview, doch dann fiel er.

1993 begann Michaels Prozess wegen Kindesmissbrauchs. Er beinhaltete alle Komponenten eines hochgradigen Dramas: Amerikas Besessenheit von Reality Shows, die morbide Neugier der Öffentlichkeit, „unkonventionelle" Richter und Anwälte und skrupellose Zeugen, die nur irgendwie berühmt werden wollten. Michael erreichte vor Gericht einen Vergleich und meisterte ein weiteres Comeback. Er heiratete Lisa Marie Presley, veröffentlichte sein Album „HIStory" und gab 82 Konzerte.

Doch es ergaben sich erneut Rätsel: Er ließ sich von Lisa Marie scheiden und heiratete Deborah Rowe, die als Krankenschwester bei seinem Hautarzt arbeitete. Er wurde Vater zweier Kinder, die die Öffentlichkeit nie zu Gesicht bekam. Das Popmärchen war Vergangenheit. Sein nächstes Album konnte erst nach einer langen rechtlichen Auseinandersetzung mit Sony erscheinen. „Invincible" stieg bis auf Platz eins der Charts, verpuffte dann aber, da es nicht von einer Tournee begleitet wurde und die Singles schlecht ausgewählt worden waren.

2001 feierte Michael sein 30-jähriges Jubiläum als Solokünstler mit Konzerten im Madison Square Garden in New York. Dann überschatteten neue Rätsel sein Leben: ein drittes Kind, dessen Mutter nie bekanntgegeben wurde, ein weiteres Verfahren wegen Kindesmissbrauchs, finanzielle Probleme, die Schließung seiner Neverland-Ranch und schließlich seine Flucht nach Bahrain, gefolgt von einem riesigen Medienzirkus.

236-237 Michael Jackson sagte einmal: „Wenn du die Welt mit der Gewissheit betrittst, dass du geliebt wirst, und sie mit der gleichen Gewissheit wieder verlässt, kannst du mit allem, was dazwischen passiert, umgehen."

238 München, 27. Juni 1999: Michael Jackson und Slash bei einem der Benefizkonzerte der „Michael Jackson and Friends"-Tournee.

239 15. September 1993: Michael Jackson im Olympiastadion Luschniki in Moskau bei der „Dangerous"-Welttournee.

Michael Jackson sagte, dass er niemals irgendetwas in seiner Karriere bereut hätte. Für ihn war sie das Schönste und das Schrecklichste in seinem Leben zugleich. Er wollte sich auf ein weiteres Comeback vorbereiten und seinen Status als perfekte Unterhaltungsmaschine wieder zurückgewinnen.

An diesem Punkt wurde das Mysterium von Michael Jackson zu einer Tragödie. Bei der Comeback-Tournee „This Is It" sollte er ursprünglich zehn Konzerte in der O2-Arena in London geben. Doch plötzlich wurden daraus 50, die zwischen dem 13. Juli 2009 und dem 6. März 2010 stattfinden sollten – ein gefährlicher Kraftakt für seinen ohnehin schon geschwächten Körper.

Michael probte zusammen mit dem Choreographen Kenny Ortega im Staples Center in Los Angeles und mietete ein Haus mit der Adresse North Carolwood Drive 100, Holmby Hills/Los Angeles. Dorthin raste am 25. Juni 2009 gegen Mittag ein Krankenwagen: Michael hatte einen Herzstillstand erlitten und starb einige Stunden später im Krankenhaus.

Was war in diesen letzten Stunden passiert? Wer war Conrad Murray, sein Leibarzt? Der Gerichtsmediziner sagte aus, dass Murray Michael Propofol als Schlafmittel injiziert hatte – ein starkes Narkosemittel, das man normalerweise nur bei Operationen benutzte.

Michaels Herz war durch zu viele Psychotropika und Beruhigungsmittel ohnehin schon geschwächt und hörte dadurch einfach auf zu schlagen. Michael Jackson konnte nicht mehr an den einzigen Ort, an dem er sich frei fühlte – die Bühne –, zurückkehren.

Die Welt verlor ein großartiges Talent, dessen Tod sein Leben noch geheimnisvoller erscheinen ließ.

FRIDAY, JUNE 26, 2009

Los Angeles Times

75¢ DESIGNATED AREAS HIGHER © 2009 96 PAGES WST

latimes.com

King of Pop is dead at 50

Michael Jackson is stricken on the eve of a comeback tour

OBITUARY

A major talent, a bizarre persona

He dazzled the world with his music, baffled it with his behavior.

GEOFF BOUCHER
AND ELAINE WOO

Michael Jackson was fascinated by celebrity tragedy. He had a statue of Marilyn Monroe in his home and studied the sad Hollywood exile of Charlie Chaplin. He married the daughter of Elvis Presley.

Jackson met his own untimely death Thursday at age 50, and more than any of those past icons, he left a complicated legacy. As a child star, he was so talented he seemed lit from within; as a middle-aged man, he was viewed as something akin to a visiting alien who, like Tinkerbell, would cease to exist if the applause ever stopped.

It was impossible in the early 1980s to imagine the surreal final chapters of Jackson's life. In that decade, he became the world's most popular entertainer thanks to a series of hit records — "Beat It," "Billie Jean," "Thriller" — and dazzling music videos. Perhaps the best dancer of his generation, he created his own iconography: the single shiny glove, the Moonwalk, the signature red jacket and the Neverland Ranch.

In recent years, he inspired fascination for reasons that had nothing to do with music. Years of plastic surgery had made his face a bizarre landscape. He was deeply in debt and had lost his way as a musician. He had not toured since 1997 or released new songs since 2001. Instead of music videos, the images of Jackson beamed around the world were
[See Persona, Page A12]

SIMON KWONG Reuters

1958 - 2009

Michael Jackson performs in Taipei, Taiwan, in 1996 during his "HIStory" tour. At the time of his death he was in Los Angeles rehearsing for an upcoming series of 50 sold-out shows at London's O2 Arena.

HARRIET RYAN, CHRIS LEE,
ANDREW BLANKSTEIN
AND SCOTT GOLD

Michael Jackson, an incomparable figure in music, dance and culture whose ever-changing face graced the covers of albums that sold more than half a billion copies, died Thursday, shortly after going into cardiac arrest at his rented Holmby Hills mansion. He was 50. He spent much of his life as one of the most famous people on the planet, and to many, his untimely death felt both unthinkable and, oddly, inevitable.

Paramedics found Jackson in cardiac arrest when they arrived at his home shortly before 12:30 p.m., three minutes and 17 seconds after receiving a 911 call. His personal physician was already in the house performing CPR. Jackson was not breathing, and it appears he never regained consciousness. Paramedics treated Jackson at the house for 42 minutes, and he was declared dead at 2:26 p.m. at UCLA Medical Center, about two miles from his home above Sunset Boulevard.

"I got to kiss him and tell him goodbye," said Frank DiLeo, Jackson's manager and friend of 30 years, who was at the hospital. "I lost a very dear friend, someone who I admired, someone who was the greatest talent I ever met or worked with."

Los Angeles police said detectives would launch a thorough investigation of the death. They cautioned, however, that they did not believe Jackson was the victim of foul play and that the investigation was standard after the death of a person with his level of fame. Authorities said they would examine whether Jackson had been taking medications that contributed to his death; an autopsy is expected to be performed today.

Jackson's death was confirmed outside the hospital by his brother Jermaine, who once performed alongside Michael as a member of the Jackson 5, a family act that began in the steel mill town of Gary, Ind., before making it big in the music industry.

Jackson — who most famously lived in Santa Barbara County at his Neverland Ranch, named for the island where Peter Pan and the Lost Boys were in no danger of growing up — had taken up residence in a seven-bedroom estate in Holmby Hills, which he was renting for $100,000 a
[See Jackson, Page A11]

A performer who tore down boundaries

Throughout his career, transformation was the great source of Jackson's art. And it was his biggest burden. **PAGE A15**

He was the king of style too

He understood the power of costume on and off the stage, and his idiosyncratic fashion sense influenced a generation. **PAGE A14**

Fans, paparazzi flock to hospital, homes

They block streets and blast the superstar's music as they wait for news or a glimpse of his famous family. **PAGE A14**

240 Am 26. Juni 2009 gab die „Los Angeles Times" Michael Jacksons Tod bekannt.

241 Juli 2009. Eine untröstliche Queen Latifah spricht auf Michael Jacksons Trauerfeier im Staples Center in Los Angeles.

242 und 243 Fans ehren Michael Jackson mit Gedichten und riesigen Wandmalereien vor dem Staples Center in Los Angeles. Der „King of Pop" starb an einem Herzstillstand, wie der „Daily Mirror" am 26. Juni 2009 berichtete. Im November 2011 wurde Jacksons Leibarzt Conrad Murray der fahrlässigen Tötung für schuldig befunden und zu vier Jahren Gefängnis verurteilt.

244-245 1995 erschien Mark Linkous`
erstes Album mit Sparklehorse:
„Vivadixiesubmarinetransmissionplot".
Seine letzte EP „In The Fishtank 15" nahm
er mit dem österreichischen Elektronik-
musiker Christian Fennesz auf.

Mark Linkous wurde zwar von anderen Musikern sehr geschätzt, war aber kommerziell gesehen nicht sehr erfolgreich. Mark Linkous war
Sparklehorse, ein bisschen Folk und ein bisschen
psychedelisch. Seit 1995 hatte die Band vier
Alben veröffentlicht, die zu Meilensteinen in der
amerikanischen Independent-Musikszene wurden,
ganz besonders „It's a Wonderful Life" (2001).
Zuvor war er Gitarrist bei Dancing Hoods gewesen, einer Band, die ihm zu ersten Erfolgen
verhalf.

Mark Linkous wurde in Virginia in einer Familie
von Bergleuten geboren. Dies bestärkte ihn in seinem Entschluss, Musik zu studieren, denn er wollte sein Leben nicht in einer Mine verbringen. Bis
er 18 wurde, lebte er in Arlington. Dann stieg er
in einen Bus, um Virginia in Richtung New York zu
verlassen.

In New York war er Mitbegründer der Dancing
Hoods und brachte mit ihnen die Alben „12
Jealous Roses" (1985), und „Hallelujah Anyway""
(1988) heraus. Dann zogen die Dancing Hoods
nach Los Angeles, lösten sich jedoch 1989 auf, da
der Erfolg ausblieb.

Mark zog sich nach Virginia zurück, um Songs
zu schreiben. Ab und zu trat er live mit The
Johnson Family und Salt Chunk Mary auf. Aus diesen Bands entstand 1995 Sparklehorse. Mark
schrieb die Songs und die Band nahm sie auf seiner Farm in Bremo Bluff/Virginia auf.

Sparklehorse wurden zu einem Ventil für die
mysteriöse Depression, die ihn befallen hatte und
der er mit Alkohol, Antidepressiva und Heroin begegnete. Seine Probleme, die ihn immer näher an
den Abgrund führten, hatten schon 1996 begonnen, kurz nach der Veröffentlichung des ersten
Albums „Vivadixiesubmarinetransmissionplot".
Später in diesem Jahr waren Sparklehorse in
London Vorgruppe von Radiohead.

Sie hatten großen Erfolg im amerikanischen
College-Radio und wurden von Radiohead sehr geschätzt. Für die neue Band schien sich alles gut zu

entwickeln. Doch eines Nachts wurde Mark nach
einer Überdosis Valium, Alkohol und Antidepressiva in seinem Hotelzimmer ohnmächtig. Er lag 14
Stunden lang so unglücklich verdreht auf dem
Badezimmerfußboden, dass er ernsthafte Verletzungen an seinen Beinen, die er unter seinem
Körper angewinkelt hatte, davontrug. Etliche
Operationen im Londoner St. Mary's Hospital
konnten seine Beine zwar retten, doch anschließend musste er sechs Monate im Rollstuhl sitzen.

Obwohl seine Beine nie wieder völlig gesund
werden würden, nahm Mark seine musikalische
Karriere mit der Platte „Good Morning Spider"
(1998) wieder auf. Ein Lied darauf widmete er
dem St. Mary's Hospital.

2001 sah alles schon wieder etwas besser
aus: Er nahm seine Songs nicht mehr allein auf
seiner Farm in Virginia auf, sondern arbeitete mit
PJ Harvey, Vic Chesnutt und Tom Waits an einem
neuen Album namens: „It's a Wonderful Life"
(2001). Mark gestand später, dass er fünf
Whiskeys hatte trinken müssen, bevor er den Mut
aufbrachte, Waits anzurufen. Die beiden fuhren
zusammen nach Kalifornien und Waits arbeitete
an dem Song „Dog Door" mit. Obwohl die fatale
Überdosis erst zwei Jahre her war, hatte Mark
seinen Lebenswillen wiedergewonnen, auch wenn
er Zeilen schrieb wie „I'm full of bees that died at
sea" („Ich bin voller Bienen, die auf See gestorben
sind").

„It's a Wonderful Life" war ein Album mit zarten Melodien und Harmonien. Mit ihm suchte Mark nach Hoffnung in der Welt, einer positiven Lebenseinstellung, zugleich aber auch nach Akzeptanz für die Depression und Einsamkeit.

Diese beiden letzten Leiden quälten Mark nämlich weiterhin und es kostete ihn weitere fünf Jahre, das nächste Sparklehorse-Album „Dreamt for Light Years in the Belly of a Mountain" (2006) aufzunehmen. „Ich habe so lange nicht gearbeitet, dass ich meine Miete nicht mehr bezahlen konnte", sagte er. „Ich hatte noch ein paar Sachen geschrieben, die ich nicht mehr auf das letzte Album gepackt hatte, also hob ich diese ganzen kleinen Popsongs auf."

Sein nächstes Projekt war schon etwas ehrgeiziger: eine Kombination von Musik und Bildern, die er mit dem Produzenten Danger Mouse und Regisseur David Lynch umsetzte. Lynch hatte 100 Fotos für ein Buch gemacht, das zusammen mit dem Album „Dark Night of the Soul" (2009) erscheinen sollte. Es stellte die besten Talente der amerikanischen Indie-Bewegung vor, darunter Julian Casablancas, Suzanne Vega, Black Francis von den Pixies und James Mercer von den Shins.

Während der Arbeit an diesem Album entstand parallel mit Christian Fennesz auch noch die EP „In The Fishtank 15". Doch „Dark Night of The Soul" bleibt das Testament von Sparklehorse, ein

Album von reinster musikalischer Poesie, der letzte verzweifelte Versuch einer zerbrechlichen Seele, den Bezug zum Leben nicht zu verlieren.

Am 6. März 2010 war Mark Linkous zu Gast bei Freunden in Knoxville/Tennessee.

Er sagte, er wolle einen Spaziergang machen und verließ das Haus durch die Hintertür. Auf der Straße richtete er eine Waffe auf seine Brust. Ein Schuss, direkt ins Herz, tötete ihn sofort. Er war 47 Jahre alt und hinterließ keinen Abschiedsbrief.

Niemand weiß genau, was Mark Linkous um gebracht hat. Seine Familie schrieb an den Sparklehorse-Fan-Club: „Möge seine letzte Reise friedlich, glücklich und frei sein. Es gibt einen Himmel, in dem ein Stern auf dich wartet."

PAUL

GRAY

[8. April 1972 – 24. Mai 2010]

Der Band Slipknot kann man sich auf zwei Arten nähern. Die erste ist, sich eines ihrer Konzerte anzusehen und selbst die Wucht und die wütende Aggressivität zu erleben, mit der diese neun maskierten jungen Männer auf das Publikum losgehen.

Die zweite führt über eine Reise in den Mittleren Westen der USA, nach Des Moines/Iowa, um einen Eindruck von der Stadt zu gewinnen, in der die Band sich entwickelte – kulturell gesehen eine Wüste.

Sänger Corey Taylor war da sehr eindeutig: „Mehr muss man über Slipknot nicht wissen: Wir haben in Des Moines angefangen und sind auf direktem Weg auf der Bühne angekommen. Unser ganzes Leben liegt zwischen diesen beiden Extremen." Seit an Halloween 1996, Slipknots Debütalbum „Mate. Feed. Kill. Repeat." erschien, fragte man sich, was für ein Ort Des Moines wohl sein musste, um eine derart verstörende Band hervorzubringen.

Rund 90 Prozent der 200.000 Einwohner von Des Moines sind weiß. Die Stadt scheint die heimliche Hauptstadt der Versicherungsgesellschaften zu sein und sie ist die „First City" des Iowa Caucus, des ersten gültigen Trendindikators für die amerikanische Präsidentenwahl. Außerdem lebte Ronald Reagan einige Jahre hier und war Disc-Jockey im Lokalradio. Corey Taylor beschrieb Des Moines als stinklangweilige Stadt.

Als die Mitglieder von Slipknot jung waren, lebten dort jede Menge rückständige Konformisten, die gegen sämtliche Aktivitäten der Jugendlichen waren. Es war eine Stadt voller alter Leute, Kirchen und Bars, die kein junger Mensch freiweillig betreten hätte.

Paul Gray wurde in Los Angeles geboren, wuchs aber in Des Moines auf. 1995 gründete er mit Shawn Crahan und Joey Jordison Slipknot. Die Band verschmolz die theatralischen Elemente des Schock-Rocks mit dem Nu Metal und faszinierte die Öffentlichkeit sofort: Die Bandmitglieder trugen Monster-Masken und hatten Nummern statt Namen – von 0 bis 9.

Roadrunner Records interessierte sich schon nach dem ersten Demo für die Band und nahm sie unter Vertrag. 1999 veröffentlichten Slipknot ihr gleichnamiges Debütalbum. Die amerikanische Öffentlichkeit war verblüfft und begeistert von der düsteren Welt von Slipknot, die von Konzert zu Konzert mehr Fans gewannen.

Corey Taylor erklärte den Journalisten, dass die Band mit ihren Masken das ausdrücke, was sich in ihrem Inneren abspielte. Die Masken sollten jene dunkle Seite repräsentieren, die wir alle in uns tragen. Indem man sie offen zeigte, würde man zu einem Monster, lerne dann aber, mit dieser Negativität umzugehen. So könne man sich davon befreien und zu einem besseren Menschen werden.

Bedauerlicherweise schien das bei Paul Gray nicht zu funktionieren. In seiner Zeit bei Slipknot schien ihn seine Bühnenpersönlichkeit „The Pig" komplett zu vereinnahmen. Schon 2003, nach der Veröffentlichung ihres zweiten Albums „Iowa" (2001), wurde er nach einem Autounfall wegen Drogenbesitzes festgenommen. Bei ihm hatte die Maske seine dunkle Seite leider nicht verdeckt oder gezähmt.

Die Karriere der Band setzte sich mit „Vol. 3: (The Subliminal Verses)" (2004) und „All Hope Is Gone" (2008) fort. Anschließend widmeten sich die Bandmitglieder ihren Soloprojekten. Zum 10. Geburtstag ihres ersten Albums wollten sie gemeinsam ins Studio zurückkehren. Paul wollte zudem mit einer Band namens Hail! zusammenarbeiten, doch dann endete seine Karriere ganz plötzlich am 24. Mai 2010.

Der Slipknot-Bassist wurde im Zimmer Nr. 431 des Towneplace Suites Hotel in Urbandale/Iowa tot aufgefunden. Er hatte sich versehentlich eine Überdosis Morphium verabreicht. Paul hatte schon länger gegen seine Drogenabhängigkeit gekämpft und war mehrere Male in Entzugskliniken gewesen. In einem Interview hatte er einmal beschrieben, wie schwer es war, auf Tourneen nicht wieder rückfällig zu werden, weil immer überall Dealer herumlungerten. Doch die bevorstehende Geburt seines Sohnes gab ihm neue Kraft.

„WIR WERDEN IHN SCHMERZLICH VERMISSEN. DIE WELT WIRD OHNE IHN NICHT MEHR DIESELBE SEIN."

[Shawn Crahan]

248 und 249 Slipknot am 27. Juni 2008 in Des Moines/Iowa.

250-251 25. Mai 2010: Slipknot-Sänger Corey Taylor auf einer Pressekonferenz am Tag nach Paul Grays Tod. Shawn Crahan sagte: „Ohne ihn wird die Welt nicht mehr dieselbe sein."

SCOTT

COLUMBUS

[10. November 1956 – 4. April 2011]

129 Dezibel! Mit dieser Lautstärke waren Manowar die lauteste Band der Welt – das bestätigt auch ein Eintrag im „Guinness Buch der Rekorde". Manowar ist maximaler Heavy-Metal, eine Musik, die die Band für die wunderbarste Kunstform aller Zeiten hielt.

Manowar lieben Rekorde. Abgesehen von ihrem Lautstärkerekord, den sie seitdem sogar noch zweimal übertrafen, spielten sie am 5. Juli 2008 auf dem Kaliakra Rock Fest (heute Kavarna Rock Fest) in Bulgarien auch noch das längste Heavy-Metal-Konzert der Welt. Es dauerte fünf Stunden und eine Minute und es wurden über 40 Songs gespielt.

Scott Columbus saß dabei hinter seinen „Drums of Doom" (Trommeln der Verdammnis), einem Schlagzeug aus Edelstahl. Sein Spielstil war so brutal, dass kein anderes Schlagzeug ihm standhielt. Seinen Platz bei Manowar erhielt Scott, nachdem ihn ein Fan der Band bei der Arbeit in einer Gießerei entdeckte.

Manowar entstanden 1980, als Bassist Joey De Maio den Gitarristen Ross „The Boss" Friedman kennenlernte. Joey war bei der „Heaven and Hell"-Tour Roadie bei Black Sabbath, während Ross die New Yorker Kult-Punkband The Dictators gegründet hatte. Leadsänger war Eric Adams, an den Drums saß Carl Canedy, der später durch Donnie Hamzik ersetzt wurde. Doch beide waren dem Stress, den es bedeutete, bei Manowar zu spielen, nicht gewachsen.

1981 brachte die Band ihr erstes Album „Battle Hymns" (auf dem Orson Wells das Stück „Dark Avenger" spricht) heraus und ging auf ihre erste Tournee. Nun brauchten sie Scott Columbus, der zum ersten Mal bei „Into Glory Ride" (1983) dabei war. Seither änderte sich die Besetzung von Manowar einige Male (Joey De Maio feuerte zum Beispiel 1989 Ross the Boss. Dann kam David Shankle, später Karl Logan). Sie veröffentlichten neun weitere Alben, von „Hail to England" bis „Battle Hymns MMXI" und bombardierten das Metal-Publikum in ihren Songs mit einer Mischung aus nordischer Mythologie, Fantasy-Legenden und Schlachten zwischen Kriegsgöttern.

Scott Columbus saß bis 1991 hinter seinen „Drums of Doom", dann noch einmal von 1993 bis 2008. In seinem Leben gab es irgendein Geheimnis. Niemand wusste, warum er das erste Mal die Band verließ und sogar noch selbst seinen Nachfolger Rhino aussuchte. Angeblich war sein Sohn krank, doch Scott bestritt das später. Vielleicht war er auch selbst krank.

Er erklärte nicht einmal, warum er 2008 schließlich ganz ausstieg: „Ich hatte eine lange und wundervolle Karriere mit Manowar. Ich bedaure nichts, aber es gibt im Leben auch noch anderes." Scott Columbus verschwand einfach von der Bildfläche – bis Manowar am 5. April 2011 offiziell mitteilen ließen, dass er mit 54 Jahren gestorben war. Der Grund für seinen Tod ist bis heute unbekannt.

253 Scott Columbus 1984 bei einer Fotosession. Der Drummer spielte mit Manowar auf „Into Glory Ride" (1983), „Hail to England" (1984), „Sign of The Hammer" (1984), „Fighting the World" (1987), „Kings of Metal" (1988), „Louder Than Hell" (1996), „Warriors of the World" (2002) und „Gods of War" (2007).

AMY

WINEHOUSE

Vielleicht machte Amy Winehouse einfach die falschen Sachen. Sie trank eine Menge und aß entweder zu viel oder überhaupt nichts. Sie hatte so unglaublich viel Talent, dass ihr der Erfolg und die große Begeisterung des Publikums für ihre Stimme völlig normal erschienen. Amy Winehouse sagte zu früh „Jetzt reicht's!" Vielleicht aber auch genau im richtigen Moment: an einem Tag Ende Juli, bei 40 Grad Celsius.

Amy Jade Winehouse kam am 14. September 1983 als Tochter einer jüdischen Familie in Enfield auf die Welt, einem Teil von England, den man nie im Fernsehen sieht. Ihre Familie war wie viele andere, nur eine Person war etwas Besonderes: Großmutter Cynthia. Neben ihr wollte Amy auch beerdigt werden. Von ihrem Vater, einem Taxifahrer, saugte sie Geschichten über Menschen auf, die reisen, ohne dabei aus dem Fenster zu gucken, und von ihrer Mutter, einer Krankenschwester, Geschichten vom Leid in den Krankenhäusern, für das die Ärzte keine Erklärung haben.

Schon als Kind hatte Amy die Stimme einer Person, die etwas Wichtiges zu sagen hat. Ihre erste Gitarre bekam sie gleich nach ihrer letzten Puppe und dazwischen wurde sie wegen eines Nasenpiercings von der Schule geworfen. Sie brauchte jemanden, dem sie wirklich wichtig war, aber diese Person musste sie erst einmal finden. „Love is a losing game", sang sie später.

2003 veröffentlichte sie mit 20 Jahren ihr erstes Album „Frank". Mit nur zwei weiteren Alben („Lioness: Hidden Treasures" erschien erst nach ihrem Tod) wurde sie ein unvergesslicher Star, ein Komet, der bleiben sollte und Gefolgsleute anzog, die ihr nicht immer ebenbürtig waren.

Und tatsächlich lag der Erfolg von „Frank" (das Album erhielt Platin für über 300.000 verkaufte Exemplare) in Amys überraschender „schwarzer" Stimme, die sehr viel erwachsener klang, als man es von einer jungen Frau erwartet hätte. Ihr zweites Album „Back To Black" (2006) stellte dann alles in den Schatten. In Großbritannien stand es nach wenigen Wochen auf Platz eins, in den USA kam es bis auf Platz sieben.

Musikalisch war das Album von den Girl-Bands der 1950er- und 1960er-Jahre inspiriert, produziert wurde es von Salaam Remi (der schon „Frank" produziert hatte) und Mark Ronson.

Die erste Single „Rehab" erschien am 23. Oktober 2006. Sie war Amys ehrliche, ironische und desilliusionierte Weigerung, in eine Entzugsklinik zu gehen. Das Ergebnis war sensationell: Der Song gewann fünf Grammy Awards, und überall wurde ein roter Teppich für Amy ausgerollt. Auf der ganzen Welt zeigten Poster ihr Gesicht. Aber ihr Erfolg stand unter einem dunklen Stern.

In ihrem Leben gab es extreme Kontraste. Mal wurde sie erschreckend dünn, mal hatte sie wieder ihr früheres Gewicht. Sie neigte zu Gewaltausbrüchen, war häufig betrunken, nahm Drogen, erbrach sich in der Öffentlichkeit, mal war sie himmelhoch jauchzend, mal zu Tode betrübt. Und immer wieder fing sie an zu singen. 2007 heiratete sie in Blake Fielder-Civil/Florida. Zwei Jahre später ließ sie sich wieder scheiden. Letztendlich machte sie diese unheilvolle Liebe auch kaputt.

In Norwegen wurde Amy festgenommen, weil sie sieben Gramm Marihuana bei sich hatte. Gleichzeitig wurde sie immer berühmter – durch den Klatsch in den Medien, ihre Gewaltausbrüche, ihr aufsehenerrgendes Verhalten in der Öffentlichkeit und ihre Kunst. Ihre Europa-Tournee im Sommer 2011 begann und endete mit einer Katastrophe: Bei ihrem ersten Konzert in Belgrad war sie völlig verwirrt, oder bestenfalls betrunken, und konnte nicht singen. Die Tournee wurde abgesagt.

Nur wenige Wochen später, am 23. Juli, wurde sie tot in ihrer Wohnung aufgefunden. Es war das Schicksal eines Menschen, der nicht weiß, was Schicksal ist. Den Gerichtsmedizinern zufolge war sie an Drogen und Alkohol gestorben sowie an einem Schockzustand namens „Stop and Go": starker Alkoholkonsum nach einer längeren Abstinenz.

Aber sie irrten sich. Amy brauchte dieses Stop and Go – es erhielt sie am Leben, obwohl es natürlich auch negative Aspekte hatte. Sie konnte noch so hilflos auf der Bühne herumstaksen: Sobald sie ein Mikrofon hielt, war sie wieder im Takt und bezauberte das Publikum mit ihrer einzigartigen, verzweifelten Stimme.

Sie selbst sagte einmal, dass sie nicht ganz richtig im Kopf sei – so wie eigentlich jede Frau. Sie wusste, dass Perfektionismus letztlich nur ein Zerrbild menschlicher Anmaßung ist. Amy war wie ein Komet, der viel zu schnell verglühte, und so wurde auch sie leider zum Mitglied des Club 27 all jener Künstler, die schon mit 27 ihr Ende fanden, so wie Jimi Hendrix, Jim Morrison und Janis Joplin. Sie alle litten an einem existenziellen Unwohlsein, das sogar stärker war als ihre Kunst.

255 Amy Jade Winehouse wurde am 14. September 1983 in London geboren. Ihr Debütalbum „Frank" (2003) verkaufte sich drei Millionen Mal. Der Nachfolger „Back to Black" (2006) brachte ihr fünf Grammys ein, mehr als jemals ein britischer Künstler bekommen hatte.

256 und 256-257 23. Juli 2011: An Amys Todestag versammelten sich Hunderte Fans vor ihrem Haus am Camden Square, um ihr die letzte Ehre zu erweisen. Sie war an einer Überdosis Alkohol und Drogen gestorben. Am 26. Juli 2011 wurde sie auf dem Edgwarebury Lane Cemetery in London beigesetzt.

AMY DEAD

Star, 27, dies alone at flat after heroin cocaine, ecstasy and ketamine cocktail

TRAGIC: Singer's body is removed from her flat last night

258-259 und 259 Amy Winehouse bei zwei Konzerten ihrer Tournee von 2007: auf dem Coachella Festival in Kalifornien (links) und im Highline Ballroom in New York (rechts).

260-261 Amy Winehouse bei einem Live-Auftritt während der Eden Sessions im Eden Project in Cornwall. Die Sängerin sagte einmal, dass sie nicht ganz richtig im Kopf sei, aber dass das ja bei jeder Frau so wäre.

WHITNEY
HOUSTON

[9. August 1963 - 11. Februar 2012]

263 2009 wurde Whitney Houston im „Guinness Buch der Rekorde" als die Künstlerin mit den meisten Auszeichnungen aller Zeiten genannt. Sie veröffentlichte sieben Alben und drei Soundtracks, die sich insgesamt mehr als 170 Millionen Mal verkauften. Mit ihrer zweiten Platte „Whitney" (1987) stieg sie als erste Künstlerin direkt auf Platz eins der amerikanischen Charts ein.

Obwohl sie einen Bodyguard für ihre Seele fand, blieb sie doch hilflos im Angesicht der Ungewissheit und eines Lebens, das niemals so ist, wie man es sich wünscht – nicht einmal, wenn man sich genau dieses Leben immer erträumt hat.

Whitney Houston lag immer eine Oktave höher als alle anderen, ohne besonders laut singen zu müssen. Als Einzige bewegte sie ihre Zuhörer wirklich, selbst wenn sie nur ein paar eingängige Melodien sang. Sie war das nette Mädchen von Nebenan, das sich mit den falschen Leuten eingelassen hatte. Und irgendwann schien der Weg zurück zu weit und zu dunkel geworden zu sein. Und so endete ihr Leben in einem Hotelzimmer in Beverly Hills, wie bei den Stars aus vergangenen Zeiten. Sie war ein echter Star, eine perfekte Mischung aus Talent und Vermarktung.

Whitney war der amerikanische Traum – jedoch ohne Ressentiments. Sie war das afroamerikanische Mädchen, das Erfolg hatte, ohne in einem Land, das jeden zur Gleichheit zwingt, sagen zu müssen: Ich bin anders!

Whitney Elizabeth Houston wurde am 9. August 1963 in Newark geboren. Wie so viele afroamerikanische Mädchen fing auch sie früh an zu singen: im Kirchenchor der New Hope Baptist Church – der gleichen Kirche, in der ihre Freunde und Fans ihr später Lebewohl sagen mussten. Vom Gospel sprang sie zur Musik im Allgemeinen und sang alles: Soul, Rock und Country.

In ihrer Familie gab es Musik im Überfluss. Ihre Mutter Cissy sang bei den Sweet Inspirations und Dionne und Dee Dee Warwick waren ihre Cousinen. Whitney war nicht nur eine gute Sängerin und ein nettes Mädchen, sondern auch noch bildhübsch – ein Mädchen, das jeder Mann gerne geheiratet hätte. Der Erfolg schien ihr in die Wiege gelegt zu sein, als Sängerin, Schauspielerin und Model.

Sie war auf dem Titel von Modemagazinen zu sehen und sie spielte in Filmen mit. Doch in ihren Augen konnte man sehen, dass sie sich immer fehl am Platz fühlte – sie war zu talentiert, um an ihr Talent zu glauben, zu fordernd sich selbst gegenüber, voller Angst, zu schnell zu viel zu erreichen. In Hollywood hatte sie mit „The Bodyguard" Erfolg. Ihr Co-Star Kevin Costner unterstützte Whitney vor der Kamera und wurde ihr Mentor, denn als Schauspielerin fehlte ihr leider das ganz große Talent.

Auf Whitneys Beerdigung hielt Costner noch einmal „ein Schwätzchen" mit ihr und gab Gefühle preis, die weit über die eines Kollegen hinausgingen. „I Will Always Love You" vom „Bodyguard"-Soundtrack verkaufte sich 42 Millionen Mal.

Danach war sie neben Denzel Washington in dem bewegenden Film „Rendezvous mit einem Engel" zu sehen. Die Kartenverkäufe zeigten, dass Whitney sehr wohl in der Lage war, gute Entscheidungen zu treffen und sich zu verändern.

Sie sang mit den Größten der Branche und war auch bei den Stars gefragt. Ihre Probleme begannen in ihrem Privatleben. Alle waren gegen ihre Ehe (von 1992 bis 2006) mit dem Sänger Bobby Brown. Er war gewalttätig, und das schien sich sogar noch zu steigern. Drogen und Alkohol hatten sie in eine Sackgasse geführt, aus der sie nicht mehr herauskam. Sie wirkte dünn und unkonzentriert, ihre Stimme kam und ging, außerdem konnte sie sich ihre Texte nicht mehr merken.

Whitney wollte noch einmal ganz von vorne anfangen, bekam aber bald neue Probleme: Magersucht und Bulimie. Sie war noch immer ein Star und die Leute liebten sie, doch hauptsächlich aus Mitleid. Das war ihr Ende. Wer keine Feinde mehr hat, gilt nicht viel – und Entzugskliniken können so auch nicht mehr helfen.

Als der Vorhang das letzte Mal fiel, hatte Whitney gerade einen neuen Film fertiggestellt. Doch das Musical „Sparkle" konnte nur noch posthum erscheinen. Am 11. Februar 2012, mit 48 Jahren, wurde sie im Beverly Hilton Hotel in Beverley Hills tot aufgefunden – eigentlich hätte sie dort an einer Grammy Awards Party teilnehmen sollen. Sie hatte durch eine Mischung aus Drogen und Alkohol in der Badewanne das Bewusstsein verloren und ertrank.

Bis einer ihrer Bodyguards eintraf, war sie schon nicht mehr zu retten. Wenige Sekunden später war sie tot. Whitney starb, nicht aber ihre Musik, und auch nicht die Zuneigung, die die Öffentlichkeit diesem schönen afroamerikanischen Mädchen entgegenbrachte, das wohl vom rechten Weg abgekommen war. Das zeigte ihre Beerdigung am 18. Februar in der gleichen Baptistenkirche in Newark, in der einst alles begonnen hatte.

In Amerika stand die Zeit still. 1.500 Menschen versammelten sich in der Kirche, darunter Kevin Costner, Aretha Franklin, Elton John, Jesse Jackson, Alicia Keys, Stevie Wonder, Mariah Carey, Beyoncé und Oprah Winfrey. Und die Worte ihres „Bodyguards" Kevin Costner bewegten alle: „Geh schon, Whitney. Geh schon. Eine Armee von Engeln begleitet dich und dein himmlischer Vater. Hab keine Angst, vor ihm zu singen: Du wirst ganz sicher gut genug sein!"

264 Whitney Houston 1990 live auf dem Höhepunkt ihrer Karriere.

264-265 5. Mai 1988: Whitney Houston in der Wembley Arena in London. Ihre Ausdruckskraft, ihr Mut und ihr Talent brachten ihr den Titel „Queen of Pop", den die „New York Post" auch im Bericht über ihren Todes verwendete.

„QUEEN OF POP GESTORBEN"

[New York Post]

266-267 15. Februar 2012: Ein Fan schreibt im Gedenken an Whitney Houston eine Botschaft auf ein riesiges Erinnerungsplakat in einer Einkaufsstraße in Manila auf den Philippinen.

267 oben Whitney Houstons Beerdigung fand am 18. Februar 2012 in der New Hope Baptist Church in Newark/New Jersey statt. Unter den Trauergästen befanden sich viele Künstler, so auch Stevie Wonder, Alicia Keys und R. Kelly.

267 unten Whitney Houston wurde auf dem Fairview Cemetery von Westfield/New Jersey gleich neben ihrem Vater John Russell Houston, der 2003 gestorben war, beerdigt.

REGISTER

BILDNACHWEIS

„WENN ICH STERBE,
MÖCHTE ICH,
DASS DIE LEUTE MEINE
MUSIK HÖREN,
AUSFLIPPEN, DURCHDREHEN
UND GENAU DAS TUN,
WAS SIE TUN MÖCHTEN."

[Jimi Hendrix]

THE STANDARD
Evening News

Marvin Gaye's father says
he killed in self defence

WHY I
SHOT
MY SON

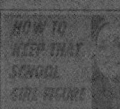
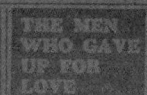

HOW TO KEEP THAT SCHOOL GIRL FIGURE

THE MEN WHO GAVE UP FOR LOVE

MAMA CASS
DEATH SHOCK

TOP FIRMS GOT £165m HAN

Chicago Tribune

Comedian John Belushi is found dead
Versatile star, 33, have had heart at

Patent on the outlandish was ticket to stardom

Coming Sunday

ELVIS
OF R
DIES

Presley colla ses

Evening News

State's jobless

Swim pool club at 'the parlor'

HERE BRIAN
JONES DIED, ON A
HOT DARK NIGHT

Chaos again on Tubes

Evening Standard
Girlfriend's car hits tree

MARC BOLAN
KILLED
IN CRASH

Sun

THE STANDARD

Drummer Dennis dies as he dives into icy sea after a day of drinking

BEACH BOYS
STAR
DROWNS

Punk star killed by overdose

SID
VICIOUS
DEAD

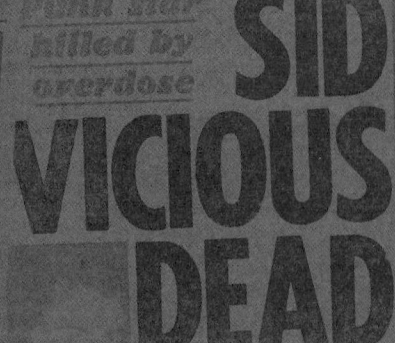

PAULA
LOVER
IN SEX
DEATH

Simpson
SALE

THE LAST PICTURE